RENO-VATION OF MBA BASICS

すべての
働く人の
ための

新しい経営学

三谷宏治

KOJI MITANI

RENOVATION BASICS

新しい経営学

ふつうの人のためのMBA

三谷宏治

すべての働く人のための
新しい経営学
RENOVATION OF
MBA BASICS

三谷宏治
KOJI MITANI

はじめに：
基礎経営学入門として

　本書は**ビジネス初学者のための経営学入門書**です。しかしその対象は学生（中高大学）から社会人（新入社員～事業部長クラス）まで幅広いものになるでしょう。それは**この本が、ビジネス初「学」者向けであってビジネス初「心」者向けには限らない**からです。ビジネス経験を持つ者には、その経験を整理する一助にきっとなるでしょう。

　同時にビジネス経験の少ない者にも理解しやすい、多くの企業事例・実例を取り上げています。特にコーヒーについては各章で扱っており、コーヒーひとつとっても、さまざまなビジネスとその革新が生み出されてきたことがわかるでしょう。

　経営学とは経営者が学ぶべきことの集合体です。
　そして経営者の役割とは、そのビジネスという名の船の舵取り役であり、船体や漕ぎ手の強化役です。航海の目的地決めとそこで確実に儲けるための算段も要りますし、資金集めも必要です。

　それらすべての専門家になんて決してなれませんが、経営者はそのすべてに共通の方向性を示さねばなりません。そうでなければ、船は迷走し、嵐の中に沈むことになります。いや、航海に出ることすらできないでしょう。そうならないために、経営者が学ぶべきこと。それが経営学なのです。

　しかしそのあまりの幅広さのために、経営学という学問はこの世に存在しません。経営学史として整理されたり経営戦略論と混同されたりしますが、それらは経営学の一部に過ぎません。仕方がないので、経営学の基礎を学びたい者に対して提供されるのは、各専門分野の基礎そのままであり、その要約集です。

　残念ながらそれでは初学者向けとはいえません。そこにはレベルの異なるものや、位置づけの違うものがごちゃごちゃに混ざっているからです。

この『新しい経営学』では、これまでの経営学入門書での混乱を避けるために、次の3つの方針で話を進めています。

1. **全社レベルでなく、事業レベルのテーマを中心にする**
2. **専門分野別でなく、ビジネスの目的別に解説する**
3. **同じ枠組みでの事例演習を多用する**（解答は324頁〜）

　入門書の前編として、まずは事業ひとつをちゃんと回せるようになりましょう。複数事業の管理とか、全社ビジョンの策定とか、資本政策とかは後回しです。それはいつか出るであろう後編（全社篇）に譲ります。この本では、事業マネジャーや事業部長に必要な内容だけに絞っています。また、専門分野の羅列でなくそれが<u>事業をマネージする者にとって意味ある目的別</u>に整理しています。それがビジネスモデルの4要素順、です。それはいったいどういうこと？　と思われた方はまず、序章をざっと読んでみてください。経営学用語に知見のある人であれば、41頁の一覧表を見るだけでも理解できるかもしれません。

　<u>**この本は、これまでの経営学基礎本の常識を破る「ビジネスの教科書」です。**</u>私がこれまでボストン コンサルティング グループ（BCG）、アクセンチュア、グロービス、早稲田大学ビジネススクール、KIT虎ノ門大学院、そして女子栄養大学と、さまざまな教育の場で伝えてきた内容と、その方法論が詰まっています。

　これからビジネスの世界に漕ぎ出す人にも、荒波を越え漂流・難破を繰り返した人にも、必ず役立ちます。さらなる研鑽を積む前の1冊として活用ください。

　ではまず日本ビジネス史上最大級の成功である、三井・越後屋の創業物語から始めましょう。そこにはどんな経営学的な智慧が隠されているのでしょうか。
　刻は1673年、約350年前に遡ります。

すべての働く人のための
新しい経営学
RENOVATION OF
MBA BASICS

目次

はじめに —— 002

序章　OVERVIEW

経営学の全体像とこの本での学び方

01 ｜ 越後屋創業物語 —— 016

02 ｜ 経営学は6分野×2レベルの寄せ集め —— 022

03 ｜ 事業経営の中核は
　　　ビジネスモデルの理解と構築 —— 028

04 ｜ 越後屋をビジネスモデル視点で
　　　見てみると —— 034

05 ｜ この本での経営学の学び方 —— 038

1章 TARGET

ターゲット：誰を狙う？

- 06 | ターゲットが曖昧だとビジネスは迷走する 046
- 07 | ターゲットは分化した：
   マス・分衆・個〔フォード、GM〕...... 054
- 08 | ターゲットは複数に：
   本当の意思決定者は誰か〔消費財、大学など〕...... 064
- 09 | 場ビジネスのターゲットは複雑：
   家庭用ゲーム機〔任天堂〕...... 066
- 10 | ターゲットの変革に挑んだ企業たち
   〔eBay、ストアキング〕...... 070

> 1章のまとめ 076

2章 VALUE

バリュー：
提供価値は何？

11 | バリューなくして客は来ず。自ら革新せよ ……… 080
12 | バリューには3種類ある〔使用／交換／知覚〕……… 086
13 | バリューは多様：QCDS、食品 ……… 090
14 | 中核価値の変革に挑んだ企業〔Apple〕……… 098
15 | ターゲットとバリューでポジショニングする ……… 104

2章のまとめ ……… 108

3章 CAPABILITY
ケイパビリティ：どうやって価値を提供する？

- 16 ｜ 誰にも真似できないケイパビリティを構築せよ ……… 112
- 17 ｜ ケイパビリティはリソースとオペレーションの組合せ ……… 118
- 18 ｜ ケイパビリティの基本戦略：垂直か水平か ……… 120
- 19 ｜ オペレーション①：中核プロセスはSCMとCRM ……… 126
- 20 ｜ オペレーション②：組織は機能と構造で決める ……… 134
- 21 ｜ リソース①：根幹はヒトのモチベーショとスキル ……… 142
- 22 ｜ リーダーシップ：カリスマ型からサーバント型、協調型へ ……… 148
- 23 ｜ 企業・組織文化：革新を阻み、支えるもの ……… 154
- 24 ｜ リソース②：設備・店舗・物流センターなど ……… 162
- 25 ｜ リソース③：知的財産の威力 ……… 168
- 26 ｜ ケイパビリティ革新は業界を変える〔ZARA、ユニクロ〕……… 176

3章のまとめ ……… 180

4章 PROFIT MODEL
収益モデル：どうお金を回す？

- 27 | お金を巡る3つの問題とその解決策の進化 —— 186
- 28 | 収益モデルの基本：
   損益＝売上-費用（固定費＋変動費） —— 202
- 29 | 売上アップの基本：
   水平展開か深掘り・囲い込みか —— 208
- 30 | 替え刃モデルの誕生と真実 —— 214
- 31 | 広告モデルの誕生と威力〔CBS、Yahoo!〕 —— 222
- 32 | フリーミアムモデルはイバラの道〔クックパッド〕 —— 230
- 33 | サブスクリプションモデルのインパクト
   〔Netflix、Spotify、Adobe〕 —— 234
- 34 | 収益モデル変革は破壊的自己革新の道 —— 238

> 4章のまとめ —— 244

5章　GOAL, LANGUAGE, IT&AI

あと3つ：事業目標、共通言語、IT・AI

35 | 事業目標：事業にはビジョンと達成目標が必要 ……… 250

36 | 共通言語：ビジネスを高速に回すベース ……… 256

37 | ITとAI：その進化と真の意味 ……… 266

5章のまとめ ……… 274

補章 COMPLEMENT

ミクロ経済学基礎と経営戦略史

- 38 | ミクロ経済学の基礎用語 …… 278
- 39 | 経営戦略論の確立：1970年代まで …… 290
- 40 | 日本企業の躍進とタイムベース競争戦略：1970〜80年代 …… 300
- 41 | 近年の経営戦略論：2000年以降 …… 310

講義のおわりに …… 318
演習の解答例 …… 324
索引〔キーワード〕…… 336
索引〔組織・ブランド〕…… 346
索引〔人物〕…… 349
出典一覧 …… 352
演習一覧〔コピー用〕…… 354

COFFEE CASE

- 00 | 世界2位の飲料、コーヒー誕生 —— 042
- 01 | カフェはもともと特定顧客向け —— 060
- 02 | ロイズ・コーヒー・ハウスからロイズ保険へ —— 084
- 03 | サードプレイスを目指すスターバックス —— 102
- 04 | 「一等地でコーヒー半額」のドトール —— 138
- 05 | コーヒー自体で勝負するブルーボトルコーヒー —— 172
- 06 | 5度目の正直、セブンカフェ —— 206
- 07 | カプセルで儲けるネスプレッソ —— 220

コラム

- 01 | マーケティングで大切なのは4PでなくSTP —— 052
- 02 | マーケティング論の集大成、PLC 戦略 —— 094
- 03 | アカウンティングのP/LとB/S、キャッシュフローは覚えよう —— 196
- 04 | みんな大好きSWOT分析だが —— 262

序章

OVERVIEW

経営学の全体像とこの本での学び方

OVERVIEW 01 越後屋創業物語

▶ 三井高利、52歳の挑戦

　日本におけるビジネスモデル史上最大級のビジネス革新は、江戸時代前期の1673年に始まりました。呉服店である**越後屋（現在の三越）**の創業です。

　三井家の4男4女の末子、高利（1622〜94）は、才能溢れた人でしたが長兄らに疎まれて28歳のとき江戸から郷里の松坂に戻され、母・殊法たちの面倒を見ていました。しかし彼は息子や優秀な若者たちを次々江戸に送り込み、研鑽を積ませます。

　24年後、長兄が亡くなると、高利はついに永年のプランを実行に移します。江戸のどまんなか、呉服街の本町に間口9尺（2.7m）の小さな店を出したのです。52歳になっていた高利は、長子 高平（21歳）たちを松坂から指揮しました。

FIGURE 001 | 越後屋の内部

▶ 母・殊法の教え「薄利多売」「顧客第一」「節約」

　三井家はもともと武士の家系でしたが、戦に敗れ越後から松坂に流れ着き、刀を捨てて質屋や酒・味噌の商家となりました。
　高利の父 高俊はしかし、商売に興味がなく三井家を支えたのは商家から嫁いできた殊法でした。彼女は当時としては珍しく、女主人として店頭に立って顧客への応対をしただけでなく、新しい商売のやり方を考案・実践しつづけました。

- **薄利多売**｜他の質屋より低利で融資し客を増やし量で稼いだ
- **顧客第一①**｜「質流れ」で借金帳消し[001]にし客の負担を減らした
- **顧客第一②**｜酒・味噌店への来店者が丁稚でも主人でも差別なくお茶や菓子で接遇した

001｜それまでは期日までに借金が返せない場合、質草が取られるだけでなく借金も残った。それを借金が残らない形にした。

　殊法は勤勉・倹約の人でもありました。「越後の酒屋」は大いに栄え、ついに城主から「越後屋」を名乗ることを許されます。高利はこの母の影響を一番受けた子どもだったのでしょう。

▶「現金掛け値なし」の衝撃

　老舗呉服店が建ちならぶなか、後発であった越後屋は、思い切った施策を打ち出します。「**現金掛け値なし**」と謳ったのです。

- 普通は節季払い[002]中心 → **その場で現金払いのみ**
- 普通は相手や場合により値段が違う → **誰でも同じ定価販売**

002｜集金が年に2～3回のつけ払い。

　いずれも、これまでの常識を打ち破るものでした。それは、現金払いによって、呉服店の資金繰りや貸し倒れリスクが著しく改善したというだけではありません。顧客にとっての価値が大きかったのです。
　それまでは、呉服の値段は買う人によってバラバラでした。価格とは相対で決まるもので、「一見さんには高く、馴染み客には安く」が普通でした。そういった<u>一物多価の時代に越後屋は、「どんなお客さまにも、同じくお安い値段で提供します」と言い切りました</u>。

▶ 越後屋はそれまでの呉服屋のすべてを変えた

　他にも高利は、多くの業界常識を覆し続けました。

　富裕層家庭への訪問販売（屋敷売り）や、店頭で注文を聞いてあとで自宅へ届ける（見世物商い）のが中心であった商売を、「店前売り」（店頭での販売）だけにしました。当然、その分コストは下がり、価格を下げることができました。

　しかし変えたのは、価格だけではありません。**顧客の利便性を上げるために、「切り売り」と「仕立て売り」に乗り出しました。**

　それまで呉服店では1反（通常 幅36㎝ 長さ12m）ごとの販売しかしていませんでした。それを切り売りすることは、一種のタブーだったのです。でも、高利はそれを断行しました。「1寸でも1尺でもお売りする」と。これは江戸の庶民層（豊かな中間層）や、逆に粋を競う者たち（かぶき者や女性たち）に大いに受けました。

　越後屋はさらにイージーメイドである「仕立て売り」を始めます。急ぎの客には即日の店頭渡しを可能にした、画期的な商品でした。そのために、他の店では完全に外部化していた縫製職人を雇い入れ、パーツごとに分業することで、即日納品を可能にしました。

　店員は反物の種類003ごとに担当分けされ、顧客のどんな質問にも答えられるよう、訓練されました。「一人一色の役目」を果たせ、と。

> 003｜金襴、羽二重、紗綾、紅、麻袴、毛織など。

▶ 両替商とのコンビネーション大作戦

　「一日千両を稼ぐ」と言われるほどに繁盛した越後屋でしたが、老舗の同業者からの嫌がらせは強烈でした。常識を無視し、タブーを破り、繁盛しているのですから当然でもあったでしょう。店員が虐められたり引き抜かれたり、組合から外されたり糞尿を店先に撒かれたり放火されたり、が続きました。

　1682年、高利は2店が焼失したのを機に店を隣町の駿河町に移転させ、翌年、店を拡張して両替商も始めました。1686年には呉服の仕入れ店がある京都にも両替店を開き、江戸・大坂004間の為替005業務に乗り出しました。当時、東日本では金貨で決済・西日本では銀貨でと分かれており、多くの問題が発生していました。

　江戸の呉服店としては、京の西陣で仕入れなければなりませんが、金

> 004｜大阪はもともと大坂の字が当てられていた。江戸時代頃から両方の書き方が併用されるようになり、明治維新後には「大阪府」が設置され定着した。

> 005｜異なる通貨を交換すること。円でドルを買う、など。この場合は金貨と銀貨の間。

貨・銀貨の両替コストもかかれば、その為替変動リスクにも晒されます。また、江戸幕府は上納金の集め方に悩んでいました。大坂に各藩から集まった年貢米や産物を売って銀貨に換えた後、それを江戸まで数十日かけて現金輸送していたからです。

　高利は自ら幕府に「公金為替」の仕組みを提案し、受け容れられます。「幕府の大坂御用金蔵から公金を三井両替店が銀貨で受け取り、2〜5ヶ月後に江戸城に金貨で納める」というものです。

　三井両替店にとって、公金からの直接の収入はありませんが、巨額の資金を数ヶ月間無利子で動かせます。そして**大坂で受け取った銀貨を越後屋の京都での仕入れに使い、江戸城への納金は江戸での売上金から行う**ことで、低コストでの仕入れが実現しました。大量の現金（銀）を東西に動かすコストもリスクもありません。

FIGURE 002 ｜ 越後屋のお金の流れ

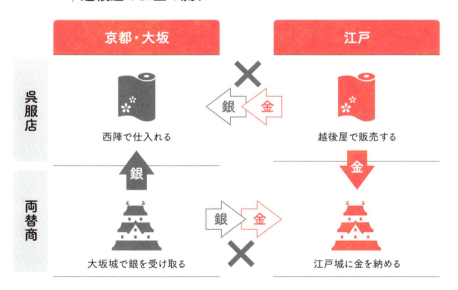

1691年に得た「大坂御金蔵銀御為替御用」の肩書きは、明治維新まで続く三井家の収益源となっただけでなく、同業他社からの妨害を静める役目も果たしてくれました。

▶ 長子・高平の智慧：持株会社による複数企業統治

　高利の晩年の悩みは、豪商となった三井家の永続でした。
　事業も呉服や両替に分かれ、地域も東西に分かれる20店舗もの巨大で多様な組織を、どうやったら子々孫々遺していけるのかが大問題だったのです。彼は15人の子どもたちに分割相続することはなく、みなに相当分を「割り付けておく」と結んだ遺言を遺しただけでした。
　でも長子相続でもなく、分割相続でもなく、一族全体で相続するって、どうすればいいのでしょう。
　その難題に答えを出したのが、長子の高平でした。彼は1710年、三井の全事業の統括機関「大元方」を設置します。すべての資本や資産はこの大元方がまとめて管理し、各店へ資本金を出資します。各店は半期ごとに帳簿とともに利益の一定額を大元方に上納し、三井一族11家への報酬は大元方から支払われました。つまり**今でいう「持ち株会社」をつくった**のです。

FIGURE 003 ｜ **大元方の仕組み**

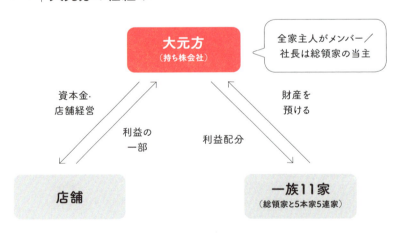

高平らはさらに高利の遺訓を元に家憲（家の憲法）である「宗竺遺書」を制定します。三井一族の一致団結から始まり、総領家の地位・権限、養子の扱い、幕府御用、物心信心など約50項目にも及ぶ詳細なものです。

「一族の子弟には丁稚小僧の仕事から体験させ、業務に精通させよ」
「本店は全店の会計を掌握せよ」
「賢明、有能な者は昇進させ、新進の人物を採用せよ」
「商売は見切りがダイジ。ダメそうならすぐ損切りせよ」
「大名貸しはするな。しても少額とし、回収は期待するな」

　結局、三井家は江戸時代の好不況の波も乗り切り、明治維新という衝撃も生き抜いて三井財閥を形成することになります。その350年に渡る繁栄の基礎を築いたのは、三井殊法・高利・高平たちでした。

＊　＊　＊

　さて、この日本ビジネス史上最大級の成功は、<u>経営学の視点で見るといったいどんな風に見える</u>のでしょうか？
　ただまずは、<u>経営学とはどんな学問なのか</u>、から。

OVERVIEW 02 | 経営学は6分野×2レベルの寄せ集め

▶ なぜ経営学の基礎本はわかりにくいのか

　前節では越後屋の創業物語を通して、ビジネスやその革新とはどういうものなのかを見てきました。ビジネスを経営するとはとても複雑な活動であり、その手法はまことに多様なのです。

　企業経営のための手法は、過去さまざまなものが開発・研究され（補章290～317頁参照）、書籍や学校で教えられるようになりました。その中でも大学院修士課程で学ぶのが、MBA（経営学修士などと訳される）プログラムです。

　ところがMBAに**経営学基礎**という科目はありません。**経営学は主に6分野の専門領域の寄せ集めなので、その「基礎」も専門分野の基礎の集合体に過ぎない**のです。

　MBAで最初の学期にやることは、主に以下6科目の履修です。

①経営戦略基礎、②マーケティング基礎、③アカウンティング基礎、④ファイナンス基礎、⑤人・組織論基礎、⑥オペレーション基礎

　大学で経済学（278頁参照）や統計学を学ばなかった場合には、それらの履修も必要でしょう。また学校によってはオペレーションがなかったり、代わりにIT（情報技術）やテクノロジー（AIなど）が入ったりしますが、だいたいこの6科目です。

　専門領域の寄せ集めなので、その道の専門家が各々教えています。初学者相手だというのに、小学校のような基礎全般を教えることに特化した教員はいないのです。いやそれどころか、多くの場合それら教員は教育者ではなく研究者（もしくは実務者）です。

　研究者たちの講義録（の集合体）**が「経営学の基礎本」の正体**なので、初学者にわかりやすいわけがありません。それがいくらMBA講義におけるベストプラクティス006集だったとしても。

006 | Best Practice：それまでの実践例でもっとも優れたものやそこからのノウハウ。

▶ 経営学の6分野

今後よく出てくる言葉なので、経営学の6分野についてざっと説明しておきます。もう少し詳しい内容やその歴史的な成り立ち、経済学用語を知りたい人はぜひ補章を読んでください。

①経営戦略｜企業としてどういう存在になりたいのか（ビジョン）、どの戦場（ドメイン）で戦うのかを定め、そこで何をウリにするのか（基本戦略）や敵とどう戦うのか（競合戦略）、どう取り込むのか（M&A[007]）を立案すること。また企業が複数の事業を持つ場合には、事業ごとにそれらを行い、全体として統合（全社戦略）・資源配分すること。

②マーケティング｜各々の事業で市場や顧客・競合を分析することで、誰に対してどんな価値を売り込むのか（STP、53頁参照）、それをどうやったら実現できるのかを4つの対顧客活動（4P：商品、価格、販促、販路(チャネル)）を組み合わせて立案すること[008]。

③アカウンティング｜特定の期間中、その企業・事業が儲かったのか否か（損益）、資金繰り（キャッシュフロー[009]）はどうなっているかを把握するための財務会計と、それらの状況・要因分析を行う管理会計がある。年度予算の立案・管理も含まれる。

④ファイナンス｜株式や債券発行、銀行借入、自己資金など多岐にわたる資金調達手法を最適化し、かつ各事業に配分する。そのためにはさまざまな事業・投資価値評価（NPV[010]やIRR[011]）が必要となる。

---

[007] Merger and Acquisition 企業の買収・合併。

[008] マーケティングには「セールス（営業）を不要にすること」という有名な定義もあるが、それにこだわる必要はない。営業も販路のひとつである。

[009] 会計上の損益でなく実際にお金（キャッシュ）がどう生み出され、使われ、貯められ、投資されているか、その流れ（フロー）のこと。

[010] Net Present Value。事業の生み出すキャッシュフローの予測からその事業価値を推定する手法。

[011] Internal Rate of Return。投資の期待収益率でNPVがゼロになる割引率。この本ではここまで。

FIGURE 004 ｜ 経営学の6分野

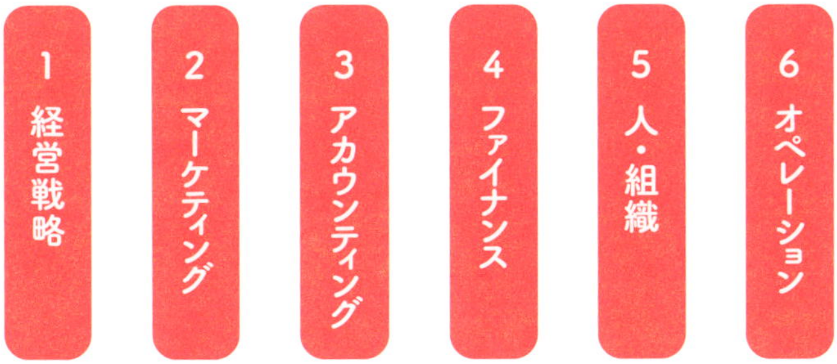

1. 経営戦略
2. マーケティング
3. アカウンティング
4. ファイナンス
5. 人・組織
6. オペレーション

注：他に経済学、情報システム等もある

⑤人・組織論 ｜ 企業とは結局、人の集まりでありそれらがどんな塊(かたまり)に分かれて、どんな役割を果たし、どんな責任権限を持つのか決めなくてはならない。それが組織論。そしてそこに集う人々を採用し、教育し、評価し、モチベイトし続けるのが人事（人間関係）論であり、そこにはリーダーシップ論なども含まれる。

⑥オペレーション ｜ 商品・サービスの提供のために必要な機器やプロセス、仕組みを立案すること。その範囲は調達、生産、物流、販売、サービスのすべてに渡る。

各々の分野に学者の数だけ流派があり、企業の数だけその派生形が存在します。経営学基礎として学ぶのは、その中でも長年使い込まれてきてスタンダードといえるものたちではあるでしょう。

▶ 経営における2レベル：「全社」と「事業」

でもよく見ると、そこで教えられているものには大きく2種類あることがわかります。事業レベルのものと全社レベルのものです。

たとえば歯磨き粉やマウスウオッシュで有名なサンスターは、バイク部品や建築用接着剤もつくって売っています。事業レベルでは4事業に分かれていて、どんな商品をどうつくって売るか考えるのは、各事業担当者の責任です。

FIGURE 005 ｜ サンスターの事業構造

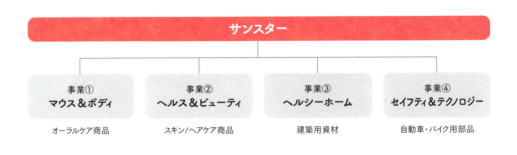

一方、今後4事業のどれに特に注力していくかは、全社として考えるべきことですし、新しい事業分野の立ち上げもそうでしょう。一言でいえば**事業レベルのものとは事業部長やプロダクトマネジャーが考えるべきことであり、全社レベルのそれとは企業の経営陣が考えるべきこと**なのです。

　それらが先ほど見た「6分野の基礎」には混在しています。マーケティングの内容のほとんどは事業レベルのことですし、逆にファイナンス分野のほとんどは全社レベルのこと。学んでいる人としては、自分のふだんの仕事に関わることと関わらないことがごちゃごちゃに教えられるので混乱することになります。

　これら6分野2レベルを区分すると、次々頁のような図（FIGURE 008）になります。

▶ 初学者はまず事業レベルに集中しよう

012 | Product Portfolio Management。BCGがつくった成長・シェアマトリクスのこと。多事業の位置づけと、事業間の資金配分を示すのに役立つ。

　複数事業間の資源配分論（PPM[012]など）やM&Aにおける事業評価手法（NPVなど）、資金調達手法や資本政策論、人事考課や賃金管理は大組織の全社レベルのテーマです。

　もしあなたがそういうものに関わる立場にないのなら、問題意識も生まれず学びの試行や実践の場も持てません。それでは学びが深まらず自らのスキルにもならないでしょう。**経営学の初学者は、まずは事業レベルの理解と実践に集中しましょう。**

FIGURE 006 | 経営学の2レベル

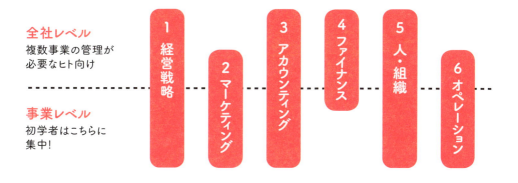

全社レベル
複数事業の管理が必要なヒト向け

事業レベル
初学者はこちらに集中！

1 経営戦略　2 マーケティング　3 アカウンティング　4 ファイナンス　5 人・組織　6 オペレーション

ただ、これではまだ実践的ではありません。これら6分野の分かれ方が機能別の学問視点であり、経営的な事業視点ではないからです。

▶ 経営学基礎の中身とその分類

一般にMBAで基礎として学ぶ分野とそこでの主な項目を並べると、下図のように63項目以上あります。しかし、その**半分近くは全社レベルのものであり、事業部長以下の職責で求められるものではありません**。スタートアップ企業の社長であったとしても、複数事業を持たないなら、関係ない話が多いのです。

各分野で、全社レベルの項目と、初学者が集中すべき事業レベルの項目を分けたのが右頁図です。マーケティングやオペレーション以外、特にファイナンスにおいては多くの項目が事業レベルからは外れることがわかるでしょう。

FIGURE 007 | MBA基礎項目：6分野

1 経営戦略	2 マーケティング	3 アカウンティング	4 ファイナンス	5 人・組織	6 オペレーション
経営理念 ・ビジョン 全社戦略 ・資源配分 -PPM -中期経営計画 事業戦略 -事業分析 (SWOTなど) -事業特性 -競合分析 -自社分析 -基本戦略 -収益モデル M&Aなど	市場戦略 -市場分析 (PLC) -セグメンテーション -ターゲティング -ポジショニング マーケティング・ミックス -Product -Price -Place -Promotion -Service	財務会計 -収入と費用 -勘定科目 -損益計算書 (P/L) -貸借対照表 (B/S) -キャッシュフロー (CF) 計算書 管理会計 -財務分析*1 -原価・利益計算*2 -損益分岐点分析 (BEP) -CF分析 -予実管理	資金調達と資本政策 -借入 -VC、IPO -クラウドファンディング 事業価値評価と意思決定 -FCF -資本コスト -NPV -IRR	組織管理 -組織形態 -組織開発 人事管理 -人事考課と賃金管理 -採用と教育、異動 -人材開発 リーダーシップ 企業・組織文化 ナレッジマネジメント	製品特性 -需要分析 -製品アーキテクチャ オペレーションマネジメント -調達 -生産 -物流 -販売 -サービス

*1（安全性・収益性・生産性・成長性）　　*2（製品別・部門別・顧客別・個人別など）

事業レベルの項目だけを選んでも、そこにはまだ「学ぶ目的」が見えません。われわれは事業経営ができるようになりたいのです。別に各分野の専門家になりたいわけではありませんし、雑学として網羅的知識を得たいわけでもありません。

事業経営とはそもそも、何をどうしていくことなのでしょうか。

FIGURE 008 | MBA基礎項目：6分野×2レベル

	1 経営戦略	2 マーケティング	3 アカウンティング	4 ファイナンス	5 人・組織	6 オペレーション
会社レベル	経営理念・ビジョン 全社戦略・資源配分 -PPM -中期経営計画 M&Aなど		財務会計 -収入と費用 -勘定科目 -損益計算書(P/L) -貸借対照表(B/S) -キャッシュフロー(CF)計算書 管理会計 -財務分析*1 -原価・利益計算*2 -予実管理 -CF分析	資金調達と資本政策 -借入 -VC、IPO 事業価値評価と意思決定 -FCF -資本コスト -NPV -IRR	組織管理 -組織形態 -組織開発 人事管理 -人事考課と賃金管理 -採用と教育、異動 -人材開発 リーダーシップ 企業文化 ナレッジマネジメント	
事業レベル	事業ビジョン 事業戦略 -事業分析(SWOTなど) -事業特性 -競合分析 -自社分析 -基本戦略 -収益モデル	市場戦略 -市場分析(PLC) -セグメンテーション -ターゲティング -ポジショニング マーケティング・ミックス -Product -Price -Place -Promotion -Service	財務会計 -収入と費用 -勘定科目 管理会計 -原価・利益計算*2 -損益分岐点分析(BEP) -予実管理 -CF分析(事業)	資金調達 -クラウドファンディング	組織管理 -組織形態 人事管理 -採用と教育、異動 リーダーシップ 組織文化 ナレッジマネジメント	製品特性 -需要分析 -製品アーキテクチャ オペレーションマネジメント -調達 -生産 -物流 -販売 -サービス

*1（安全性・収益性・生産性・成長性） *2（製品別・部門別・顧客別・個人別など）

OVERVIEW 03

事業経営の中核はビジネスモデルの理解と構築

▶ ビジネスモデルとは「現実」の「単純化」である

　この世の現実は、人ひとりの人生であれ小さなビジネス（ビジネス）の経営であれ、多くの人やモノやお金が絡んでいて、とてもとても複雑です。それらすべてを理解し動かすのは大変なので、どんどん機能分化していきました。ひとつの事業においても、お金のことは経理部、商品企画はマーケティング部、販売のことは営業部、製造関係は生産部、事業戦略のことは事業企画部……などなど。餅は餅屋、というわけです。

　でも、事業経営とは事業全体をバラバラでなく統合的に運営していくこと。<u>そのためにはこういった機能別の視点ではなく、機能横断的な共通の事業視点が必要</u>です。そのひとつが「ビジネスモデル」です。

　「○○モデル」には、「○○の構造を単純化・簡素化した模型」という意味があります。人間の存在すべてをモデル化することは不可能ですが、人の歩行のみをモデル化することはわりと簡単で、13本の棒と12個のピンがあれば足ります。

FIGURE 009 ｜ 歩行のモデル化

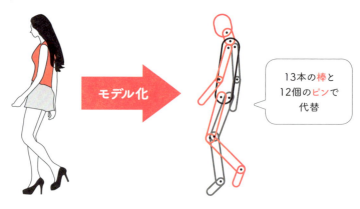

モデル化

13本の棒と12個のピンで代替

ビジネスモデルとはビジネスを単純化したもの。**この本では究極の単純化として4つの要素でビジネスを語る**[013]ことにしましょう。「ターゲット」「バリュー」「ケイパビリティ」「収益モデル」の4つです。それぞれ1〜4章で詳述しますが、ここで簡単に説明しておきます。

▶ ビジネスモデルの4要素

①ターゲット（狙うべき相手）

ビジネスとはその活動によって利益をあげる存在です。であれば、事業には必ずその商品やサービスの利用者や対価の支払者がいて、それらがその事業のターゲット（標的）となります。

- **ターゲット＝利用者、支払者など**

実際には直接の顧客だけでなく、事業成立に寄与する主要な者（ステークホルダー）すべてがターゲットとなります（1章）。

②バリュー（ターゲットに提供する価値）

なぜその商品が使われ、対価を支払ってもらえるかといえば、それは価値があるからです。企業向け[014]だと求められる価値はわりと明確で、スペック（性能）、品質、価格、納期、サービス（QCDS[015]）などで測れます。しかし消費者向け[016]では、「楽しい」「うれしい」「格好いい」も価値になるので、とても曖昧ですが多様で面白い世界です（2章）。

- **バリュー＝基本価値とQCDS（企業向け）、ブランドや感覚などさまざま（消費者向け）**

③ケイパビリティ（バリューをターゲットにどう提供するか）

商品を開発したら営業・販促をかけて受注し、部材を調達、生産・配送して、最後は集金、アフターサービスまで行わなくてはなりません。多くの人や設備（経営資源）に支えられた、膨大なオペレーションが関わります。そこに十分なノウハウや工夫がなくては、結局は競争に負けてしまいます。

その範囲は、研究開発（R&D）からマーケティング・営業・サービス

---

[013] ビジネスモデルにも多くの流派があり、7、22もしくは55パターンに分類するもの、5、9もしくは11要素で表現するものなど多様。

[014] Business向けのBusinessなのでB2B（B to B）とも呼ばれる。

[015] Quality（品質）、Cost（価格）、Delivery（納期）、Service（サービス）。

[016] Consumer（消費者）向けのBusinessなのでB2C（B to C）とも呼ばれる。

(CRM)、調達・生産・物流 (SCM)、会計財務 (FPM)、人事組織 (HRM)、経営・事業管理 (C/BP) など多岐にわたります (3章)。

● ケイパビリティ＝リソース（経営資源）＋オペレーション

④ **収益モデル**（対価とコストは見合っているか）
①②③が揃っても、コスト以上の対価を得られなければ、事業は永続的には回りません。その算段が収益モデルです。

お金は使用者だけが払うとは限りません。広告主から得るのが「広告モデル」、寄付者から得るのが「寄付モデル」です。本体は割安にしてその消耗部品やサービスで儲ける「替え刃」モデル、本体を無料にして客を増やし、アイテム課金で儲けると「フリーミアム」（の一種）と呼ばれたりします (4章)。

● 収益モデル＝売上－費用、他に替え刃や広告モデルなど

1990年以降、インターネットの出現により、収益モデルのあり方はますます多様になっています。

FIGURE 010 | ビジネスモデルの4要素

▶ 事業レベルの経営学を
ビジネスモデル視点で見てみると

事業経営とは、その事業分野において<u>自社独自のビジネスモデルをつくり上げ、それを回していく活動</u>にほかなりません（プラス3つの要素については5章で）。

だからまずは、この4要素が何で、どうつながっていて、それをどうやったらよりよくできるのかを学びましょう。前節で述べたマーケティングやアカウンティングなど6分野は、そのための言葉でありツールに過ぎないのですから。

<u>事業レベルの経営学を、ビジネスモデル視点で再構成</u>すると下図のようになります。

FIGURE 011 | 経営学6分野とビジネスモデルとの関係

	1 経営戦略	2 マーケティング	3 アカウンティング	4 ファイナンス	5 人・組織	6 オペレーション
ターゲット	**事業戦略** -基本戦略 （全体／ニッチ）	**市場戦略** -市場分析（PLC） -セグメンテーション -ターゲティング				
バリュー	**事業戦略** -基本戦略 （コスト／付加価値）	**市場戦略** -ポジショニング **マーケティング・ミックス** -Product -Price				
ケイパビリティ	**事業戦略** -基本戦略 （垂直／水平）	**マーケティング・ミックス** - Place - Promotion - Service			**組織管理** -組織形態 **人事管理** -採用と教育、異動 **リーダーシップ** **組織文化** **ナレッジマネジメント**	**製品特性** -需要分析 -製品アーキテクチャ **オペレーションマネジメント** -調達、生産、物流、販売、サービス
収益モデル	**事業戦略** -事業特性 -収益モデル （フリーミアムなど）	**市場戦略** -ターゲティング **マーケティング・ミックス** -Price	**財務会計** -収入と費用 -勘定科目 **管理会計** -原価・利益計算 -損益分岐点分析（BEP） -予実管理／CF分析（事業）	**資金調達** -クラウドファンディング		

つまり事業経営においてわれわれは、

- **ターゲット**や**バリュー**を定めるために、経営戦略論とマーケティング論を学び
- **ケイパビリティ**の設計とその実現のために、人・組織論とオペレーション論を学び
- **収益モデル**をつくり上げていくために、アカウンティング論をさらに学ぶ

のです。<u>これが、われわれが経営学の基礎を学ぶ目的</u>です。
　また逆の言い方をすれば、それこそが各々の専門分野の事業経営における役割なのです。

- 経営戦略論とマーケティング論は、事業の**ターゲット**と**バリュー**を定めるためにある
- 人・組織論とオペレーション論、そしてマーケティング論の一部（4P＋SのうちPlace、Promotion、Service）は、事業の**ケイパビリティ**を構築するためにある
- アカウンティング論とマーケティング論の一部（ターゲティングやPrice）と経営戦略論の一部（事業特性）は、事業の**収益モデル**を算段するためにある

▶ 孫武は徹底的にシミュレーションしてから戦った

　戦争論の古典としてもっとも評価が高いのは、孫武（BC535～?）らによる『孫子』017（BC515）でしょう。
　計篇（開戦前に考えるべきこと）に始まり用間篇（諜報活動）に終わる13篇の『孫子』で、彼は何より計篇での廟算、つまり<u>開戦前の軍議での敵味方の状況分析・比較を重視しました</u>。その分析項目が「**五事七計**」です。

五事｜①道（為政者と民とが一致団結しているか）、②天（気候などの自然）、③地（地形）、④将（戦争指導者の力量）、⑤法（軍の制度・軍規）
七計｜①敵味方、どちらの君主が人心を把握しているか、②将軍はどちらが優秀な人材であるか、③天の利・地の利はどちらの軍に有利か、④

017｜孫武により原形が著され、子孫の孫臏（そんぴん）により現在の形に近くなる。200年頃、かの曹操により整理され今の形となる。

軍規はどちらがより厳格に守られているか、⑤軍隊はどちらが強力か、⑥兵卒(へいそつ)の訓練はどちらがよりなされているか、⑦信賞必罰(しんしょうひつばつ)はどちらがより明確に守られているか

　七計を見ればわかるように、孫武が開戦にあたってもっとも重視したのは戦略上のポジショニング（③）ではなく、兵の数や武器の多さ（⑤）であり、人の要素でした。**君主・将軍のリーダーシップ（①②）、兵のスキル・統率とモチベーション（④⑥⑦）こそが、勝敗を分ける**と考えていたのです。経営戦略論で言えばケイパビリティ重視、といったところでしょうか。

　もちろん彼は、戦略的ポジショニングにおける天才でもあります。地形を利用し、決戦地を定め、先着した上でそこに敵を誘導すべくあらゆる手を講じます。自軍が有利な場所で準備万端(じゅんびばんたん)にして戦うわけですから、負けるわけがありません（虚実篇(きょじつ)、軍争篇(ぐんそう)、行軍篇(こうぐん)、地形篇(ちけい)）。

　しかし、将軍として戦争遂行(すいこう)の責任者であった孫武だからこそ、戦争を国家の深刻な事態ととらえ、安易な開戦を諫(いさ)めました。**彼は廟算を重んじたので、負けそうな戦いは決してしませんでした。だからこそ百戦百勝です。**

　でも「百戦百勝は善(よ)いことではない」と言い切ります。「**戦わずして敵国・敵軍・敵兵を降伏させるのが最善**」(謀攻篇(ぼうこう))なのです。

　事業経営とは孫武が考え尽くしたように、**事業のあらゆる側面を捉えて判断していくこと**なのです。マーケティングやオペレーション、アカウンティングなど、一面を見るだけではできないのです。

　さて準備もできたので、越後屋の話に戻りましょう。三井高利らは、どんな「経営」をすることで、「一日千両」を実現したのでしょうか。

OVERVIEW 04 | 越後屋をビジネスモデル視点で見てみると

▶ 越後屋は4つの新バリューを提供した

　振り返ってみて、越後屋の成功はビジネスモデル視点ではどう表現できるのでしょうか。まずはバリューから見てみましょう。
　三井高利が江戸でつくり上げた越後屋は、既存の呉服店とは大きく異なる4つのバリューを顧客に提供しました。

①**イージーメイドや既製品**｜何ヶ月も待たずともすぐに着られる
②**定価販売**｜客による差別なし、誰でも一緒のワンプライス
③**切り売り**｜小物もつくれる、気楽に寄れる
④**低価格**｜同じものが競合より何割も安い

　ただし、支払いにおけるバリューは⑤**現金のみ**と下げました。

▶ ターゲットは富裕層から中間層へ拡大した

　江戸はもともと徳川武士のためにつくられた人口15万人の町でしたが、1635年に参勤交代が始まると、大名の江戸屋敷が建ち並び、その営みを支えるために商人や町人が増えて人口は50万人[018]を突破。半数は職人やサービス業を生業（なりわい）とする町人たちでした。
　「支払いは現金のみ」としたことで、既存呉服店が主たる顧客としていた大名・武士などの富裕層には嫌われましたが、これら4バリューは町人を中心とした中間層に大いにうけました。馴染（なじみ）客でない一見さんでも同じ値段ですし、低価格の既製品ですから気軽に買えます。そのうち、安さに惹かれて富裕層もやってきます。
　越後屋のターゲットは、既存呉服店に比べると、中間層へと大きく拡大することになりました。

018｜1721年には町人人口が50万人を超えた。武家や寺社の人口が、町人と同程度（町人：武家他＝1：1）であろうと推定し「江戸は100万人都市」といわれている。

▶ 越後屋の収益モデルは低コストでの薄利多売

　多くの顧客を抱え、そこに既製品を安く大量に売る。越後屋の呉服業での**収益モデル**は典型的な**薄利多売モデル**です。
　しかし、単に「薄利」で安くした訳ではありません。多く売るからこそ多く仕入れられ、西陣（京都）からの反物の仕入れ単価を安くできます。既製品中心だからこそ、裁断や縫製を一度に行えて効率化でき、加工費も安く済みました。
　ターゲット（中間層に拡大）やバリュー（既製品）と組み合わさってこその低コスト化と、それによる薄利多売モデルでした。
　また、「支払いは現金のみ」としたことで、それまで多かった**貸し倒れが激減**しましたが、それも越後屋のターゲットが、日銭をつかんでいた町人たち中心だったからこそでした。

▶ 大型店舗と役割分担のケイパビリティがそれらを支えた

　既存の呉服屋は客先に出向いて売る外商が中心でしたが、それでは多くの顧客を効率的に捌くことはできませんし、さまざまな反物の種類に通じたベテラン従業員しか対応できません。

FIGURE 012 ｜ 越後屋の呉服業でのビジネスモデル

	それまでの呉服店	越後屋
ターゲット（顧客）	富裕層のみ（武家・商家）	**中間層へ拡大**（町人）
バリュー（提供価値）	一物多価の掛け売り 外商、オーダーメイド（高価）	**現金掛け値なし、切り売り 店前、仕立て**売り（即日）安価
ケイパビリティ（オペレーション／リソース）	小型専門店 オールマイティを長期育成 仕立ては外部化	**大型店舗 担当制**で早期育成 分業・仕立て部隊
収益モデル（プロフィット）	高価格高マージン 貸し倒れが前提	**安価**に**大量**販売 貸し倒れなし

<u>越後屋は訪問型の外商ではなく、来店型の店前売りを採用</u>します。そのためにケイパビリティとして<u>大型店舗が必要</u>になりましたが、そのお陰で店員の専門特化が可能になりました。反物種類ごとの役割分担である<u>「一人一色」を採用したこと</u>で、<u>人材育成は逆に簡単</u>になり、事業の拡大に合わせた早期育成ができました。

　また、イージーメイド提供のためには、ケイパビリティとして縫製職人も雇い入れました。

▶ ビジネスモデル全体が異なるから競合は真似しにくかった

　越後屋の呉服業での成功は、「現金掛け値なし」に代表されるバリューの変革だけで成し遂げられたわけではありません。ターゲットの中間層への拡大、薄利多売で貸し倒れなしの収益モデルの確立、大型店舗と一人一色などのケイパビリティによって支えられたものでした（FIGURE 012）。

　かつ、それら4要素は互いに深くつながっていて、ひとつだけを真似（まね）することはできないものでした。競合していた呉服店がいきなり「現金掛け値なし」と謳（うた）ったら（バリュー）、つけ払いがうれしかった既存の大名・武士たちは離反してしまう（ターゲット）でしょう。店構えだけ大きくしても（ケイパビリティ）、町人たちにそこにいっぱい来てもらうためには、切り売り（バリュー）や薄利多売の仕組み（収益モデル）が不可欠です。それに、店前売りにしてしまったら、今いるベテラン従業員たちは要らなくなってしまいます。リストラなんて大変です。

　越後屋がつくり上げた新しいビジネスモデルには、なんの秘密も秘術もありませんでした。でも、<u>全部が変わったが故に、競合には模倣（もほう）が極めて困難だった</u>のです。

▶ 両替商と呉服屋を組み合わせた大ビジネスモデル

　高利はさらに、両替商という別事業のターゲットとして、大坂城を射止めることに成功します。江戸で成功した呉服屋とは逆の、西から東へのお金の流れを手に入れるためでした。これにより、2つの事業を組み合わせたときの収益モデルに大いにプラスとなりました。

その高利亡き後、長子・高平は2つの事業が組み合わさった巨大ビジネスを統治するための新たなケイパビリティを導入します。それが、大元方という一種の持株会社でした。

　この新しい収益モデル（大坂城の公金為替）、新しいケイパビリティ（大元方）を加えた大ビジネスモデルの構築が、長期の繁栄を三井家にもたらしました。

　「現金掛け値なし」はただの安売り戦略ではありません。三井家は高利・高平が、旧来の「呉服店」のビジネスモデルをすべて変えたからこそ、その安値を維持でき、競合になかなか真似されなかったのです。

FIGURE 013 　越後屋の大ビジネスモデル

	呉服店	両替商
ターゲット（顧客）	富裕層から中間層へ拡大	幕府も顧客に（大坂城御用銀）
バリュー（提供価値）	現金掛け値なし、安価 切り売り、仕立て売り	幕府：安全・安価に送金 三井：信用と資金獲得
ケイパビリティ（オペレーション／リソース）	担当制で専門化・早期育成 特急仕立て部隊、大店舗	東名阪をカバー
	持ち株会社（大元方）によるグループ統治	
収益モデル（プロフィット）	低コストでの資金・反物（京都 西陣）調達 江戸で安価に大量販売	

OVERVIEW 05　この本での経営学の学び方

▶ あなたが経営学を学ぶ目的は何？

　この本のメインの「ターゲット」は経営学の初学者です。年齢層でいえば「19歳以上なら誰でも」なのですが、<u>あなた自身はなぜ、経営学を学びたいと思ったのでしょうか</u>。その目的によって、この本が提供しうる「バリュー」は変わります。必要な事柄が少し異なるからです。

【改善】今関わっているビジネス（バイト先や勤務先、取引先など）を理解・改善するため｜実際に関わっている領域や問題意識のあるところから読む
【起業】新しいビジネスを起こすため｜まずは最初から全部読む。事業レベルでのことは漏れなく理解しておくべきだから
【興味】純粋な学習の興味｜目次や索引（さくいん）を眺めて気になるところから読む。もしくは本文の図表だけざっと見て、選ぶ。興味が湧（わ）かないと学習につながらないから

　いずれにせよ、この本は基礎であり入門用です。特に気になった項目は、各章のまとめで紹介する専門書で、さらに深く学びましょう。
　ただしそのときも、学ぶ目的を忘れないこと。<u>問題意識を持つことで、学びは自ずと深くなります</u>。「ある問題を解決する」というゴールがあるから、それに足りないものが何かわかりますし、学ぶモチベーションも続くのです。

▶ 一読して苦手分野を積極的にカバーする

　事業レベルとはいえ経営者に求められることは多岐にわたり、破綻した後になって「知らなかった」では済みません。得意な部下に仕事を任せるのは当たり前ですが、その失敗の責任を取るのは自分です。自分が一体何を任せているのか、そこにどんな問題がありうるのかを理解でき

なくてはいけません。

　<u>経営者の視点とは事業を専門分野ごとに細切れに見ることではなく、事業全体を見ることです</u>。事業がその事業目的の達成に向かってちゃんと進んでいるのかどうかを成長と収益の両面から把握し、足りなければなんとかしなくてはなりません。それが経営者の役割です。

収益｜収益モデルで見て、売上とコストのどちらが問題か。売上が十分ならそれを実現するためのケイパビリティの効率化を行う

成長｜売上が伸びないのはターゲットとバリューのどちらが問題か。各々の潜在性が十分ならそれを提供・獲得できるケイパビリティを再構築する

　そのために、この本を一読することで、経営（学）における自分の苦手分野を理解しましょう。まずはその部分を読み込み、学習をスタートさせましょう。

▶ 実例やアイデアをビジネスモデル図で整理し、語る

　「教学（きょうがく）あい長（ちょう）ず」。他人に教えることによって、ヒトは真の学びを得ます。知らない人に教えるためには、そのことの本質を理解しないとちゃんと伝えられないからです。

　そのための題材は、みなさんの身の回りに溢れています。自社の事業や商品でも構いませんし、企業本やビジネス誌で紹介された成功・失敗事例でもOKです。そこで述べられている雑多な情報を、ちゃんとビジネスモデル図（BM図）に書きだしてみましょう。<u>情報をフレームワーク（思考の枠組み）に整理することで、何の情報が足りないかや、どこのつながりがおかしいかがわかります。</u>

　ちゃんと整理できた情報は人に伝えやすくなります。でも油断（ゆだん）は禁物（きんもつ）。そこで安心せず、実際に人に教えることを忘れずに。きっとその整理では不十分だとわかるでしょう。

　また、調べ、考え、整理し、伝えましょう。<u>その繰り返しがみなさんの経営学の基礎力となり、経営視点を育てます。</u>

▶ 今後の章立てと読み進め方

　この序章では、三井越後屋の創業物語に始まり、経営学の構造とその再整理方法を説きました。経営学は6分野2レベルのキメラ（合成獣）です。事業レベルと全社レベルが混在していますし、各分野に別々の存在理由があります。経営学全体としての整合性は二の次です。

　この本では、特定のビジネスひとつを対象にした事業経営知識・スキルの修得を目指します。故に、全社レベルのテーマにはほとんど触れず、事業レベルに集中します。そしてそれを**ビジネス経営の視点（ビジネスモデル：BM）順に解説**していきます。1章「ターゲット」、2章「バリュー」、3章「ケイパビリティ」、4章「収益モデル」、と。

　そして5章では、**事業経営に必要なプラス3つの要素として**、「事業目標」「共通言語」「IT・AI」を取り上げます。

　加えて補章では、この100年の経営戦略論の変遷と、経済学（特に国家でなく市場単位の議論をするミクロ経済学）の概要を紹介しています。経済学に馴染みのない人たちは先に目を通しておくといいでしょう。

　同じ業界でも、立場によりその事業のあり方はさまざまです。そして同じ事業であったとしても、その答え（経営方針、ビジネスモデル）はさまざまです。そのことを実感してもらうために、**この本では各章で同じ題材（コーヒービジネス）をテーマに事例**を見ていきます。

　さて、いよいよ本論です。でもその前に、カフェの誕生に始まるコーヒービジネスの歴史を少々。

FIGURE 014 | 分野別ではなく目的別に経営学を学ぶ

MBA

	1 経営戦略	2 マーケティング	3 アカウンティング	4 ファイナンス	5 人・組織	6 オペレーション
全社と事業	**経営理念** ・ビジョン **全社戦略** ・資源配分 -PPM -中期経営計画 **事業分析** -事業分析(SWOTなど) -事業特性 -競合分析 -自社分析 -基本戦略 -収益モデル **M&Aなど**	**市場戦略** -市場分析 (PLC) -セグメンテーション -ターゲティング -ポジショニング **マーケティング** **・ミックス** -Product -Price -Place -Promotion -Service	**財務会計** -収入と費用 -勘定科目 -損益計算書 (P/L) -貸借対照表 (B/S) -キャッシュフロー (CF) 計算書 **管理会計** -財務分析 -原価・利益計算 -損益分岐点分析 (BEP) -CF分析 -予実管理	**資金調達と** **資本政策** -借入 -VC、IPO -クラウド ファンディング **事業価値評価** **と意思決定** -FCF -資本コスト -NPV -IRR	**組織管理** -組織形態 -組織開発 **人事管理** -人事考課と賃金 管理 -採用と教育、異動 -人材開発 **リーダーシップ** **企業・組織文化** **ナレッジ** **マネジメント**	**製品特性** -需要分析 -製品アーキテクチャ **オペレーション** **マネジメント** -調達 -生産 -物流 -販売 -サービス

事業経営 × ビジネスモデル

	1 経営戦略	2 マーケティング	3 アカウンティング	4 ファイナンス	5 人・組織	6 オペレーション
ターゲット	**事業戦略** -基本戦略 (全体／ニッチ)	**市場戦略** -市場分析 (PLC) -セグメンテーション -ターゲティング				
バリュー	**事業戦略** -基本戦略 (コスト／付加価値)	**市場戦略** -ポジショニング **マーケティング** **・ミックス** -Product -Price				
ケイパビリティ	**事業戦略** -基本戦略 (垂直／水平)	**マーケティング** **・ミックス** - Place - Promotion - Service			**組織管理** -組織形態 **人事管理** -採用と教育、異動 **リーダーシップ** **組織文化** **ナレッジ** **マネジメント**	**製品特性** -需要分析 -製品アーキテクチャ **オペレーション** **マネジメント** -調達 -生産 -物流 -販売 -サービス
収益モデル	**事業戦略** -事業特性 -収益モデル (フリーミアムなど)	**市場戦略** -ターゲティング -勘定科目 **マーケティング** **・ミックス** -Price	**財務会計** -収入と費用 -勘定科目 **管理会計** -原価・利益計算 -損益分岐点分析 (BEP) -予実管理 -CF分析 (事業)	**資金調達** -クラウドファン ディング		

05 | この本での経営学の学び方

COFFEE CASE

世界2位の飲料、コーヒー誕生

コーヒーは1日25億杯 年10兆円のビジネス

エチオピア原産のコーヒーノキ。その豆のみならず、果実や若葉にも若干のカフェインを含むため、古くから生活・宗教儀式や戦時の携帯食に用いられてきました。手軽に精神を落ち着かせ、目を覚ますことができます。そのためか、今や世界での消費量は1日25億杯。水を除けばお茶[019]（同68億杯）に次ぐ世界第2位の飲みものです。

コーヒーのビジネスとしての市場規模は今や年間10兆円以上。これもお茶（14兆円）に次ぐ規模を誇っています。

2018年にはコカ・コーラが英コーヒーチェーン「コスタ」を51億ドルで買収して話題となりました。炭酸飲料よりコーヒーの方が将来性大と判断したのでしょう。

コーヒーにまつわるビジネス革新の歴史

ただ、飲料としてのコーヒーの完成はそれほど昔のことではなく、コーヒー豆を焙煎して粉にして透過法で抽出するもの（ペーパードリップやダッチコーヒー）は18世紀の発明です。お茶の出し方が1,000年前には完成していたのに比べれば相当の新参者といえるでしょう。

でもそれを楽しむための専門店でいえば、コーヒーはお茶の上を行きました。1511年にエジプトのカイロでカフェの前身が、1554年にはイスタンブールで「カヴェー・カネス」が、1652年には英ロンドンでコーヒーハウスが生まれ、10年で2,000店舗に拡がりました。1586年、仏パリで「カフェ・プロコープ」が開業します。昼、コーヒーを中心とした飲食店、カフェの完成です。

その後もコーヒーはさまざまな革新（イノベーション）で世界に拡がっていきました。ネスレのインスタントコーヒー、UCCによる缶コーヒー、ドトールの朝カフェ、スターバックスのサードプレイスなどなど……。
（FIGURE 015参照）

1～4章では、その一部を演習問題として紹介していきます。それらはビジネスモデル視点で見たとき、どんな革新だったのでしょうか。

FIGURE 015 | コーヒービジネス革新の歴史

019 | 発酵レベルによって緑茶（無発酵）、ウーロン茶（半発酵）、紅茶（完全発酵）、プーアル茶（後発酵）と分かれる。

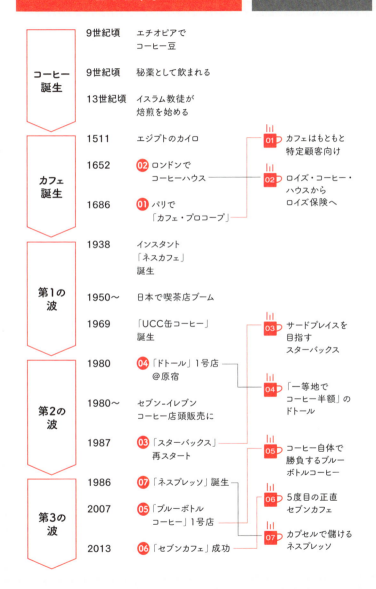

COFFEE CASE 00 | 世界2位の飲料、コーヒー誕生

1章
TARGET
ターゲット：
誰を狙う？

TARGET 06 | ターゲットが曖昧だとビジネスは迷走する

▶ ターゲットは一義的には顧客である

　ビジネスには必ず顧客が存在します。観客がいないお芝居やプロスポーツが成り立たないように、事業にはその商品やサービスの対象となる顧客がいるのです。

　ビジネスモデルでいうところのターゲットも、一義的にはそういった顧客を指しています。「ビジネスのターゲットはまず顧客だ」なんて当たり前と思うかもしれません。でも、歴史的にはそうでもありません。

　たとえば戦後復興期の日本では、顧客はさして顧（かえり）みられていませんでした。なにせつくれば売れる時代です。経営者が見ていたものは顧客や店頭ではなく商品であり、それを工場でいくつつくれるかだけでした。

　古くは三井殊法、現代ではAmazonのベゾスが「顧客第一主義」を掲げ、成功を収（おさ）めています。**ビジネスというものは他の誰でもなく、顧客の利便や価値を最重要視すべきであって、それこそが企業を方向づける唯一の指針である**、と。

▶ ターゲットが明確な事業、曖昧な事業

　しかし、「ターゲットは顧客だ」だけではビジネスは迷走します。それは「船は海を航海し港に着くべきものだ」と言っているに過ぎないからです。どの港に行くのかで、船に備えるべき装備や資材・人材は変わります。何を運びどんなスピードを求めるかで、船のカタチも構造も変わるでしょう。

　インドからの一番茶を競うイギリスの商船ビジネスは、ついに「**ティ・クリッパー**」という超高速帆船（はんせん）を生み出しました。多くの帆を持つ細身の船体で取り回しは困難でしたが、喜望峰を回って一番茶を最速で運べればべらぼうな船賃を稼げました。

ターゲット（インドからの一番茶を求める英国民）がハッキリしていれば他のことは自ずと定まるのです。逆にターゲットが曖昧だと、何も定まらず全体がチグハグになるだけでなく、座礁の危険すら出てきます。

一方、日本では2000年前後からシニア向け雑誌なるものが100以上創刊されましたが、残ったのは『ハルメク』と『サライ』の2誌程度。ほとんどの後発雑誌はそのターゲットが「60歳以上」くらいでとても曖昧だったからです。それでは内容も絞り込めません。他誌と似たり寄ったりの差のないものになってしまいました。

『ハルメク』のターゲットは「通販好きの60〜70代女性」。そこにぐっと絞ったからこそ、独自通販商品で売上の8割を稼ぐという特異な雑誌ビジネスをつくり上げることができたのです。

▶ **ターゲットを分けすぎてもまとめすぎても失敗する**

事業（や商品・サービス）が対象とするターゲットはほとんどの場合「世界中のすべて」ではなく、ある層（セグメント）に絞られています。マーケティング論では、顧客を細分化することを「セグメンテーション」と呼び、その中で対象を絞り込むことを「ターゲティング」といいます。

FIGURE 016 | セグメンテーションとターゲティング

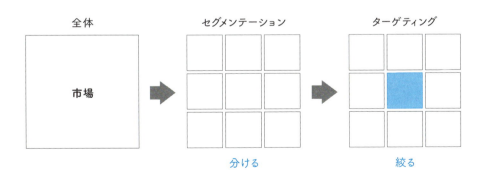

顧客細分化のための軸は多くの場合、消費財（B2C商品）と生産財（B2B商品）で異なります。

- **消費財** | デモグラフィックな軸（その人の性別、年齢、居住地域、所得、職業、学歴、家族構成など）や購買行動（どこで何を買うかなど）
- **生産財** | 企業業種、規模（売上や従業員数）、購買タイプなど

　それらの軸を組み合わせたり刻み幅を小さくしたりすることで、セグメンテーションでは対象をいくらでも細かく分けられます。10歳刻みでなく5歳刻みにすれば2倍に、都道府県別（47）でなく市町村区別（1,741）にすれば37倍にセグメントは増やせます。でも**セグメントの数を増やせばそれだけ、セグメントひとつ当たりの大きさ（該当する人の数や企業数）は小さくなって、そこからあがる売上は減り、対応するためのコストは上がります**。よほど価格を高くしないと割に合いません。

　だからといってセグメントを大きくし過ぎると、いろんな人や企業が混じってしまい、誰にもフィットしない商品を提供する羽目に陥ります。それが「60歳以上の人向け」シニア雑誌の失敗です。**ターゲットのセグメンテーションには、ちょうど良いセグメントサイズがある**のです。このバランスをBCGは「**戦略的セグメンテーション**」と呼びました。

FIGURE 017 | 戦略的セグメンテーション

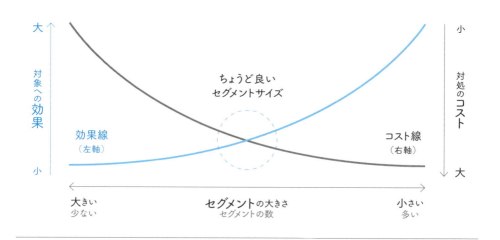

▶ ターゲットは顧客以外にもいろいろある

　事業のターゲットは主に「顧客」なのですが、実際にはもっと複雑で多種多様です。たとえば、顧客自体も使用者、意思決定者（その商品を購入すると決める人）、支払者などに分かれ、それらが別々だったりします。

- **使用者と意思決定者・支払者が別**｜オムツ、ペットフード、医療用医薬品、オフィスビル、生産設備など
- **意思決定者と支払者が別**｜ゲーム機、医療、大学、ファミリーカーなど

　企業向け（B2B）の商品・サービスの場合には、ほとんどがそうなるといっても過言ではないでしょう。当然、事業としてはそれぞれをターゲットとして捉える必要があります。製薬企業でいえば、ターゲットは医師だけでなく6種類にも及びます（FIGURE 018）。

　また、通常は顧客とは呼ばない対象もターゲットとなりえます。たとえばテレビ局（民放）にとっては視聴者以上に広告主が大切でしょう。そこからしかお金は入ってこず、その番組や広告にお金を出すか出さないのかを自由に決める存在だからです。

FIGURE 018 ｜ 製薬企業でのターゲット構造

厚生労働省		医薬品医療機器総合機構と薬事・食品衛生審議会で審査し承認する。薬価も決める
健康保険組合		健康保険関連の徴収と支払いを行う
病院	薬事委員会	薬剤師も入れ、病院としてその薬を処方リストに入れるかどうか決める
病院	医師	個々の患者にその薬を処方するかどうか決める
薬局		その薬を取り扱うかどうか決める。ジェネリックへの転換推奨もする
医薬品卸		その薬を優先的に取り扱うかどうか決める

クックパッドなど **CGM**（Consumer Generated Media：顧客生成型メディア）と呼ばれるものでは、その主要なコンテンツ（たとえば調理レシピ）を一般利用者自身が無料でつくってくれます。なので「投稿者」がターゲットとしては誰より大切ですが、その投稿を見て評価・コメントしてくれる多くの「閲覧者」がいてくれてこそ、投稿者もヤル気が出ます。

CGMは無料であることが多いので、それらの仕組みを収益上支えてくれる「広告出稿者」も大切です。

つまりCGM運営者にとっては、投稿者、閲覧者、広告主のすべてが「ターゲット」なのです。

CGMの例：
- **クチコミサイト** | 価格コム、食べログ、@cosmeなど
- **知識共有サイト** | クックパッド、クラシルなど
- **ナレッジコミュニティ** | OKWAVE、Yahoo!知恵袋など
- **SNS** | Facebook、Twitter、LINEなど
- **動画共有サービス** | YouTube、インスタグラム、ニコニコ動画など
- **イラストコミュニティ** | pixiv
- **ブログポータル** | アメーバブログなど

企業の組織運営が内部で閉じず外部のリソースを活用するオープン化が進む中、事業にとって大切なターゲットは顧客を超えてクリエイターであったり、流通サイトであったりと、より複雑に拡がっています。

FIGURE 019 | **CGMのターゲット例：@cosme**

投稿者	閲覧者	有料ユーザー	化粧品メーカー
個人の属性別に各化粧品の評価*とコメント	化粧品を検索しクチコミを見る	月360円の有料ユーザー	広告主であり、分析データの購入者。化粧品データの提供者でもある
〔延べ1000万件以上〕	〔月間1600万人〕	〔収入の10％以下〕	〔収入の9割〕

* ★の数で7段階

ターゲットが曖昧だと、事業は迷走します。「とにかく売ってこい！」と叫んでも、攻め先がわからなければ営業担当者はどこかで時間を潰すか、行きやすい親密先に通うか、困って辞めてしまうかのどれかに陥ります。

ターゲットを見定め、組織全体をそこへ向かわせることこそが、事業経営の第一歩なのです。

コラム | 01
マーケティングで大切なのは4PでなくSTP

▶ マーケティング論の神髄(しんずい)はSTPにある

　マーケティング論でもっとも知られている基礎概念は4Pです。それだけと言ってもいいかもしれません。

- Product（プロダクト）｜商品開発
- Price（プライス）｜価格設定
- Place（プレイス）｜販売チャネル
- Promotion（プロモーション）｜広告・販促

　これはジェローム・マッカーシー（Jerome McCarthy）が『ベーシック・マーケティング』(1960)で提唱した概念で、マーケティングの諸活動を網羅的に表現したフレームワークです。もともと彼はこの4Pで、「広告ばかりにお金を使うな」「ちゃんと4Pをバランスよくミックスさせよ」と言っていたので、「マーケティング・ミックス（MM）」とも呼ばれます。

FIGURE 020 | **マーケティングの4P**

Product	Price	Place	Promotion
品質、 機能、 デザイン、 ラインナップ、 技術力、 保証 etc.	価格、 割引条件、 支払方法、 支払条件 etc.	流通経路、 在庫、 店舗の立地条件、 店の品揃え、 配送 etc.	広告宣伝、 広報、 販売促進活動、 広告媒体 etc.

でも、このマーケティングの諸活動4Pの「目的」はなんなのでしょう？ここにあるのは活動領域だけで、顧客も価値もありません。

それを定めるのが「STP」なのです。

- Segmentation（セグメンテーション）｜市場細分化
- Targeting（ターゲティング）｜ターゲット設定
- Positioning（ポジショニング）｜ポジション設定

これは、**誰に対して（セグメンテーションとターゲティング）どんな価値を提供すべきなのか（ポジショニング）を決めるプロセスです**。マーケティング・ミックス4Pはそれらを実現する手段に過ぎません。だから、「STPが先、4Pは後」なのです。

マーケターと事業経営者の役割はよく似ています。ともに、ターゲットとバリューを定め（2つ合わせて「バリュープロポジション」ともいう）、そこにさまざまなケイパビリティと収益モデルを組み合わせて実現に導く存在です。

ただ、マーケターはその対象が1商品（もしくはブランド）で対象ケイパビリティも4Pだけ。事業経営者だと対象が事業全体でケイパビリティもすべてですが、STPのような概念を用いてターゲットとバリューを絞り込むことは同じです。

つまり、**事業経営者がマーケティングを学ぶときにもっとも注意すべきは4PではなくSTP**なのです。

FIGURE 021 ｜ 経営者が学ぶべきSTP

Segmentation
顧客のニーズに基づき、顧客をグルーピング
- グループA
- グループB
- グループC

Targeting
自社にもっとも有利になりそうなグループを選別
- グループC
- 誰に何を提供するのが得策か導き出す

Positioning
他社との差別的優位性をもとに自社の位置を規定
- A社
- B社
- C社
- D社
- 参入のチャンス

コラム｜01　マーケティングで大切なのは4PでなくSTP

TARGET 07 ターゲットは分化した：マス・分衆・個〔フォード、GM〕

▶ フォードの成功。昔、ターゲットは単純だった

　産業革命が進み20世紀に入ってもなお、ビジネスはそれほど複雑ではなく単純でした。狙うべき顧客は1種類、提供すべき価値も基本的なものだけ。マス[020]生産、マス消費の時代です。

　1890年、画期的な商品の「ガソリン自動車」が欧州で生まれましたが、高価格で、一部の富裕層のものでした。しかし<u>1910年、アメリカでフォードが「丈夫で安価（あんか）」なT型フォードを提供し、世界を変えました。</u>ヘンリー・フォードは徹底した<u>分業化</u>と<u>流れ作業</u>（というケイパビリティ）の導入によって自動車の生産コストを従来の数分の1に下げることに成功します。フォードがターゲットとしたのは、当時、大量に生まれつつあった<u>「豊かな大衆」</u>たちでした。当時米国の人口は50年前の3倍、1億人近くに膨（ふく）れ上がっていました。フォードのような工場で働きながら、自らも車を所有し、郊（こう）外（がい）の一軒家から通勤する中産階級が大量に生まれつつあったのです。その<u>人々が求めるバリュー</u>は<u>「丈夫で安価」</u>なこと。そう見定めて、フォードはただひたすらにそのためのケイパビリティ（リバー・ルージュ工場など）を構築し、T型フォードをつくり続けました。

[020] | mass：形容詞的に使われるときには「大規模な」となる。マスメディアなど。名詞として使われるときには「大きな物体」「大集団」となる。

FIGURE 022 ｜ フォードとT型フォード

19年間でその数なんと1,500万台。現在価値で1台300万円とすれば、総額45兆円。史上空前の大ヒット商品です。

▶ GMスローンはターゲットを5つに分けて大逆転

そのT型フォードに引導(いんどう)を渡したのが、GM (General Motors) の自動車群でした。「豊かな大衆はもはやひとつではない」と看破したGM経営陣たちは、ブランド拡大や企業買収を繰り返し、5つの異なるブランドを顧客に提供するに至りました。若者には安くてスタイリッシュなシボレーを、年配の富裕層には重厚で高価格のキャデラックを。

1920年社長となったアルフレッド・スローンは「どんな予算でも、どんな目的でも」を商品方針として掲げ、多くの新商品を投入し、さまざまな販促策（オートローン提供など）を打ち出し続けました。

ただ、**趣味嗜好の違う5種類の顧客に異なった商品・サービスを的確に届けるためには、特別なケイパビリティが必要**でした。GMの組織は、本社とブランド別5事業部の大きく6つに分けられました。事業部は各々商品開発・生産から販売までの機能を持ち、収支に責任を持ちさえすればあとは自由です。のびのびやれます。でもそれだけだとどんな失敗があるかわからないので、本社はお金（会計）と市場・顧客情報を握ることにしました。組織論でいうところの「事業部制」の完成です。

FIGURE 023 | フォードとGMのBM比較（ターゲットと組織）

	フォード		GM				
ターゲット（顧客）	全員	⇔	金持ち	…	…	…	若者
ブランド	T型フォード	⇔	キャデラック	ビュイック	オークランド	オールズ	シボレー
ケイパビリティ（オペレーション／リソース）	一体運営	⇔	A事業部	B事業部	C事業部	D事業部	E事業部
			本社（顧客満足度と会計情報で管理）				

07 | ターゲットは分化した：マス・分衆・個〔フォード、GM〕

この特殊な組織運営ケイパビリティによって、**GMはバラバラに分化し始めた米国民を取り込むことに成功**し、「暗黒の1930年代」[021]を乗り切りました。それは同時に、マス（大衆）にこだわりT型フォードをつくり続けたフォードの凋落を意味します。

> 021 | 1929年10月の米株価の暴落に始まる大不況は、世界を巻き込む世界恐慌となり、アメリカはその復活に10年以上を要した。

▶ セグメントサイズを1とするのがワン・トゥ・ワン

新聞やラジオ・テレビといったマス広告の隆盛もあり、結局多くの企業は1970年代までマスをターゲットとした経営に勤しみました。その後、特定セグメントをターゲットとするようになったのが70〜80年代。85年には博報堂が「日本の消費者はもはやマスではなく『分衆』と化した」[022]と評しました。日本メーカーも多品種少量生産に取り組みますが、その実現は容易ではありませんでした。

> 022 | 『「分衆」の誕生』博報堂生活総合研究所（1985）

しかし90年代に入り、**セグメント細分化の究極の概念が誕生**します。それが「ワン・トゥ・ワン」でした。『One to Oneマーケティング（One to One Future）』でドン・ペパーズは、**顧客ひとりひとりを異なった存在として捉え、対応せよ**と訴えました。それが必要であり、かつ可能なのだと。

考えてみれば、小規模な田舎の八百屋や酒屋はもとからそうでした。顧客ひとりひとりの嗜好や購買習慣を把握し、それに沿った仕入や売り込みを行っていました。無駄も少なく、利益率も悪くありませんでした。大手チェーンスーパーやディスカウントストアが現れるまでは。

大手の圧倒的低価格によるマス販売に敗れ、八百屋や酒屋は消えていきましたが、ペパーズは田舎の八百屋がやっていたことを大企業自身にやれというのです。仕組みさえ整えれば可能だから、と。

- 顧客情報は会員カードなどから自動的に収集
- 購買情報と合わせてデータベースに蓄積・分析
- メールなど電子的メディアで個別に販促・対話する

ITを中核とした新しいケイパビリティが、セグメントサイズを1（ワン）とするターゲット設定を実現に導きました。

1990年代から爆発的に普及したインターネットが、それに拍車をかけます。ビジネスは地域の壁を超えて、顧客ひとりひとりを追いかけられるようになりました。

▶ リアルにターゲットが数万に分かれるメイカーズの世界

　売り方はワン・トゥ・ワンでやれても、商品自体を顧客毎に変える(カスタマイゼーション Customization)ことは非常に難しい作業でした。しかしそれもまた変わろうとしています。

　インターネット時代の売れ方、儲かり方を示した『ロングテール』『フリー』の著者クリス・アンダーソン (1961〜) は既に、ネットからモノづくりの世界にその戦場を移しています。2012年11月にWIRED編集長を辞し、09年に自ら設立していたラジコン飛行機 (ドローン) の製作会社3Dロボティクスの経営に専念したのです。

　『MAKERS(メイカーズ)』(2012) で彼は「<u>次の変革の舞台は製造業</u>」「アトム (物質) が次なるビット (情報) なのだ」「つまり、PCやネットの中で情報を自在に扱えるように、物理的なモノを自在に組み合わせて何かをつくることができるようになっていく」と主張します。

FIGURE 024 ｜ クリス・アンダーソンと3著作

『ロングテール』
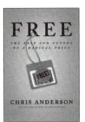
『フリー』

『MAKERS』

2006　　　　2009　　　　2012

インターネットは情報共有の壁を劇的に下げ、ビット（情報）の世界を変えました。でも世界にはその何倍ものアトム（物質）の世界があり、それは縮むことはありません。それが今、「**変革の4種の神器**」[023]により変わろうとしています。

[023] ｜「３Ｄプリンター」「レーザーカッター」「CNC装置」「３Dスキャナー」の４つ。

それらがあれば、大抵のモノ開発はあっという間に試作まで進めます。試作品があれば、改良もスムーズに進み、クラウド・ファンディングで資金を集めるのも容易でしょう。そういった機器が揃った「**FAB（ファブ）**」が、世界中ですでに何千ヶ所と立ち上げられています。

アンダーソン曰く、「製造個数１万くらいのニッチ市場が無数に生まれる」「これこそが第３次産業革命なのだ！」

彼はそれを**メイカー・ムーブメント**と呼びます。

製造業ではこれまで、数万・数十万の生産個数が必要でした。製品を新たに設計し、手作業による試作をくり返し、金型をつくって製造ラインを整え、資材を調達して歩留まり[024]を上げていくには、それぐらいの個数がないと収支が合わないからです。それが変わろうとしています。

[024] ｜生産個数の内、出荷基準に合うものの比率。

３ＤプリンターやFABといった**ケイパビリティの革新が、リアルなモノづくりのターゲットのあり方を変えた**のです。

FIGURE 025 ｜ メイカー・ムーブメント

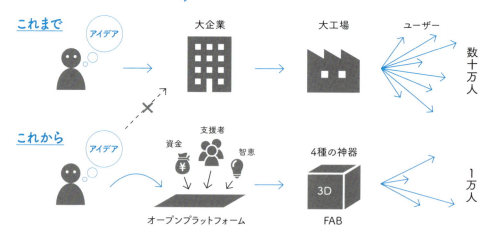

出所：清水淳子（WIRED CONFERENCE 2012）を一部改変

事業のターゲットは、20世紀の間に、マス（全体）からセグメントへと細分化し、ワン（ひとつ）にまで達しました。でも無闇（むやみ）に分かれてきたわけではありません。適切な大きさ（戦略的セグメンテーション）があり、事業・商品によってもその答えは変わります。

　でも、21世紀の経営者にとってさらに大変なことが起きました。それが<u>ターゲットの複数化と複雑化</u>です。

カフェはもともと特定顧客向け

01 COFFEE CASE

17世紀後半イスラム圏よりコーヒー来たる

カフェとはフランス語のコーヒー。カフェオレなら「牛乳（レ）入りコーヒー（カフェ）」という意味になります。

17世紀の後半に「コーヒーを飲む」という風習が商人を介してイギリスに伝わります。イスラム圏で生まれたコーヒー飲料は苦くて刺激が強く、お酒ではない大人の飲み物として紳士たちに受け入れられました。

ロンドンやパリで最新流行のお店としてカフェ（イギリスではコーヒーハウス）は始まり、ロンドンでは3,000軒、パリでも数百軒が競い合いました。

しかしカフェは、ただ友だちと（もしくはひとりで）コーヒーを飲む場所ではありません。いわば、**仲間内での情報交換や社交の場所**だったのです。

パリのカフェは各々が特定セグメント向けだった

特にパリのカフェは、お店の名を言えば、そこに通うお客さんの職業や価値観が特定されるほど、濃いつながりの場になりました。

常連客が共有する話題は同時にカフェのカラー、結果的にはカフェごとの特色となったのです。

パリに現存する最古のカフェ、ル・プロコップは政治（とゴシップ）の

FIGURE 026 ｜ カフェ・ゲルボア

060　1章 ｜ ターゲット：誰を狙う？

場。政治家や政治家志望の若者たちがターゲットでした。ルソーやヴォルテール、ベンジャミン・フランクリンが常連さんで、フランス革命のときにはマラー、ロベスピエールやナポレオンも通っていました。

パティニョール通りのカフェ・ゲルボアは、かの「印象派[025]」発祥の地です。1869年、マネを中心にして若き才能たちが木曜夜に集まっては芸術論を戦わせるようになりました。モネ、ドガ、シスレー、ピサロ、セザンヌ、ルノワール……。

たとえば「影の表現法」が延々と議論され、反射光の重要性が認識されました。

モネたちは、それまで芸術界を支配していたアカデミーの反発を跳ね返し、1874年から独自の展覧会を開きます。正式名称は「画家、彫刻家、版画家による共同出資会社"第一回展"」。後に「第1回印象派展」と呼ばれます。

展覧された160点以上の作品は30人の作家によって制作されたものでしたが、「印象派」として名を残した者は10名足らずでした。

カフェ・ゲルボアのターゲットは新しい芸術を求める若者たち。そのバリューは、そこに行けば同好の士たちと思う存分真剣な「雑談」を交わせる、ということにあったのです。

025｜印象派という名はモネが描いた『印象・日の出』に由来するが、最初は批判者からの「印象しか残さない、中身のないスケッチみたいなものを画く奴ら」という意味で使われた。それをモネたちが気に入って自らを印象派と呼ぶようになった。

演習1　19世紀末パリのカフェのBM図を描け

	バー/ビストロ		カフェ
ターゲット（顧客）	一般男性個人	⇔	
バリュー（提供価値）	食事とアルコール　騒げる	⇔	
ケイパビリティ（オペレーション/リソース）	立地　飲食提供	⇔	
収益モデル（プロフィット）	夜のアルコール（粗利が高い）　客単価高め	⇔	

COFFEE CASE 01 ｜ カフェはもともと特定顧客向け

女性向けに生まれた
サロン・ド・テ

　カフェは男性たちの熱き議論の場となってしまい、女性には近寄りにくい場所となりました。そこに革命を起こしたのがルイ＝エルネスト・ラデュレです。

　フランス南西部で製粉業を営んでいたラデュレは、1862年パリのマドレーヌ寺院近くにパン屋（ブーランジェリー）を開業します。フランス屈指の高級職人たちが集まる新興ビジネス街に打って出たのです。

　ところが1871年に政治的動乱に巻き込まれて火災が起き、再出発を余儀（よぎ）なくされます。パン屋から洋菓子店（パティスリー）に変え、内装は著名なポスター作家に任せてとても洒落（しゃれ）たつくりになりました。

　そこにカフェという別ジャンルのものを組み合わせることを、ラデュレの妻ジャーヌ・スシャールが思い付きます。この新生メゾン・ラデュレはカフェとパティスリーの合体版なのです。

　カフェを女性向けにしたことで、大いに繁盛しました。飲みものはコーヒーもありますが、紅茶が中心だったのでサロン・ド・テ (Salon de the、英語ではティー・サロン) と呼ばれます。

　<u>メゾン・ラデュレのターゲットは貴婦人たち。そしてそのバリューは気楽なおしゃべりだけでなく、絶品のスイーツ類でした。</u>後にラデュレの従弟（いとこ）がマカロン・パリジャン

FIGURE 027 ｜ 最初のサロン・ド・テ、メゾン・ラデュレ

062　1章｜ターゲット：誰を狙う？

（マカロンの間にガナッシュを挟んだもの）を開発し、大ヒット商品となりました。

　サロン・ド・テは、昼の手軽なおしゃべりの場を求めていたパリジェンヌに瞬く間に拡がりました。1903年には「アンジェリーナ」がルーブル美術館につながるチュイルリー公園前に開業します。モンブランが有名で、ルイ15世風のインテリアが優雅なこの店はココ・シャネル（CHANELの創始者）が愛した場所でした。

　1854年創業のマリアージュ フレール026は「フランス式紅茶芸術」を称する老舗です。フレーバーティーを中心に、世界のあらゆるお茶を調合・融合(マリアージュ)させた500種類以上のお茶を販売するとともに、サロン・ド・テも営んでいます。17世紀から貿易に従事したマリアージュ一族がつくり上げた名店で、現在では仏英独日の各国に展開しています。

026 | MARIAGES FRÈRES。 意味はマリアージュ兄弟社。アンリとエドワール・マリアージュ兄弟がフランス初の茶類輸入業者として設立した。

演習2 | 19世紀末パリのサロン・ド・テのBM図を描け

	カフェ	サロン・ド・テ
ターゲット（顧客）		
バリュー（提供価値）		
ケイパビリティ（オペレーション／リソース）		
収益モデル（プロフィット）		

COFFEE CASE 01 | カフェはもともと特定顧客向け

TARGET 08 ターゲットは複数に：本当の意思決定者は誰か〔消費財、大学など〕

▶ 消費財の「影の意思決定者」は女性

前項の07で示したように、ターゲットは単独とは限りません。特に企業相手のB2Bではそうですが、消費者相手のB2Cでも同様です。その商品を買うと決める人のことを「DMU (Decision Making Unit：購買意思決定体)」といいますが、**その商品を実際に使う人が、購買に際してのDMUとは限らない**からです。

たとえば子育て家庭において、子ども関連の支出のDMUはほぼ8〜9割が女性[027]です。子どもの衣服類だけでなく幼保園などの教育系、習いごとも本人でも父親でもなく、どこに行くか決めるのは母親なのです。洗濯機や冷蔵庫、掃除機といった生活家電では8〜9割、食品・飲料[028]、日用雑貨では9割を超えます。家族みんなが関わる家族旅行や週末の娯楽でも、どこに行くか、いくら使うかを決めるのは7割が女性です。

それは男性が主に使うものでも同じです。夫の靴・バッグの29％、仕事着の34％、普段着の41％、化粧品類の48％は妻が決めています。逆はほぼゼロだというのに。

日本における消費財の影の意思決定者は女性なのです。それを意識しないと、車でも住宅でも売れません。

▶ 進学先や就職先を親が決める!?

大学進学者がその志望校を決めるとき、最近は親が結構口を出します。お金を出すのはふつうは親ですから、当然といえば当然ですが、本人と親とで求めることが違うので、大学は親もターゲットとして考え、対応せざるを得ません。親向けに説明会を開いたり云々。そういった対応は在学中も続き、それが下手な大学は人気が落ちたりします。

企業の新卒採用担当者から見ても同じです。学生を惹きつけるために、その後ろにいる親たちにまで気配りをして、情報を与え続けます。

---

[027] 女ゴコロマーケティング研究所（2008年、N＝969）

[028] アルコール飲料のみ低く、「女性がDMU」は55％。

でも数年後、必ず困ることになります。**親が進学や就職のDMUだということは、本人に自主性や意思決定力がないということ**の裏返しです。大学生なら就職活動時期に、就活生なら働きはじめて後輩が入った頃に、大いなる挫折(ざせつ)を味わうことになります。大学事務局や、企業人事部は大慌てをしますが後の祭りです。

本当は、親がDMUである学生は、ターゲットとすべきではなかったのでしょう。

▶ オピニオンリーダーの存在

選択肢が多かったり専門性が高かったりする商品・サービスでは、**人々が一部のオピニオンリーダーにその意思決定を大きく左右される**場合があります。ネット業界では「インフルエンサー」と呼ばれますが、それも立派なターゲットです。SNS上で数万・数十万人のフォロワーを持つ人々からのクチコミが、商品・サービスの売れ行きを良くも悪くもします。

上下関係が強い医師の世界にも分野毎に数名のオピニオンリーダーが存在し、製薬や医療機器会社としては彼・彼女らからの推奨が拡販には不可欠です。今のオピニオンリーダーだけでなく、将来のオピニオンリーダーとの人間関係を築くために、有力大学病院の若手ドクターへのフォローも大切です。

真の意思決定者は誰か。それをまずは見極めましょう。

TARGET 09 場ビジネスのターゲットは複雑：家庭用ゲーム機〔任天堂〕

▶「場」をつくったデジタル・プラットフォーマーの時代

21世紀はデジタル・プラットフォーマーの時代だといわれます。ITを用いて第三者に「場（プラットフォーム）」サービス[029]を提供する者と定義されますが、Google、Amazon、Facebook、Apple、Netflix[030]（FAANG）やUberら大手だけでなく、数百のプレイヤーがその成長を競っています。

では「場」ビジネスとは一体なんなのでしょう。場と名のつくものを見てみると、豊洲（築地）市場、金融市場、中古市場……と「○○市場」が多いですが、それ以外にも劇場、展示場、競技場、賭博場なども。そこには必ず場の運営者のほかに、演者と観客、出品者と落札者、出店者と見学者がいます。

<u>多くの関係者を一堂に集め、なんらかの取引のインフラを提供するのが「場」</u>だといえるでしょう。それを運営するプラットフォーマーは、出店料や入場料、出品手数料や成約手数料などで稼いでいます。

[029] オンライン・ショッピング・モール、インターネット・オークション、オンライン・フリーマーケット、アプリケーション・マーケット、検索サービス、コンテンツ（映像、動画、音楽、電子書籍等）配信サービス、予約サービス、シェアリングエコノミー・プラットフォーム、ソーシャル・ネットワーキング・サービス（SNS）、動画共有サービス、電子決済サービス など。（デジタル・プラットフォーマーを巡る取引環境整備に関する検討会、2018/12/12資料より）

[030] アメリカでのオンライン動画配信最大手。1997年創業。もとはネットによるDVDレンタルサービス。

FIGURE 028 　場ビジネスの例：オークネットの花卉オークション

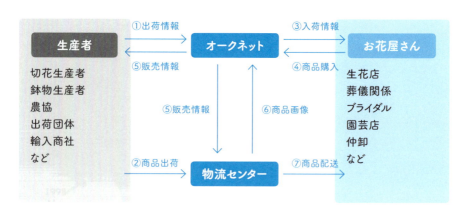

消費者向けの場ビジネスの先駆的事例として、任天堂ファミリーコンピュータ（ファミコン）を見てみましょう。

▶ 任天堂がつくった家庭用ゲームの世界一プラットフォーム

031 | Video Computer System

アタリが投入した「VCS[031]（Atari2600）」（1977）が、第3者（一般のソフトメーカー）によるゲームソフトの開発・販売を許したことで、1980年頃から爆発的な売れ行きとなりました。キラーソフトとなったのは、業務用からの移植ソフトであるタイトーのスペースインベーダー（1980）とナムコのパックマン（1981）で、VCS向けスペースインベーダーは世界で100万本、パックマンは700万本が売れたといいます。しかし、その大ヒットが低品質ソフトの濫造[032]につながり、**83年「アタリショック」と呼ばれる市場崩壊が起きました。**

032 | アタリはVCSに海賊版へのプロテクト機能を搭載せず、野放しとなった。

その同じ年の7月、任天堂は家庭用ゲーム機であるファミコンを発売します。浮き沈みの激しかった業務用ゲーム事業から手を引き、ゲーム＆ウォッチで稼いだお金をつぎ込んでの、大勝負でした。

社長の山内溥がアタリショックから学んだのは「つまらないソフトを野放しにしない」ということでした。**ゲーム機というハード（だけ）でなく、ゲームソフトそのものの品質を高く保ち続ける**ことを第一に考えました。

- ゲーム機自体は普及のために安く売る。VCSの後継機は2万4,800円だったが、ファミコンは製造原価程度の1万4,800円
- ゲーム機が普及するまで自社開発の面白いソフトで牽引する。業務用の「ドンキーコング」「マリオブラザーズ」[033]などを投入
- ゲームソフトの定価自体は5,800円と高めにし、そこからのロイヤリティなどで収入をあげる
- サードパーティ・ソフトはライセンス制で事前審査あり。当初はハドソン、ナムコ、カプコン、タイトーなど大手のみ
- ソフトを格納するROMカートリッジは、任天堂への生産委託方式をとり、1本2,000円の前払い＆最低発注数1万本とし過剰生産を牽制

033 | プロデューサー横井軍平、デザイナー宮本茂。宮本はその後、多くの作品を生み出し、任天堂を支えた。

ファミコンは、発売半年後から急激に売上を伸ばし、1年半で200万台以上を売り上げる大ヒットとなりました。ソフトも85年の「スーパーマリオブラザーズ」(任天堂、681万本)、86年の「プロ野球ファミリースタジアム」(ナムコ、205万本)、「ドラゴンクエスト」(エニックス、150万本)と大ヒットが続き、任天堂の売上高は89年、2,900億円に達します。5年で売上も利益も4倍に。85年にはNES[034]の名前で北米市場に参入し、冷え切っていた家庭用ゲーム機市場を復活させました。

　ファミコンは結局、世界で累計6,300万台(海外比率7割)が販売されるメガヒットとなり、その成功は次世代16ビット機[035]のスーパーファミコン(1990)に引き継がれました。

[034] Nintendo Entertainment System

[035] CPUが一度に処理する情報量。2進法での1桁が1ビット(bit)。ファミコンは8ビット機。

▶ 任天堂のターゲットはユーザーと大手ソフトメーカー

　任天堂がファミコンでつくり上げたのは、家庭用ゲーム市場において極めて画期的なビジネスモデルでした。

　アタリは外部のソフトメーカーを単に、勝手にゲームソフトをつくる他者として位置づけただけでしたが、任天堂はファミコンではもっと密接な関係としました。なぜなら、**ユーザーはゲーム機でなく(そこで遊べる)ゲームソフトを買う**からです。それも有象無象の低品質ソフトではなく、著名な人気ソフトを。

FIGURE 029 ｜ 任天堂のファミリーコンピュータ

であればファミコンの**場ビジネスとしてのターゲットは、ユーザーと共に、大手ソフトメーカー**だということになります。

標準となる規格だけつくって自らは儲けることのできなかったIBM PCとは異なり、任天堂は自社とその関係者が安心して投資し利益を享受できる「共生システム」としてのプラットフォームをつくり上げました。

その優位性は絶大で、その後のスーパーファミコンも含めて11年もの間、セガやバンダイといった競合を退け続けました。そう、94年のソニー プレイステーションの登場まで。

演習3 | **任天堂ファミコンのBM図を描け**

任天堂ファミコン		
ターゲット（顧客）	①	②
バリュー（提供価値）		
ケイパビリティ（オペレーション／リソース）		
収益モデル（プロフィット）		

TARGET 10 ターゲットの変革に挑んだ企業たち〔eBay、ストアキング〕

▶ 小さき者たちが集い商売できる場所をつくったeBay

　1995年9月、もっとも「小さき者」である個人と個人をつなぐサービスがアメリカ西海岸に生まれました。個人間オークションサイトであるeBay（当初はAuction Web）が、創設者**ピエール・オミダイア**個人のホームページ上につくられたのです。好奇心からの、長期休暇中のただのお遊びでした。「<u>消費者たちを直接つなぐ仕組みをつくったら、一体どうなるのだろう？</u>」

　何の宣伝もしませんでしたが、あっという間に客が集まり、最初のひと月だけで1,000ドルの収入がありました。彼は勤めていたジェネラル・マジック（Appleの子会社でペンコンピュータのソフト開発会社）を辞めて起業します。オミダイアは、より個人を惹きつけるためにフィードバックフォーラムやメッセージボードを設置し、コミュニティ文化をつくり出そうと努力しました。その結果、Amazonではユーザーの月平均滞留時間が当時13分だったのに対して、eBayでは105分となりました。

FIGURE 030 │ 個人間オークションサイトeBay

個人間取引をネット上で行うC2Cオークション・マーケットプレイス。創業者のピエール・オミダイアが28歳のとき、長期休暇を利用して書いたプログラムが端緒となる。最初に売れたのは壊れたレーザーポインター。

036｜現在は、出品料が月50品までは無料でそれ以上は30セント、成約手数料が売買額の10％。

　ユーザーにとっては、かかる費用の少なさも魅力でした。最初は、出品料に10セント、売れた場合に1％という超低額手数料[036]でした。

　そのためもあって出品・落札数は倍々ゲームで伸び、あっという間に黒字になりました。といっても実質的に働いていたのはオミダイアともうひとりだけで、オフィスは自宅なのですから黒字化は当然ともいえます。

　彼はベゾスのAmazonとは違って（164頁参照）インフラへの投資は一切しませんでした。物流も決済もユーザーにお任せです。

　eBayが提供するのは、「オークションの仕組みだけ」というこのシンプルなビジネスモデルが、急激な成長と当初からの高収益というネットならではの奇跡を生んだのです。97年半ばには、なんと1日80万件の取引を受け付けるまでになります。

　しかしオミダイアはeBayの経営にはこだわらず、出資を受けたベンチマークキャピタルのアドバイスに従って、経営をアメリカ東海岸に住む女性に任せることにしました。その女性とは、ハーバードのMBA卒で、P&Gや経営コンサルティング会社のベイン、ウォルト・ディズニー、玩具メーカー最大手のハズブロなどを渡り歩き、ネット生花店のCEOも務めた**メグ・ホイットマン**でした。

演習4｜初期のeBayのBM図を描け

	一般eMP	初期eBay
ターゲット（顧客）	売り手は企業 買い手は個人	
バリュー（提供価値）	新品（中古品）販売 BとCをつなぐ 店舗販売より低コスト	
ケイパビリティ（オペレーション／リソース）	物流・決済機能強化	
収益モデル（プロフィット）	高率のマージン	

▶ eBayの急成長と決済インフラ PayPalの買収。さらには物流インフラまで

　98年3月、ホイットマンがようやくアメリカ東海岸から引っ越してきて、社員30名、年売上470万ドル足らずのeBayのCEOとなりました。そしてこの個人（もしくは中小ビジネス）と個人を結ぶオークションサービスを拡大させていきます。

　彼女の最初の大仕事は9月の株式上場でした。18ドルの売り出し価格に対して初日、2.6倍の47ドルで終えました。eBayの時価総額はいきなり19億ドルを超え、競合に5倍もの差をつけることに。

　上場時に得た巨額の資金を使って、ホイットマンは次々と関連ベンチャーを取り込み始めます。まずは類似のサイトから買い始め、02年までで7社、8億ドル以上になりました。

　そして次に取り組んだのが、**インフラであるオンライン決済システムの強化**でした。PayPalを02年に15億ドルで買ったのです。

　4,600万人（当時）のユーザーを擁するeBayの傘下に入ったことで、PayPalの取扱高は8割アップし、大きな相乗効果となりました。

▶ PayPalが解決した個人間決済の「信用」と「少額」の壁

　個人間をつなぐビジネスでの決済には、大きな壁がありました。買い手は見も知らぬ相手（個人）にクレジットカード番号などを教えたくない。かといって銀行振込では手数料が勿体ない上に先払いの不安が大きすぎる。そしてそもそも、売り手側も零細（もしくは個人）すぎて、ほとんどクレジットカード会社の審査に通らない。かといって配送会社による代引などという仕組みもありません。

　PayPalはそれらを一気に解決したのです。

① 買い手は相手にクレジットカード情報などを伝えずにメールやウェブだけで決済できる
② 売り手はPayPal口座を簡単に開設できて月額利用料がなく、手数料も2〜4％弱と低率
③ 取引に問題のある場合には返金する「買い手保護制度」を導入

④ インターネット主体の情報システムで安価にインフラを構築

　これらによって、**PayPalは見知らぬ者同士の取引に「信用」と「少額決済」の自由を与えた**のです。

　ホイットマンの後任の**ジョン・ドナホ**は、Skypeを始めとした事業整理や効率化、モバイル取引システムの強化を断行します。これによって収益性も回復し、2013年には年間収入138億ドル、当期純利益36億ドルとなりました。その利益の半分近くを、PayPalなどの決済部門が担いました。

　しかし、1日の新規出品数1,000万件以上の取引を支えるケイパビリティを最先端なものに維持するために、ドナホは就任以来、約60社を買収、140億ドル以上を費やしました。

　11年には、アメリカのフルフィルメントサービス（受発注・在庫・配送・集金）大手、GSI Commerceを24億ドルで買収し、物流力の強化を始めました。あのAmazonに負けないために……。

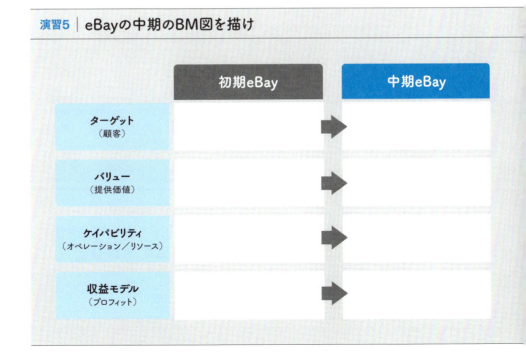

演習5 | eBayの中期のBM図を描け

▶ ネット難民にネット通販を届ける印ストアキング

　インドのネット通販ベンチャー ストアキングは、そのターゲットを「ネットを使えない消費者」に定めました。
　インドのネット通販市場は2014年の80億ドルから18年には340億ドルと4倍超に成長しました。シェアトップはウォルマート傘下のフリップカート（シェア38.5%）、2位がAmazon（31.5%）です。もちろんそのターゲットはネット利用者4億6,500万人で、今後も高成長が期待されています。
　しかし2012年創業のストアキングは、ネットを使えない人々に事業機会を見つけました。インドでは人口13億人の内、地方部にその6割超、8億人が住んでいます。収入レベルは低く、銀行口座を持たない人、ネット端末を持たない人がほとんどです。ストアキングのターゲットは、地方部での非ネット人口6億4,500万人なのです。
　地方部の小売店は品揃えも少なく、流行りのものもありません。ネットやカタログ通販で個人宅への配送を頼んでも、配送側は悪路を走り続けなくてはいけません。そもそも銀行口座やクレジットカードがなければ決済もできません。

FIGURE 031 ｜ ストアキングでのモノとお金の流れ

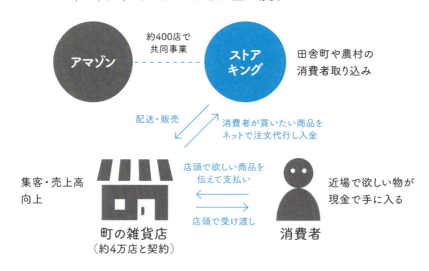

▶ ストアキングは4万店の零細雑貨店を活用した

　ストアキングは地方部4万店の零細雑貨店と契約し、そこに自社専用アプリを入れたPCやタブレットを配りました。
　客は近所のそれら雑貨店で品物を見て発注し、代金は店に支払います。店は数%の手数料を引いた分をストアキングに入金します。数日後、客はもう一度その店に足を運べば、無事商品を受け取れます。
　現金前払いなのでストアキングに集金や与信リスクはなく、配送先も個人宅でなく雑貨店なので効率的です。**零細雑貨店としても、自分で仕入れるよりもストアキングが大量発注していて安いので得ですし、店としての集客ツールになります。**三方よし[037]というわけです。
　今やストアキングの顧客数は南西部10州[038]の2億1,500万人。2018年度の売上高は380億円を見込みます。2016年にはAmazonがこれに目を付け、ストアキング傘下の400店を通じて衣料品の販売を開始しました。店には試着室も備えています。3年後、ストアキングが目指すのは、契約店舗600万店、インド全土への展開です。

[037] 近江商人の経営哲学のひとつ。「商売において売り手と買い手が満足するのは当然。社会に貢献できてこそよい商売」との考え方。

[038] インドには全部で29の州と7つの連邦直轄領がある。

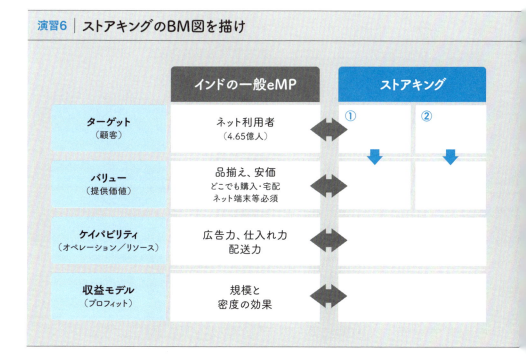

演習6　ストアキングのBM図を描け

1章のまとめ

06 ターゲットが曖昧だとビジネスは迷走する

キーワード
顧客第一主義、
セグメンテーション、ターゲティング
戦略的セグメンテーション
意思決定者、B2B、CGM

企業・事業・商品
シニア雑誌『ハルメク』
製薬企業
クックパッド、@cosme

コラム01 マーケティングで大切なのは4PでなくSTP

キーワード
4P (Product、Price、Place、Promotion)
マーケティング・ミックス
ポジショニング
「STPが先、4Pは後」

企業・事業・商品
NA

07 ターゲットは分化した:マス・分衆・個〔フォード、GM〕

キーワード
豊かな大衆
「どんな予算でも、どんな目的でも」
事業部制
分衆、ワン・トゥ・ワン
メイカー・ムーブメント、4種の神器、FAB

企業・事業・商品
フォード、T型フォード
GM

08 ターゲットは複数に:本当の意思決定者は誰か〔消費財、大学など〕

キーワード
DMU
オピニオンリーダー
インフルエンサー

企業・事業・商品
子育て家庭支出
大学進学志望校

主な参考書籍

実践 顧客起点マーケティング
西口一希

コトラー&ケラーのマーケティング・マネジメント
フィリップ・コトラー+ケビン・レーン・ケラー

09 場ビジネスのターゲットは複雑：家庭用ゲーム機〔任天堂〕

キーワード
プラットフォーマー、場ビジネス
アタリショック
ユーザーと大手ゲームソフトメーカー

企業・事業・商品
FAANG
オークネット
任天堂ファミコン
アタリ、ハドソン、ナムコ、カプコン、タイトー

10 ターゲットの変革に挑んだ企業たち〔eBay、ストアキング〕

キーワード
小さき者（個人）
個人間オークションサイト、買い手保護制度
マイクロペイメント、与信リスク

企業・事業・商品
eBay、PayPal、Skype
ストアキング

01 カフェはもともと特定顧客向け

キーワード
コーヒーハウス
カフェ、印象派
サロン・ド・テ

企業・事業・商品
ル・プロコップ
カフェ・ゲルボア
メゾン・ラデュレ
マカロン・パリジャン
マリアージュ フレール

ONE to ONE マーケティング ──顧客リレーションシップ戦略
D.ペパーズ＋M.ロジャーズ

MAKERS ──21世紀の産業革命が始まる
クリス・アンダーソン

2章
VALUE

バリュー：
提供価値は
何？

VALUE 11 バリューなくして客は来ず。自ら革新せよ

▶ バリューはニーズの裏返し。マズローの欲求5段階説

　狙うべき対象（ターゲット）が決まったところで、それはスタートに過ぎません。その相手になんらかの価値を提供しなければ、相手はつくったり決めたり買ったり使ったりしてくれません。そしてその価値は相手にとって十分高く、かつ競合より少しでも高いものでなければ、その商品や組織に存在意義はないでしょう。

　ターゲットに提供すべき価値のことを、ここでは**バリュー**と呼びますが、それは**相手のニーズ（欲求）の裏返し**でもあります。ヒトのニーズは大きなものから細かいものまでいろいろ。アブラハム・マズローはその構造を、「**欲求階層説**」で解明しました。より優先される衣食住・安全などの（動物にもあるような）基本欲求とともに、ヒトにはより高次のレベルの欲求がある、というもの。それらは従来の心理学が避けてきた極めて「人間的」な欲求でした。マズローはそれを初めて分類・定義した[039]のです。

　ここには、ユダヤ系ロシア人移民の貧困家庭に育ったマズロー自身の

> 039｜ヒトは①生理的欲求、②安全欲求、を優先しつつも、③愛・所属の欲求、④自尊の欲求、そして、⑤自己実現の欲求を求めていて、個々人の満足度合いは、①85%、②70%、③50%、④40%、⑤10%、程度ではないかと『人間性の心理学』(1943)で述べました。

FIGURE 032 ｜ マズローの欲求5段階説

自己実現の欲求
社会に貢献したい、創造性を発揮したいなどの欲

自尊の欲求
成功、評判、地位などへの欲

愛・所属の欲求
友情、家族愛、親密な関係などへの欲

安全欲求
家族や健康の安全、安心、資産、雇用の確保などへの欲

生理的欲求
食料、水、睡眠、排泄、性交などへの欲

精神的欲求 / 物理的欲求

人生が、見てとれます。ニューヨーク・ブルックリンのスラム街に生まれた彼にとって、まずダイジだったのは、食事や水、健康や安全の確保でした。その上で友人との語らいを楽しみ、自分自身を信じることを経てようやく、相手を尊敬できる段階までたどり着いたのです。

これらの**根本的なニーズに応えることは、非常に強力なバリューを生み出すことになります**。

▶ 真のニーズはドリルでも穴でもなく「格好良さ」？

ただ、普通の事業や商品でここまで突っ込むことは少なく、もっと個別的で具体的であることのほうが一般的です。

たとえば工具であるドリルを売ろうと思えば、使い手・買い手にとってより良いドリルとはどういうものなのか、その**ニーズ**を考えるでしょう。そして、より簡単にきれいに穴が開けられる性能を追求していきます。固くて切れ味鋭いドリルの刃、高トルク（回転力）で静かなモーター、コードレスのための高容量充電池、云々。

でも、**ドリルを買う人が本当に欲しかったものはなんでしょう？ それはドリルではなく穴そのものだ**、とよく言われます。欲しかったのは穴。ドリルはその手段に過ぎないので、別にドリルでもレーザービームでも穴あけサービスでもよかったのです。こういった**個別ニーズのこと**を「**ウォンツ**」、**購買の「目的」レベルのこと**を「**ニーズ**」と呼びわけたりもします。

FIGURE 033 ｜ ドリルへのニーズとウォンツ

でも、ものごとはそんなに単純ではありません。

米国ではDIY[040]が非常に盛ん（20兆円産業）ですが、その主役は各家庭の父親たちです。彼らは「子どもと一緒にやれて自慢できる仕事」を欲していて、それが家や車を修理し、改造することなのです。そのためにあらゆる道具を揃え、腕を発揮するときに備えているのです。当然、子どもたちはお手伝いです。

そういった父親たちが、「ドリルでなく穴を求める」でしょうか？ ノーです。穴あけサービスに頼っていては子どもたちからの称賛なんて得られません。格好いい道具をサラッと使いこなして子どもからの尊敬を得ることがDIYに取り組む目的なのですから、そんなサービスは無価値どころか逆効果です。それより、彼が使う道具のデザインや格好良さの方がずっと大切です。

農機具メーカーであるヤンマーは2015年、トラクターYTシリーズをヒットさせました。特長はなんといってもそのデザイン[041]。フェラーリをイメージさせる真紅のボディカラーにエッジの効いた外観は、デザイナー奥山清行[042]が担当しました。

日本国内の農業従事者の平均年齢は67歳。その人たちがうれしいこと、それは自動化など根本的な省力化を除けば、実はデザインだったのです。トラクターで作業する姿が、孫や後継者たちに「かっこいい！」と思われることが、多少の低価格や性能アップよりよほど大切でした。

[040] Do It Yourselfの略で、さまざまなものを素人が自分でつくったり修理したりすること。日曜大工とも訳される。

[041] 2016年度に農業トラクターとして初めての「グッドデザイン金賞」を受賞。

[042] 1959年生まれ。GM、ポルシェ、ピニンファリーナなどでデザイナーを歴任し、2007年KEN OKUYAMA DESIGN設立。2013年ヤンマーホールディングス取締役に就任。

FIGURE 034 ｜ **DIY用ドリルのニーズとウォンツ**

ニーズ
子どもたちからの称賛
（穴ではない）

ウォンツ
上手に穴があけられる
格好いいドリル

▶ バリューが曖昧だったPS3、明確だったPS4

ターゲットがいくら明確でも、そのニーズにあった価値（バリュー）を提供できないビジネスや商品・サービスは滅びます。

典型的なのが「これひとつでいろいろできる」多機能商品。収納スペースのない単身者や、時間のない忙しい主婦・主夫をターゲットに売られています。でも、その期待通りのバリューが提供されることは滅多にありません。

多機能なフードプロセッサーもそのひとつ。大根おろしなどの「おろし」機能から、みじん切りやスライス、ジューサーやミキサー機能まで、これ1台でなんでもできる商品です。でも大抵、各々の用途向けの専用パーツが存在し、使用後のメンテナンスも含めて手間も場所も取ります。スペースや時間の節約のために買ったはずなのに。

日本企業が陥ってきたもう一つの失敗が、商品の高機能化です。プレイステーション（PS）、PS2と大成功を積み重ねたソニーが、PS3で大失敗したのもこれでした。PSは世界1億台、PS2は1.5億台も売れました。PS2はDVDプレイヤー機能やオンラインゲーム機能も持ち、十分高機能でした。でも**PS3は「夢のホームコンピュータ」を目指します**。あらゆる先進的な電子機能やネットワーク機能を備え、社会インフラになることを目指しました。その高機能化がユーザーに受け入れられることはなく、売上は8,000万台に留まり、事業としても高機能化のための投資が嵩み大赤字となりました。

しかしソニーは**PS4**（2013年末発売）で復活します。今度はターゲットを「欧米オンラインゲームユーザー」、**バリューを「重い**043**戦争ゲームを安価にサクサク楽しめる」に絞りました**。PS4は発売5年で9,000万台超、ソフトも9億本に迫りソニーの収益源となっています。

043｜高性能なマシンでないと反応速度が落ちて快適に動かない、という意味。

COFFEE CASE 02

ロイズ・コーヒー・ハウスからロイズ保険へ

ロイズ保険組合はもともとカフェだった

ロンドンで本格的に始まったカフェ（コーヒーハウス）はもともと紳士たちの情報交換や社交の場所でした。でもすぐに、店ごとにターゲットが絞り込まれ「あのコーヒーハウスは若手政治家でも○○派の溜まり場」といった風になりました。**情報交換や社交が目的であればこそ、興味関心や話の合う者だけが集まった方が効率的です。**

その中でもエドワード・ロイド（Edward Lloyd）が1688年頃に開いたロイズ・コーヒー・ハウス（Lloyd's Coffee House）が典型でした。たまたまテムズ河畔の船着場に近いタワー街にあったので、**ロイズには貿易商や船長・船員たちが集まりました。**

店主ロイドは顧客サービス向上のために、専門の新聞「**Lloyd's News**」をつくります。お客さん自身から正確な情報を収集・編集し、新聞を読めるのは店に来たお客さんのみとしました。これが大当たり。ロイズ・コーヒー・ハウスに来れば最新の海事情報が手に入って、その関係者もいるからすぐ商売の交渉もできる、ということになって店はますます繁盛します。

中でも海上保険の引受業者（アンダーライター）たちにとってあまりに便利な場所だったので、**個人営業のアンダーライターたちはここを取引の場に使っていました。**

海上保険は冒険者を支えるリスキーな商売だった

古代ギリシアの時代から、危険な航海を金銭的に支えるための仕組みがありました。11世紀以降には、中世イタリアを中心に「冒険貸借（ぼうけんたいしゃく）（遭難・海賊被害などの際に返済が免除されるが利息は24～36％と高利だった）」が発達します。

ところが1230年頃ローマ法皇グレゴリオ9世によって利息が禁止されたことで、抜け道として「損害予想額に対し前もって保険料を支払う」仕組みが発明され「海上保険」となりました。冒険貸借から危険負担の機能だけを独立させたもので、元本（がんぽん）もなく前払い[044]ですから利息ではありません。

海上保険は冒険者たちを支えましたが、いったん大嵐や地域紛争が起きれば多くの引受業者たちを破産させかねない、とてもリスキーな商売でもありました。それを回避するには世界中の政治情勢、天

候や海賊出没の様子などの最新情報が必須でした。

　ロイドの死後、客たちは元従業員のウェイターにロイズの名を継いだ店を開かせ、最後にはその店を王立取引所内に移転させました。その後、法整備がなされ、ロイズ・コーヒー・ハウスは保険市場そのものになりました。

　途中、名称の変更も検討されましたが、当初取引の場所を提供してくれたロイドへの感謝の意を示すために、保険業者たちはロイズの名を残しました。

044｜保険料のことを英語でpremium（プレミアム＝前払い）と呼ぶが、それはここからきている。

演習7｜ロイズ・コーヒー・ハウスのBM図を描け

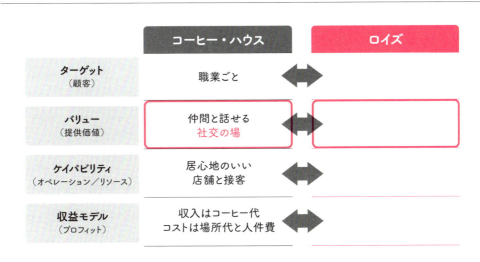

COFFEE CASE 02｜ロイズ・コーヒー・ハウスからロイズ保険へ

VALUE 12 バリューには3種類ある〔使用／交換／知覚〕

▶ 使用価値とはその商品の効用である

　商品のバリューにはそれを使ったときどれくらいうれしいのか (=効用) という**使用価値**と、それを手に入れるためにいくら掛かるのか (=値段) という**交換価値**の2種類があります。使用価値＞交換価値でないともちろん売れませんが、使用価値が競合のそれより劣っていれば、それもアウトです。

　その使用価値には3重の基本構造があり、より重要な方から中核価値、実体価値、付随価値と呼ばれます。

- **中核価値** (それがないと買わない) ｜基本機能
- **実体価値** (それがあるものを買いたい) ｜品質、ブランド、デザイン、特殊機能
- **付随価値** (そうだとちょっとうれしい) ｜保証、アフターサービス、信用力

　たとえばテープカッターでいえば、その中核価値はもちろん「テープを保持し切ること」でしょう。

FIGURE 035 ｜ 使用価値の構造とテープカッター

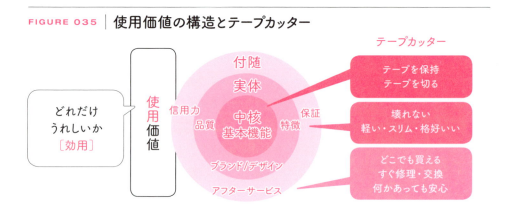

▶ ニチバンが「直線美」で挑んだバリューの変革

<u>競合品より使用価値を高めるための主戦場は**実体価値**の部分です。</u>中核価値の変革は商品そのものを根本的に変えることになるので簡単ではありません。付随価値はよほどのことでなければ買い手にインパクトを与えません。みな、よりよい品質、ブランド、デザイン、特殊機能を加えることで、差別化を図り、売上や利益を伸ばそうと頑張ります。

「セロテープ」で知られるニチバンは、2010年テープカッター「<u>直線美</u>」を発売し1年で3万台、5年半で累計60万台以上を売り上げました。値段は少し高めでしたが、直線を基調としたデザインが洒落ています。でも何より**<u>「テープの切り口がギザギザでなく真っ直ぐであること」をウリにした商品</u>**です。

ユーザー調査でも約4割が「テープの切り口がギザギザなのがイヤ」と答えました。見た目が気に入らない、ほこりがつきやすい、剥がすときにテープが縦に裂ける、など多くの不満が寄せられました。ニチバン技術陣が30種類もの試作品の末に、真っ直ぐに切れる刃を完成させました。真っ直ぐに切れ、しかも指が触れても怪我しません。その特殊な刃の形状は、もちろん特許で守られています。

FIGURE 036 | 直線美のデザインと刃の形状

「直線美™ for Business」

従来品の切り口　　　直線美の切り口

従来品の刃（拡大）　　直線美の刃（拡大）

▶ 交換価値とはその商品の値段である

<u>使用価値</u>は購入者や使用者各々にとっての効用なので、**みな同じではありません。**

テープの切り口なんてどうでもいい人にとって、「直線美」にプラスの価値はまったくないでしょう。でも会社の業務でテープを大量に使い、その汚れや厚み、見かけへのこだわりがある人にとって「直線美」の使用価値は明確です。他のテープカッターより使用価値が高いので、その人はその分、値段が高くとも（＝高い交換価値）買ってくれます。

ただ、交換価値（それにいくら払うか）は、時と場合によっても大きく変わります。主には需給バランスで異なり、需要（買いたい！の総量）＞供給（売ります！の総量）なら値段は高くなり、逆なら安くなります。<u>使用価値が一定でも、交換価値は変わる</u>のです。

企業がその商品の値段を上げたければ、使用価値を上げるとともに、供給を絞ればよいのです。カシオの腕時計「Gショック」のように。

演習8 │ 直線美のビジネスモデル、特にバリューを書け

		ふつうのテープカッター	ニチバン直線美
ターゲット（顧客）		みんな	
バリュー（提供価値）	中核	テープが切れる	
	実体	丈夫	
	付随	-	
	交換(¥)	安い	
ケイパビリティ（オペレーション／リソース）		-	
収益モデル（プロフィット）		大量生産・販売 量販店での低マージン	

2章 │ バリュー：提供価値は何？

直線美はテープカッターとしての中核価値を変えたわけではありません。しかしその実体価値に大きな変革をもたらしました。

とはいえその実現は簡単ではなく、高い技術開発力というケイパビリティが必須でした。またそのターゲットは万人ではなく、業務で使うヘビーユーザーの中でも、切り口の形状が気になるこだわり派でした。

▶ 知覚価値を広告などによって高めすぎないこと

バリューにはもう一つ、知覚価値[045]という概念があります。その商品やサービスにどんなに高い使用価値があっても、それが相手にあらかじめ認識してもらえないのでは、買ってもらえません。だから、本当のところは実際に使わないとわからないものでも、企業は広告などで相手にその価値を認識してもらおうと努めます。

空気や水にはとてつもない使用価値（ないと生きていけない！）があるのに、人々はふだんそれに気づきません。特に先進国においては空気や水の知覚価値は低く、人はそれにお金を出そうという気持ちになれません。多少ムダにしても平気です。水道局としてはそれでは困るので、水の価値を一生懸命広告や広報活動を通じて人々に訴えかけていきます。「水を大切に！」

ビジネスでは、使用価値（効用）＞交換価値（値段）、であることが求められます（でないと売れない）が、**知覚価値があまりに使用価値を上回ると、いざ使ったとき大いに失望することになります**。人の満足・不満足は実際の価値が事前の期待を超えたかどうかで決まるので、知覚価値をむやみに高めすぎてはいけません。

● **使用価値 ＞ 知覚価値 ＞ 交換価値**

を目指した節度ある広告・販促が、ターゲットとの長いお付き合いのためには大切なのです。

---

[045] perceived value：感覚を通じて相手が認識した価値。

VALUE 13 バリューは多様：QCDS、食品

▶ B2Bで大切なのは「QCDS」

　ビジネスの現場で何かを購入するときに、なんとなく、はありません。機能にせよ値段にせよ、その商品・サービスを選んだ明確な理由があります。

　まずは求める要件（スペック）を満たすかどうかです。タイヤなら、サイズ（外径・リム径・総幅）や最高速度、負荷能力などだけでなく、制動性能や静粛度、耐摩耗性、操舵性などさまざまな項目と要望レベルがあり、どれひとつ欠けても採用はされません。

　その上でさらに、QCDSが求められます。

Quality｜品質。スペックを満たさない不良品がどれくらい少ないか
Cost｜コスト。その商品がどれだけ安いか
Delivery｜納期や入手性。いつまでに納入可能か、どこでも入手可能か
Service｜サービス。問い合わせなどへの対応やサポート

　<u>この中でもっともニーズとして強いのはコスト</u>です。高い品質やサービスも、短い納期ももう当たり前です。そこではほとんど差が付きません。

FIGURE 037　QCDSと価値体系

▶ B2Bは「単体の価値＜システムとしての価値」

　企業相手のB2Bビジネスでは、提供する商品やサービスが、それ単体として使われることはほとんどなく、なんらかのシステムの一部として用いられます。製造工程における部品だったり、顧客管理システムにおける顔認証アプリだったり。

　当然、顧客企業としては、「<u>その部品やアプリを採用したときに、自社システム全体のQCDSはどう変わるのか</u>」を考えます。

　たとえば不良品率を2PPM（100万個に2個）から1PPM（100万個に1個）に半減しても、顧客にとってさしたるインパクトはありません。でももし、ゼロにできたら？

　顧客はその部品の検品や品質チェック作業をなくすことができます。部品に支払うコストは同じでも、システム全体では大きなコストダウンにつながるのです。

　納期も極端に短くすれば、顧客はその部品について管理する必要がなくなります。オフィス用品販売のアスクルの顧客はもともと中小事業所ですが、それまですぐに少量のオフィス用品を届けてくれるプレイヤーは存在しませんでした。ボールペンだってコピー用紙だって、事業遂行に必須ではないけれど、なくなれば困ります。だから残数の管理が必要でした。でも、明日来る（主要都市圏では当日配送）なら管理なしでもいいでしょう。

　もっとインパクトがあるのはサービスです。<u>顧客自身が行っていた作業を代行することが大きな価値につながります</u>。「コンサルティング営業」という言葉がB2Bではよく使われますが、これは「相手の本当の課題を明確化する」「その解決策を提案する」というサービス付きの営業だということです。

　工場用センサーの開発・販売を主とするキーエンスは、その給与と収益性の高さで有名です。その高付加価値の源泉は、徹底的なコンサルティング営業なのです。「世界初」「世界一」「世界最小」という商品（FAセンサーなど）に支えられてはいますが、それをただ頑張って売り込むわけではありません。

　そういった<u>「世界で唯一」の商品でしか解決できない問題点を、顧客に対する（無料の）コンサルティングを通じて明らかにする</u>だけなのです。そ

れが顧客に理解されれば、その商品は自動的に売れていきます。

　キーエンス従業員の40歳推計年収は1,523万円で全上場企業のトップ、営業利益率も50%弱で全メーカーの頂点[046]です。

▶ B2Cでの価値拡大：栄養・安全から味・健康へ

　マズローの欲求5段階説にあったように、ヒトの欲求は下位の基本的なもの（生理的欲求、安全欲求）が満たされるに従い、より上位（社会的欲求、承認欲求、自己実現）の比重が高くなります。食品はまさにその好例です。

中核価値｜カロリーや栄養（ビタミンなど）、毒性がない
実体価値｜美味感・美観、健康増進（トクホ、機能性表示食品[047]など）、ダイエット効果（低カロリーなど）
付随価値｜保存性、表示の真正性やわかりやすさ、外見（SNS映えなど）、ブランド

　食品の中核価値が満たされた現代において、食品の価値は大きく拡がっています。2013年9月に発売された「Ça va?（サヴァ）缶[048]」第1弾は、オリーブオイル漬けのサバ缶でした。

　1個360円（税抜き）と普通のサバ缶の3倍もするので、最初はどのスーパーも置いてくれません。

[046]｜日本の製造業の平均売上高営業利益率は5%前後（2017年度 法人企業統計より）。

[047]｜トクホ（特定保健用食品）は最終商品によるヒトでの試験でその有効性・安全性で科学的根拠が示されたもので、個別に国の審査がある。機能性表示食品では成分において科学的根拠を示せばOKの届け出制。

[048]｜東日本大震災被災地の食品産業復興支援を目的とする一般社団法人「東の食の会」のコンセプトに基づき、第3セクターの岩手県産株式会社が商品化し販売した。Ça va?、はフランス語の挨拶言葉で「ご機嫌いかが」程度の意味。

FIGURE 038｜サヴァ缶

でもセレクトショップや雑貨屋、パン屋に始まって、女性誌やライフスタイル誌が扱ってくれるようになり、今や累計500万缶、年200万缶（2018年）の大ヒット商品になりました。**サヴァ缶の「部屋で出しっぱなしでも浮かないオシャレなデザイン」に女性たちが反応してくれた**のです。

黄色（オリーブオイル）に続いて2年半後に緑色（バジルとレモン）、翌年赤色（パプリカチリソース）と3種類になったことで、3種セットのギフト需要も増えました。

▶ 十人十色、一人十色の世界に踏み出す勇気

サヴァ缶を「大ヒット」と書きましたが、年間日本で消費されるサバ缶全体から見れば、そのシェア（数量）は1％強に過ぎません。

でも、平均価格の3倍のサバ缶を買う人がこれほどいるとは誰も思っていませんでした。大手も追随し、「洋風おしゃれサバ缶」は新たなジャンルとなりました。

ターゲットの章で述べたように、ターゲットはバラバラで、その求めるバリューもさまざまです。しかも同じ人でもそのニーズはいつも同じではなく、気分や領域により高機能を求めたりシンプルさを求めたりします。この世は**十人十色**どころか**一人十色**の世界なのです。

でもだからこそ、中小のプレイヤーには勝機があります。最初から大ヒットとわかる商品（価値）なら大企業が全力で取り組みます。でも、**中小プレイヤーなら大企業が踏み込まない「小ヒット」でも十分**です。あと必要なのは勇気だけ。

サヴァ缶を製造・販売する岩手県産株式会社もそうでした。最初はこの斬新な企画提案に社内も反対だらけでしたが、地元産のサバの需要拡大のためにとあえて踏み出しました。その小さな一歩こそが、サヴァ缶を生んだのです。

コラム | 02
マーケティング論の集大成、PLC戦略

▶ PLC（プロダクトライフサイクル）とは

　コトラーの『マーケティング・マネジメント』で紹介されたPLC (Product Life Cycle) [049]戦略は、1950年にジョエル・ディーンが発表した『Pricing Policies for New Products』に端を発します。

　企業財務論のプロだったディーンは、「勘と度胸で新製品の価格を決めるな！ どんどん変わる生産・販売コストを見ながら思い切って安くしよう。逆に高くても買ってもらえるものを、安易に安売りしないでおこう」と主張しました。

　この先駆的研究に刺激され、多くの学者たちが商品群の栄枯盛衰＝PLCは本当に存在するのか、どんなパターンがあるのか、各々のステージでどうすべきなのか、を追究しました。そして実際、数多くの市場で4ステージ（黎明期、成長期、成熟期、衰退期）のPLCが認められたのです。たとえば音楽メディア市場では、レコード、カセットテープ、CDがそうです。

[049] 経済学者のレイモンド・ヴァーノンも1965年にプロダクト・ライフサイクル理論を、生産地移転（先進国から発展途上国へ）を説明するために考えた。

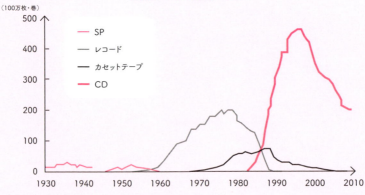

FIGURE 039 | PLCの例：音楽メディア市場

音楽メディア推移（国内）

▶ PLCの裏付けがイノベーション普及理論

なぜ、こんなことが起こるのか。それを説明することに成功したのが、マーケティング学者のエヴェリット・ロジャーズでした。1962年に出版された『イノベーションの普及』(Diffusion of Innovations)は、画期的な商品が普及していくプロセスを、顧客視点から説明し切りました。

彼は顧客を、イノベーションに対する態度別に「**イノベーター**(全体の2.5%)」「**アーリーアダプター**(13.5%)」「**アーリーマジョリティ**(34%)」「**レイトマジョリティ**(34%)」「**ラガード**(16%)」の5タイプに分けて、各々の特徴を明らかにしました。

画期的な新商品をまず採用するのはイノベーターです。だからPLCの黎明期のお客さんはこの人たちです。新しいもの好きだから価格が高くてもいいけれど、2.5%しかないから、黎明期の市場は極小に留まります。

成長期にはアーリーアダプターやアーリーマジョリティが顧客となってきます。同じく新しいもの好きですが、オタクではないので価格は安めじゃないと買ってもらえません。でも数が多いので市場は急激に成長します。

でもその後は顧客が急に増えることはなく、市場は横ばいの成熟期になっていきます。最後にラガードが顧客になる頃には、イノベーターやアーリーアダプターが去り、市場は衰退期となっていきます。

FIGURE 040 | ロジャーズのユーザー5分類

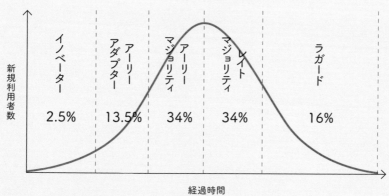

▶ 製品のライフサイクルステージが決まれば やることがすべて決まる!?

　PLC理論(4ステージ)にイノベーション普及理論(ユーザーの5タイプ)が加わり、そこにマーケティング・ミックスが組み合わされたことで、**完全無欠なマーケティング戦略**が誕生しました。それが「**PLC戦略**」です。

　コトラーは、1976年にピーター・ドイルがまとめたものを『マーケティング・マネジメント』に載せていますが、それにあるように、**製品のライフサイクルステージさえ定まれば、そのとき誰を狙って何をすればいいのか(STP+MM)が完全に決まります**。

　これが完成したとき、学会では「マーケティングは死んだ」という言葉も囁かれたそうです。

　「PLC戦略は完璧だ。すべてを含んでいる。これ以上、研究することなど何もないじゃないか」と。

FIGURE 041 | ドイルのPLC戦略

		黎明期	成長期	成熟期	衰退期
売上規模		わずか	急上昇	緩慢上昇	下降
利益額		赤字	高水準	下降	低水準か0
キャッシュフロー		マイナス	トントン	高水準	低水準
顧客タイプ		イノベーター	アーリーアダプター	マジョリティ	ラガード
競合		ほとんどなし	増加	多数	減少
戦略		市場拡大	シェア拡大	シェア防衛	生産性向上
マーケティング目標		認知	ブランド確立	ブランド強化	選択的
4P	Product	基礎的機能	改良	差別化	合理化
	Price	高水準	低下	最低水準	上昇
	Place	専門店	量販店	量販店	選択的
	Promotion	専門誌	マス	マス選択的	極小

▶ PLC戦略の限界とその突破

しかし、**明らかに足りないものがありました。競争の概念**です。

たとえばPLC戦略は、競争的マーケティング戦略と矛盾します。競争的マーケティング戦略（リーダー戦略など）は「ポジションさえ決まればやること（戦略）は決まる」と言い、PLC戦略は「ステージさえ決まればやること（戦略）は決まる」と言っているのですから両立するはずがありません。

世の中は（幸いなことに）マーケティング学者が心配するほど単純ではありませんでした。マーケティングは生き残り、さらなる発展と疾走を続けています。

たとえば、ロジャーズ自身は「イノベーターを超えてアーリーアダプターまで（合計16%）普及するかが勝負だ」と言いました。そこまで行けば、あとは勝手に他の顧客にまで広まるから、と。

でも、マーケティングコンサルタントの**ジェフリー・ムーアは、**ハイテク産業の分析から、**アーリーアダプターとアーリーマジョリティとの間には容易に越えられない大きな溝（Chasm）がある**ことを示しました。「この溝を越えて大市場に育つには、アーリーマジョリティに対するマーケティングが必要だ」という「**キャズム理論**」を打ち立てたのです。

FIGURE 042 ｜ ムーアのキャズム理論

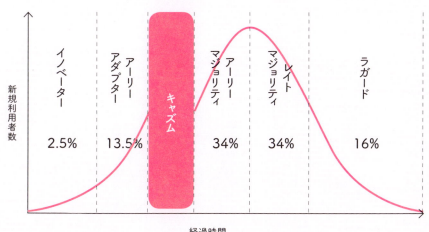

VALUE 14 中核価値の変革に挑んだ企業〔Apple〕

▶ ジョブズの「新製品」はある意味すべて「後追い」だった

　2011年10月5日、巨星墜つ。文字通り一代で世界最大級のビジネスを創造した**スティーブ・ジョブズ**が、現役会長のままこの世を去りました。その最期は、長年患った膵臓ガンから来る心停止。自宅での眠るような死であったといいます。

　その日、彼がつくり、追われ、戻り、再興して、爆発的成長へと導いたAppleの時価総額は3,500億ドル。前CEOの突然の訃報にもかかわらず、株価は378ドルと前日からほとんど動きませんでした。

　Appleの巨大な売上と利益は、いくつかの製品ラインからなります。そのほとんどは、**ジョブズのもとで21世紀中に生まれました**。11年10〜12月期で見ると、売上高463億ドルの内、82%が2001年以降の商品からあがっています。たった3ヶ月でiPhoneが3,704万台、iPadが1,543万台、iPodが1,540万台売れました。売上の4%を占めるiTunesには音楽だけでなくあらゆるコンテンツが載り、世界中のユーザーとクリエイターをつなぎました。

FIGURE 043 | Appleの売上構成（2011年末）

これらをもって、ジョブズを「独創的」と呼ぶ人もいるでしょう。まったく新しい世界をつくった、と。でも、これらの製品そのものは、決して「新規性」の高いものではありません。**全部、昔からあったもの**です。

タブレット型PCの先駆は91年のPenPoint（GO）ですし、スマートフォンは96年のNokia 9000 Communicator（ノキア）が最初で、99年のBlackBerry（RIM）で火が付きました。

デジタルオーディオプレイヤーに至っては、ソニーを始めとした国内外のメーカーが乱戦を繰り広げたあとに、最後発としての参入でした。iTunesだって同じです。ネットを通じての音楽配信は、その数年前からさまざまな企業が試行錯誤を続けていました。

事業戦略的に見たときに、ジョブズのやったことは、独創的アイデアの創出ではなく、過去の破壊と再発明（reinvention）でした。彼は一体、既存製品・ビジネスの何を破壊し、そしてなぜ、その再発明に成功したのでしょうか。

▶ Appleは大きな既存市場を狙い 圧倒的な「感性品質」で勝利した

ある意味で、AppleのiPod以降の成功の構図はとても単純です。**大きな既存の成熟市場をターゲットに、高いデザイン性と感性品質（バリュー）で敵を圧倒しました。**

- iPod｜ポータブルオーディオプレイヤー市場
- iPhone｜携帯電話端末市場
- iPad｜PC市場

2001年末、世に出されたiPodこそが、Appleの転換点となりました。それまでのPC専業メーカーから、音楽ビジネスへの参入というだけでなく、その後の事業拡大のベースとなりました。iPhoneはもちろん、iPadの成功も、すべてiPodの延長上にあります。iPadは大型のiPod touchであり、iPhoneは電話付きのiPod touchそのものなのですから。

しかし、なぜポータブルオーディオプレイヤー業界最後発のiPodは成功したのでしょう？ それだけで本が一冊書けそうですが、少なくとも「iTunes Store[050]（03年4月～）があったから」、ではありません。音楽配信ビジネスでもソニーがbitmusic（現在はmora）ではるかに先行していまし

[050] 当時はiTunes Music Store。現在はiTunes Store。

た（99年12月～）。

　iPodはもっともAppleらしい商品です。ジョブズ自身がそう言い切っているのですから間違いありません。彼はこの、海の物とも山の物ともつかないiPodプロジェクトの陣頭指揮を執り、叫び続けました。「これまででもっともAppleらしいものを開発せよ！」

　初代iPodの象徴であり、nanoやclassicに残る「タッチホイール」も、一緒に関わった副社長自身のアイデアでした。まさに全社一丸となったプロジェクトでした。

　できた初代iPodは、デザインも操作性も、確かにこれまでのデジタルオーディオプレイヤーと一線を画する斬新なものでした。

　ジョブズはAppleと名の付くものすべてに、絶対的なデザイン性と感性品質を求めました。妥協はありません。ハードでもソフトでも。Appleストア導入時には、棚の材質からドアのデザインまでこだわり抜き、ドアノブだけでも何十個という試作品をつくらせた、といいます。部下がそれで四苦八苦しようと関係ありません。

　取引先にもそれを平気で求めます。「目で見てはわからない歪み」への修正を、当然のこととして要求するのです。「少しでも手を抜けば、お客さんには絶対わかってしまうのだ」と。

　でもきっと、ジョブズはお客さんでなく彼自身が許せなかったのでしょう。少しでも良くできる余地を残したもの、自分の感性に合わないものを世に出すことに。

FIGURE 044 | **初代iPod**

ジョブズ曰く「もっともAppleらしい商品」。携帯型デジタルオーディオプレイヤーとしては最後発品だったが、そのコンセプト（ライブラリーを丸ごと持ち運ぶ）と高い感性品質で人気を集めた。社内にノウハウがなく、開発は外部にかなり頼ったものだった。

彼が否定したのはつまり、旧来商品の「質の低さ」なのです。そしてそれを打ち破ることで成功を収めました。

ポータブルオーディオプレイヤーの実体価値はそれまで、音質と携帯性でした。それがウォークマン以来の伝統です。ソニーはそれを突き詰めていきました。より小さく、より軽く、高音質にと。しかしAppleは違いました。そんなことより、多少大きくなろうと<u>自分の音楽ライブラリーを全部持ち歩ける</u>[051]<u>利便性</u>を選び、多少高くなろうと<u>圧倒的なデザイン性と感性品質</u>で勝負すると定め、それを実現することで生き残りました。

その真の成功はしかし、2003年にジョブズがiTunesをMacだけでなくWindows PCユーザーにも開放したときに訪れます。ターゲットが大きく拡がったことで販売数が伸び、それが翻ってはMacの拡販につながったのです。

[051] 記憶媒体にフラッシュメモリーでなく小型HDDを使った。その先駆はRemote Solutions社のThe Personal Jukebox（1999年、容量4.8GB）。

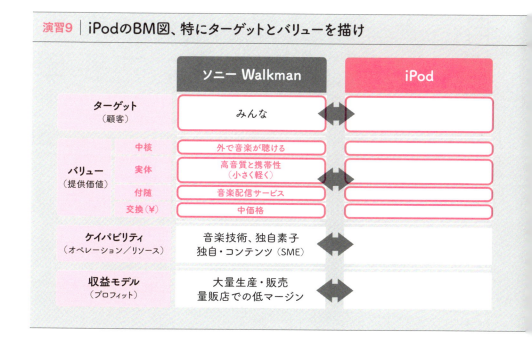

演習9 ｜ iPodのBM図、特にターゲットとバリューを描け

14 ｜ 中核価値の変革に挑んだ企業〔Apple〕

COFFEE CASE 03

サードプレイスを目指すスターバックス

ハワード・シュルツ イタリア出張で感動する

苦学し、アメフトの特待生として大学を卒業したハワード・シュルツ。彼は、ゼロックス、雑貨会社を経て29歳でスターバックスに入社します。店の数はわずか4店舗。そのイタリア出張中、ミラノの街角で彼はエスプレッソのカフェバール052に感激します。

「ここは、ただコーヒーを飲んで、一休みする場所ではない。ここにいること自体が素晴らしい体験となる劇場だ!」

彼はアメリカ人にエスプレッソの美味しさを伝えようと、エスプレッソと大量のミルクを組み合わせた「シアトル風コーヒー」をつくり、それをテイクアウト053型店舗で売り始めます。これがシアトルの学生や若い社会人女性に大受けし、2年後の1987年にはスターバックスの店舗と商標を400万ドルで買い取りました。

コーヒー自体を味わいつつ、そこにいることを楽しむ空間「The Third Place」がそのコンセプトです。家でも会社でもない、人生における第3の居場所。それを広めるために、彼はその全財産を投じたのです。

急拡大がスターバックスのバリューを歪めた

シュルツの賭けは当たり、スターバックスはあっという間に全米に拡がります。それまでアメリカ人にとってコーヒーは、ピザ屋かハンバーガー屋でついでに買って飲むものでした。せいぜい150円です。スターバックスはその倍以上! でも、売れました。

87年の17店舗から、10年後には1,412店舗、20年後の2007年には1万5,011店舗に達します。でも少し、急ぎすぎました。

無茶な出店を含む急拡大の中で、人材は不足し、ドリンク提供や接客の質が低下します。あらゆる町にスターバックスがあふれ、集客のためにピザまで提供して店内にはコーヒーよりもチーズの香りが立ちこめる始末。**もはやスターバックスは「いること自体が素晴らしいThe Third Place」ではなくなって**いました。

08年、ついに既存店の売上伸び率が▲3%に落ち込みました。

バリューを維持し続けるための戦い

そしてシュルツがCEOに復帰します。彼は2000年に一度CEO職を後進に譲っていましたが、この難局を乗り切れるのはオーナーでもあった彼しかいません。シュルツは即座にピザ類をやめ、全店を休業してスタッフを集めてコーヒーの淹れ方を特訓しました。さらに設備面でも差をつけるためコーヒー機器メーカーを買収。09年の店舗増加数は▲45店。

投資と減収を覚悟して、彼はバリューの再構築に取り組みました。

2019年末、スターバックスの店舗は3万店を超えました。うち半分が海外の店舗で、日本では1,458店[054]に達しています。

第1号店である銀座松屋通り店のオープン初日は気温32.4℃。立ち会ったシュルツは「こんな蒸し暑いところで熱いコーヒーなど売れるわけがない！」と嘆息しましたが、最初に売れたのはホットのダブルトールラテでした。スターバックスのバリューは、日本の高温多湿環境にも打ち勝ったのです。

[052] ミラノ市内だけで20万軒のBAR（バール）があるとか。

[053] 英語ではtake away。

[054] 日本進出は1996年。進出の可否を検討させた大手コンサルティング会社からは「テイクアウトは日本で受けない」「禁煙では客が入らない」「成功するとしても東京だけ」と否定的報告があった。シュルツはそれを押して出店した。

演習10 | スターバックスの日本でのBM図を描け

	従来の喫茶店	スターバックス
ターゲット（顧客）	社会人男性 ⇔	
バリュー（提供価値）	コーヒーを飲んで一休みする場所 ⇔	
ケイパビリティ（オペレーション／リソース）	店舗：二等地立地 コーヒー：個人技 店員：OJT？ ⇔	
収益モデル（プロフィット）	単価：低め〜高め 回転：低め ⇔	

COFFEE CASE 03 | サードプレイスを目指すスターバックス

VALUE 15 ターゲットとバリューでポジショニングする

▶ ターゲットとバリューの組合せで基本戦略が決まる

　マイケル・ポーターの功績のひとつが、『競争の戦略』に示された「戦略3類型」です。

　企業が競争に打ち勝って利益を上げうるための「位置取り（ポジショニング）」には大きく3種類（細かくは4種類）しかない！ と彼は主張しました。それが下図の「戦略3類型」なのですが、この本の言葉でいえばそれは「ターゲットとバリューの組合せ」に過ぎません。

　まずはその市場の中で、全体を相手に戦うのか否か、つまりターゲットの選択です。自分たちが有利になりそうな市場の一部（ニッチ055）のみを対象として戦うことを彼は「集中戦略（Focus）」と呼びました。

　そして全体で戦うときの位置取りには、究極2種類しかないと言いました。「コストリーダーシップ戦略（Cost Leadership）」か「差別化戦略（Differentiation）」か、です。これはバリューの選択です。

055 | niche。鳥が巣をつくるような草地のくぼみをいうが、語源は建築用語で壁龕（へきがん）。マリア像などを置くために柱などに開けられた小さなくぼみを指す。

FIGURE 045 ｜ ポーターの戦略3類型

コストリーダーシップ戦略では全社的な低コストで戦います。競合よりコストが低い分を、低価格（交換価値の低さ）とするのが一般的でしょう。フォードのT型フォードはまさにこれでした。

　一方、差別化戦略では顧客に対する高付加価値（使用価値の高さ）で戦います。Appleは最後発として携帯音楽プレイヤー市場に乗り込み、高品質（高音質ではない）高価格のiPodで市場を席捲しました。

　ポーターは迫ります。<u>究極、自分たちは何で戦うのか、どんなポジションを目指すのかを明らかにせよ</u>、と。それは全体市場を捨ててニッチを（コストリーダーシップ戦略か差別化戦略で）開拓・防衛するのか、全体市場のなかでも低コストと高付加価値のどちらで戦うのかの選択でした。

▶ 2軸で世界を示すポジショニングマップ：家電量販店の例

　ポーターの戦略3類型はとても大ざっぱなものですが、それをもっと具体的にするのが**ポジショニングマップ**です。

　通常、2軸で平面をつくり、そこに自社と競合を並べて（ポジショニング）いきます。たとえば2軸を戦略3類型と同じく「対象市場」と「競争優位の源泉」とすれば、こうなります。

FIGURE 046 ｜ ポジショニングマップ

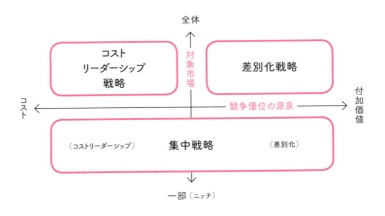

ただ、対象市場（ターゲット）が全体かニッチかとか、優位性の源泉（バリュー）が付加価値かコストかとかではあまりに大ざっぱすぎるので、もっと具体的にしていきましょう。

　たとえば家電量販店ビジネスでいえば、ヤマダ電機のターゲットは全国の消費者ですが、エディオンは西日本中心、ヨドバシカメラは大都市圏に絞っています。
　消費者が家電量販店に求めるニーズは品揃えや低価格が中心で、さらにアフターサービスや配送の迅速さが続きます。大型店同士、品揃えではあまり差が付かないので、ヤマダ電機は低価格、エディオンはアフターサービス（131頁参照）、ヨドバシカメラは配送の迅速さをバリューとして勝負しています。
　実際、サポート満足度[056]においてヨドバシカメラとエディオンは、ヤマダ電機に大差を付けていました（5点法による平均値）。

[056] 日経ビジネスの2013年度調査。

- ヨドバシカメラ　4.0（3位）
- エディオン　　　3.9（4位）
- ヤマダ電機　　　3.2（最下位）

FIGURE 047 ｜ **家電量販店のポジショニングマップ（一部）**

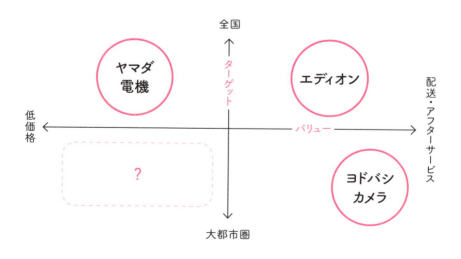

106　2章｜バリュー：提供価値は何？

これらの情報を図にしてみましょう。縦軸はターゲットで、横軸がバリューです。

　文章や数字の羅列でなく、こういった<u>2次元のマップにすることで、互いの位置関係が直観的に理解できます</u>。競合とポジションが重なってはあとが大変です。

　そしてもう一つ、隙間がわかります。左図でいえば左下の空白部分です。

　ここには一体、どんな会社が入るのでしょうか？　今誰もいないとしたら、そこには事業化のチャンスがあるのでしょうか？　それともこの空白は結局、誰も生存することができない不毛の大地なのでしょうか。

2章のまとめ

11 バリューなくして客は来ず。自ら革新せよ

キーワード
マズローの欲求5段解説（①生理的、②安全、③愛・所属、④自尊、⑤自己実現）
ニーズとウォンツ
ドリル、DIY

企業・事業・商品
ヤンマーYTシリーズ
フードプロセッサー
PS3、PS4

12 バリューには3種類ある〔使用/交換/知覚〕

キーワード
使用価値、交換価値
中核・実体・付随価値
需給バランス
使用価値＞知覚価値＞交換価値

企業・事業・商品
ニチバン直線美
Gショック

13 バリューは多様：QCDS、食品

キーワード
B2B：基本性能とQCDS
単体価値＜システム価値
コンサルティング営業
B2C：価値拡大
十人十色、一人十色

企業・事業・商品
Ça va?（サヴァ）缶、岩手県産(株)
アスクル、キーエンス

コラム02 マーケティング論の集大成、PLC戦略

キーワード
PLC、ユーザー5分類（イノベーター、アーリーアダプター）、PLC戦略、「マーケティングは死んだ」、競争的マーケティング戦略
キャズム理論、アーリーマジョリティ
レイトマジョリティ、ラガード

企業・事業・商品
音楽メディア市場

主な参考書籍

コトラー＆ケラーの
マーケティング・
マネジメント
フィリップ・コトラー＋
ケビン・レーン・
ケラー

イノベーションの
普及
エベレット・
ロジャーズ

14 中核価値の変革に挑んだ企業〔Apple〕

キーワード
再発明
デザイン性と感性品質
音楽ライブラリーを全部持ち歩ける利便性

企業・事業・商品
Apple
iPod
Appleストア

15 ターゲットとバリューでポジショニングする

キーワード
戦略3類型（集中、コストリーダーシップ、差別化）
ポジショニングマップ
アフターサービス満足度

企業・事業・商品
家電量販店
（ヨドバシカメラ、エディオン、ヤマダ電機）

02 ロイズ・コーヒー・ハウスからロイズ保険へ

キーワード
貿易商や船長・船員向けに専門新聞
Lloyd's News
海上保険、アンダーライター

企業・事業・商品
ロイズ・コーヒー・ハウス

03 サードプレイスを目指すスターバックス

キーワード
「いること自体が素晴らしい体験となる劇場」
The Third Place
シアトル風コーヒー

企業・事業・商品
エスプレッソのカフェバール
スターバックス

キャズム
ジェフリー・ムーア

マイケル・ポーターの競争戦略
M.E.ポーター

スターバックス成功物語
ハワード・シュルツ＋ドリー・ジョーンズ・ヤング

3 章

CAPABILITY

ケイパビリティ：
どうやって
価値を
提供する？

CAPABILITY 16 誰にも真似できないケイパビリティを構築せよ

▶ ケイパビリティとはターゲットへのバリュー提供能力

　ここまで事業(ビジネス)として、どんなターゲットにどんな特別なバリューを提供するのか、を考えてきました。それらは「事業の目的」といえます。

　たとえば私の生家の三谷(せいか)酒食料品店は、近隣数百軒の住民(=ターゲット)に対して、「近い・ツケがきく・車で寄りやすい・配達してくれる・お酒も売っている・営業時間以外でも対応する」という究極の利便性(=バリュー)を提供することが存在意義であり、それで数十年間を生き延びました。ではその実現のためには、どんなケイパビリティ(企業能力)が必要だったのでしょう。まずはさまざまな資源(リソース)が必要でした。

- 店舗の立地：中心道路の交差点の角地(数台駐車できる広さ)取得
- 店舗の建設：自宅を改装しスタート。途中で大規模な拡張改修
- 中型バン：仕入れ・配達用の商用車購入
- 自動販売機：1台数十万円×4台 購入
- 酒類販売免許：祖父が取得
- 従業員：3名(父・母・祖母)+バイト+子どもたち確保

FIGURE 048 | 三谷酒食料品店の経営資源

ひまわりチェーン(VC*加盟)

 立地
 店舗
 車
 自販機
 酒免許
 従業員

＊Voluntary Chain:共同で仕入や特売を行う団体。

加えて、父母のやる気が、「月に休みは1日だけ（第3日曜）、毎日早朝5時半から深夜9時までの長時間労働」を可能にし、このバリュー（究極の利便性）が実現されていました。

▶ 真のケイパビリティは構築が大変

ケイパビリティはターゲットにバリューを届けるための仕組みですが、それはとても高価です。田舎の八百屋を1軒開店するだけでも数千万円の資金が必要で、それを回し続けようと思えば仕入れや人件費・光熱費で毎年1億円前後がかかります。

そして事業の成否は大抵このケイパビリティの巧拙で決まります。**ケイパビリティの内容はとても広く深い**からです。

たとえば、ビル建設なら基礎、本体、設備、内装、外構という工事分野があり、その各々でヒトやモノ、道具が動きます。事業でいうならその活動分野は、研究開発（R&D）からマーケティング・営業・サービス（CRM）、調達・生産・物流（SCM）が中心で、各々でまたヒトや組織、情報やお金が動くので、それを専門にする横串部隊として会計・財務（FPM）、人・組織（HRM）、情報システム（IT）や経営・事業管理（C/BP）などが存在します。マイケル・ポーターはこれを「**バリューチェーン**」[057]と呼びました。**事業とはまさに、顧客に価値を届けるための企業活動の連鎖なのです。**

[057] 『競争優位の戦略』（1985）で示されたが、内容としてはアンリ・フェイヨルの「6つの企業活動」やマッキンゼーのグラックたちがつくった「ビジネス・システム」（1980）とほぼ同じ。

FIGURE 049 | バリューチェーンの例

▶ ケイパビリティ革新が新しいターゲットやバリューを生む

　この世の中の多くのイノベーションは、実はニーズからでなく「**シーズ**（seeds タネ）」[058]から生まれています。

　蒸気機関という新しい動力機構が生まれたから、機関車が発明され鉄道事業が生まれました。インターネットが拡がり人々にほぼ無料でリーチできるようになったから、無数のネットビジネスが生まれ、AmazonやGoogle、Facebookが成長しました。

　でも無から有が生まれたわけではありません。もともと都市間交通や物資の大量輸送という需要があり、馬車や運河という手段が提供されていました。しかし<u>蒸気機関車による鉄道はその圧倒的なケイパビリティで大量高速輸送を実現し、需要自体を数十倍に拡大させた</u>のです。

　都市間の移動が高速で安価になったので、これまで旅行をしなかった人も汽車に乗って旅するようになりました。迅速さを求める郵便や小型貨物だけでなく、特にアメリカでは石油の輸送[059]も鉄道が担うようになって鉄道事業者たちは大いに儲け、鉄道王[060]と呼ばれました。

- 既存のニーズ × 新しい技術(ケイパビリティ) → 新しいターゲットやバリュー

[058] 新しい技術や仕組みなど。

[059] 1859年ペンシルバニア州で油田が発見されて以降、急速に石油の生産と使用が広まった。石油王となったのがロックフェラー一族。

[060] 米西海岸ではリーランド・スタンフォードが有名。夫妻の寄付により開学したスタンフォード大学の正式名称はLeland Stanford Junior University。15歳で夭逝した息子の名である。

FIGURE 050 ｜ 蒸気機関車が生み出した鉄道ビジネス

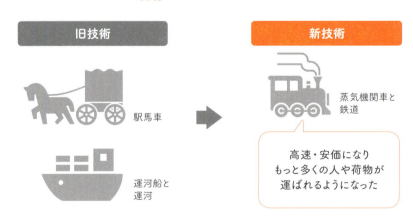

既存ニーズ（都市間輸送）

旧技術：駅馬車／運河船と運河

新技術：蒸気機関車と鉄道 — 高速・安価になりもっと多くの人や荷物が運ばれるようになった

というわけです。

でももちろんそれだけでイノベーションが生まれたり、事業がうまくいったりするわけではありません。収益モデルも含めたビジネスモデル4要素が各々しっかり定まり、かつ互いにつながっていないとダメ、というのはこれまでに見てきたとおりです。

▶ ケイパビリティが独自で強くないとすぐ真似される

優れたポジショニング（ターゲットとバリュー）は事業成功の必須要件ですが、それ単独では競合他社に真似されやすいもの。その典型がネットビジネスです。

インターネットという新しいケイパビリティのお陰で生まれた新しい事業は、成功すれば桁違いの急成長を遂げますが、それは敵も追いかけやすいということ。同じインターネットという半公共インフラを使い、ビジネスモデルを真似[061]し、より新しい技術で挑んできます。

ケイパビリティはその構築自体が大変です。外部で使える仕組みやサービスがあれば大いにそれを活用しましょう。でも肝心の部分には独自性が必要で、きっとその構築は簡単ではないのです。

その「肝心なケイパビリティ」を、ロンドンビジネススクールのゲイリー・ハメルとその恩師であるミシガン大学のCK・プラハラードは「コア・コンピタンス（core competence）」と呼びました[062]。そしてそれを軸にして成長戦略が描けるのだと主張。1990年代の経営者たちから喝采を浴びました。

ホンダは小型エンジン技術というケイパビリティを軸に、バイク、自動車から芝刈り機、除雪機にまで展開し成功しました。一方、シャープは液晶技術を軸に液晶ディスプレイ、家庭用ビデオカメラ（ビューカム）、PDA（ザウルス）、薄型テレビ（アクオス）と展開しましたが、経営危機に陥り2016年に台湾・鴻海精密工業に買収されました。

真に敵に模倣困難で、利益につながるケイパビリティとは何なのか。その答えは簡単ではないのです。

---

061 | 一般的にビジネスモデルそのものは特許にならない。

062 | "The Core Competence of the Corporation", *Harvard Business Review*, May-June 1990が初出。

Amazonの本国アメリカにおける圧倒的競争力はその物流力によって支えられています（164頁参照）。
　しかし**独自の物流センター**建設に着手した頃の評判は散々でした。ネットビジネスなのにハードへの投資なんて間違ってると証券アナリストに叩かれ、株主には物流業になんか投資するんじゃないと文句を言われ、株価は低迷。
　でも、創業者のベゾスは意に介しませんでした。**誰もやらないからこそ価値がある**、というわけです。日本にはもともと卸による便利な物流ネットワークがありますが、米国にはありませんでした。自分でそれをつくり上げれば、そのまま持続的な競争優位につながります。つくるのが大変なほど、です。Amazonはその物流力で、顧客により迅速かつ低価格な配送を提供し、あらゆる競合を追い落としていきました。
　物流センターの数は今や全米に140拠点。そこでは10万人以上がスタッフとして働いています。

　優れたケイパビリティの構築とその不断の改善こそが、競争優位性の維持につながり、事業を長生きさせるのです。

FIGURE 051 | Amazonの物流センター所在地（アメリカ）

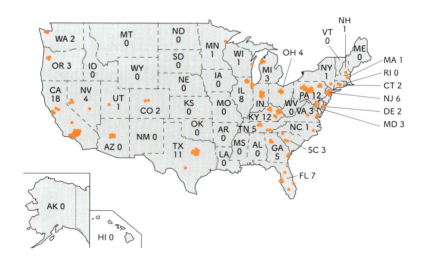

▶ 若き敏腕弁護士、黎明期の鉄道事業を救う

　独自のケイパビリティを持つビジネスを立ち上げようとすれば、必ず既存プレイヤーによる大きな反発を招くことになります。

　鉄道事業でいえば、それは駅馬車事業者と、特に運河業者からの抵抗でした。同じ区間に鉄道ができても、馬車は仕事を別の場所に移せますが、運河はそうはいきません。当時、米北東部に発達していた運河を管理する会社らは、次々と運河上に掛かる鉄道橋を苦々しく思っていました。「あの、商売敵めが！」

　ある日、運河用船が鉄道橋のひとつに激突してしまい、運河管理会社は鉄道会社に訴訟[063]を起こします。「鉄道橋は危険だ」「運河の方が効率的」「鉄道橋は運河を跨ぐな！」

　鉄道会社は**敏腕の若手弁護士**を雇います。彼は「**運河が届かないわが国の西部を発展させるためには、鉄道が必須である**」「今回の事故は船側のミスに過ぎず、鉄道橋は安全だ」と論陣を張り、みごと勝訴を勝ち取りました。

　国全体の発展を訴えた彼の名はエイブラハム・リンカーン。のちの第16代米大統領です。

[063] 「ハード対ロックアイランド橋梁会社事件」、通称「エッフィー・アフトン」訴訟として知られる。

FIGURE 052 | 青年期のリンカーン

CAPABILITY 17 | ケイパビリティはリソースとオペレーションの組合せ

▶ 跳躍力は筋肉と跳躍法によって決まる

　あるターゲットに特別なバリューを提供することが事業の目的だとすれば、ケイパビリティとはそれを遂行するための能力を意味します。走り高跳び選手の跳躍力が、筋肉と跳躍法によって決まるように、**ケイパビリティもそれを構成するリソース（経営資源）とそのオペレーション（運用方法や仕組み）によって定まります。**

　筋肉が少ないと筋力に限界があるのでどんなに頑張っても跳躍力は上がりません。でもやたらに筋肉を増やしても体重が重くなって跳躍力は低下します。跳躍力強化には質のいい筋肉が適量必要です。事業でいえば、それが**働く人や設備、よい原材料、資金**など。これは「資源」とも呼ばれます。

　そして、跳躍法も大切です。跳躍法は過去、挟み跳び、ベリーロール、背面跳びと進化してきました。背面跳びという不思議な跳び方を生み出したのはディック・フォスベリー。彼は当時主流のベリーロールが苦手で、挟み跳びの変形を試し続けました。何年もの間、たったひとりで。

FIGURE 053 | ケイパビリティ＝リソース×オペレーション

大学のコーチに見放され、みなに嘲笑さえされる中、フォスベリーはついにそれを完成させます。そして、メキシコオリンピックでは唯一背面跳びを用いて2m24cmの世界新記録を出し、見事金メダルを獲得したのです。

跳躍法は事業ケイパビリティでいえば、<u>「どうやって**商品やサービス**を**つくるか、運ぶか、売るか**」といった**プロセス**やノウハウ・組織にあたるもの。それが「**オペレーション**」です。</u>

▶ リソースはヒト・モノ・カネ・情報・知財など

オペレーションは、その流れを示す「**プロセス**」と、その管理単位や階層を示す「**組織**」に分かれます。このうち「プロセス」を機能別に表したのが、前述のバリューチェーンでした。

一方、ケイパビリティのもうひとつの構成要素であるリソースは、ヒト・モノ・カネ・情報・知財などからなりますが、結構複雑です。ただ、**その中核はもちろん「ヒト」**。対象は、正社員、契約社員、パートタイマーなどの従業員だけでなく、経営陣や管理職といったリーダーたち、広くは業務委託先のメンバーまでを含みます。その個々人の能力やモチベーション次第で、企業や事業は一瞬で良くも悪くもなるのです（142頁参照）。

また近年では、特許や商標といった知的財産や顧客の連絡先・購買履歴といった情報が企業の持つリソースとして重視され、その価値が高く評価されています。

FIGURE 054 リソースとオペレーションの要素

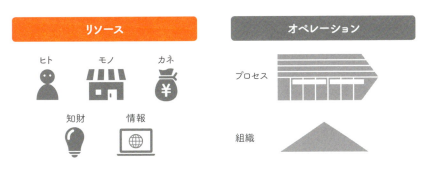

CAPABILITY 18 | ケイパビリティの基本戦略：垂直か水平か

▶ フォード、究極の垂直統合モデル

　ある商品を、その原材料の生産から部品生産、加工・組立、マーケティング・販売、アフターサービスまでずっと辿っていくとしましょう。川の流れに喩えて、最初を「川上」、最後を「川下」と表現します。川上から川下まですべてを眺め渡すと、数百数千の機能（ケイパビリティ）が関わっていることがわかります。

　そのすべてを自社でやってしまおうとする戦略が「**垂直統合モデル**」で初期のフォードが典型です。T型フォードで大成功したフォードは、工場内では徹底した分業を進める一方、全体としては限りない垂直統合を志向しました。<u>すべてを自分たちの求める品質に引き上げ、十分な供給を確保する</u>ことが狙いです。販売・サービス網も独立のディーラーに任せるのではなく、フランチャイズ方式でフォード専売店を全米に拡げていきました。売りっぱなし・修理しっぱなしではない、フォードブランドに忠実なフォードディーラーの展開は、アメリカのモータリゼーションの象徴ともいわれました。当時の人々にとって、「近くにフォードのディーラーができる」ことと車中心の生活が始まることは同義だったのです。

FIGURE 055 | フォードのリバー・ルージュ工場（1930〜）

ルージュ川沿いにつくられ、運河や鉄道もある。製鉄所やガラス工場、発電所を備え、「鉄鉱石から自動車まで2日！」と言われた。究極の垂直統合モデル。

フォードは補修パーツを収めるデポ（小型の物流拠点）を全米各地に設置して修理の効率を高め、フォード車のもともとの堅牢性も相まって、消費者からの絶大な信頼を勝ち取りました。

T型フォードは増産に次ぐ増産を重ね、ついに原材料・部品メーカーがそのペースについてこられなくなります。創業者ヘンリー・フォードは「ならば、自らつくるまで」と、巨大な**リバー・ルージュ工場**（FIGURE 055）の建設に着手。工場内には、材料である鋼板や板ガラスなどをつくるための最新鋭の製鉄所、ガラス工場、ゴム工場が設置され、**鉄鉱石を運び入れてから車が完成するまでたった28時間**、という究極の同期生産・流れ作業が実現されました。

そして生産だけでなく、さらなる上流下流も統合されていきます。1916年から建設が始まった工場内にはルージュ川から運河が引かれ、自社所有の自動車運搬船が直接、入れるようになっていました。さらには炭田や鉄鉱山、ガラス原料である珪石採石場、森林も買収し、製材工場064もつくります。工場内には3つの発電所065を設け、工場内の工作機械はその豊富な電力で動かされ066ました。

フォードはできるだけ多くの機能を自社で内製化する垂直統合モデルを志向し、実現しました（FIGURE 056）。

しかしそれは、T型フォードをつくり続けることに特化し「すぎ」たモデルでもありました。車のモデルチェンジにも弱く、T型から次のA型への切り替えになんと1年を要したといいます。

064｜ムダを出さず廃棄物を再利用する、今でいう「ゼロエミッション」が図られていた。

065｜ヘンリー・フォードはフォード設立前、エジソン照明会社に勤めており、その縁もあってエジソンとは親友関係にあった。そのためか、リバー・ルージュ工場の発電所もエジソンが普及を目指した直流方式を採用している。

066｜それまでは動力を伝える大量のベルトやシャフトを収めるために工場は2階建てになっていたが、それらが不要になり安い平屋でよくなった。

FIGURE 056 ｜ フォードの垂直統合モデル

川上 ↓ 川下

原材料・燃料	森林経営・製材工場、炭田・鉱山の買収
運搬	運河・港湾の建設、自社運搬船、鉄道・駅の建設
材料製造	製鉄所、ガラス・ゴム工場、発電所
部品加工	自社工場
部品組立	自社工場
製品組立	自社工場
製品検査	自社工場
運搬	自社自動車運搬船など
販売	専売ディーラー網の整備

（部品加工〜製品検査：28時間）

18 ｜ ケイパビリティの基本戦略：垂直か水平か

▶ IBMが図らずも生んだ水平分業モデル

それに対しGMは、もっと手軽にモデルチェンジをするために外部を活用する道を選びました。車種別の「専用機械」や「専用部品」ではなく、車種共通の「汎用機械」や「共通部品」を用いる。そうすることで、多くの外部部品・設備メーカーに頼れるようになり、**多品種の生産、そして頻繁なモデルチェンジに耐えられるようになりました**。

そしてそうした**分業をIBMが産業界全体に広めます**。

スティーブ・ジョブズ率いるApple が1977年に売り出した「Apple II」[067]は、世界で初めてのちゃんと動く、完成品のPCでした。78年にはいち早くフロッピーディスクドライブ（disk II）が安価（595ドル）で投入され、79年にはキラーアプリケーションとなった表計算ソフトの「VisiCalc」[068]が発売されます。結果、一部のマニアに留まらず、会計・財務データの処理に悩んでいた中小企業オーナーたち、会計事務所の支持を集めました。売上台数は年々倍増して82年には30万台に達し、Appleに巨大な利益がもたらされました。

これを、IBMも指をくわえて見ているわけにはいきません。開発チームに「1年でPCを発売せよ」という厳命が下されます。でもメンバーはたった12人でした。**自社開発の独自部品では間に合わないことが判明**し、プロセッサにはインテル8088を、OSにはマイクロソフトのMS-DOSを採用することに。他の部品も外部から調達するために仕様を公開し、周辺機器や互換ソフト開発を奨励しました。見事、チーム[069]は1年後の81年8月、「IBM 5150」の発表に漕ぎつけました。

[067] | スティーブ・ウォズニアックがほぼひとりで設計・開発した。

[068] | アメリカではみなが確定申告を行うため一般人にもニーズは強かった。ただし、SuperCalc（1980）、マイクロソフトのMultiplan（1982）やExcel（1985）、Lotus 1-2-3（1983）など、より強力な競合製品がすぐさま出た。

[069] | オリジナル開発チームのほとんどは1985年の飛行機墜落事故により死亡した。以降、IBMや多くの会社が、同時にひとつの便に搭乗する従業員の人数を制限するようになった。

FIGURE 057 | **AppleとIBMのコンピュータ**

Apple II
（1977）

OSはオリジナルのApple DOS
フロッピーディスクとVisiCalcが人気

IBM 5150
（1981）

プロセッサはインテル
OSはマイクロソフト

070 | ○ビット、はマイクロプロセッサが一度に処理する情報の塊の大きさを示す。インテル8088は8ビットでIBM PC/ATが採用した80286などは16ビット。8ビットは2進法での8桁であり、10進法でいえば0〜255に当たる。

071 | 「AT互換」ではなく、「Lotus1-2-3互換」と表現するPCメーカーもあった。

しかし、**ここで儲けたのはIBMではなく、インテル（プロセッサ）とマイクロソフト（OS）であり、IBM PC互換機市場を制したコンパック_{クローン}らでした。**

特に、84年に出た16ビット機[070]の「IBM PC/AT」では、ロータスの「Lotus1-2-3」というキラーソフトが生まれ、その互換機（AT互換機[071]）市場が一気に拡大しました。IBMが「PC/AT」という標準をつくってくれたお陰で、そして、マイクロソフト製OSを独占しなかった（できなかった）ために、業界は水平的に分化（階層化）していくことになります。そしてその**各階層の中でも、プレイヤーの寡占化、そして「勝者総取り」_{Winner-take-all}の傾向**が進んでいきました。

パーツだけでなく、それらを組み合わせた基幹モジュールであるマザーボードまでが外部からの調達品となり、PCメーカーは企画と販促・マーケティングだけすればいい存在となりました。多くの企業が参入し、80年代前半には上位3社で市場の7割を占めていた寡占的業界が、90年には32％にしかならない分散事業へと変貌していました。

逆に少数精鋭となった部品メーカー側の交渉力は強く、世界で609億ドルまで拡大していたPC市場の恩恵を受けて高成長・高収益を（生き残ったものは）享受できました。

PC業界は小型化、高画質化、ネットワーク化へと驀進し、新しい機能が出てくる度にそのほとんどは水平分業の階層のひとつとなり、多くの新興企業がその覇を競いました。

FIGURE 058 | PC業界での水平分業モデルと寡占プレイヤー

	IBM/AT互換機
OS	マイクロソフトDOS
CPU	インテル8080シリーズ
GPU	内製 → AMD/nVIDIA
マザーボード	台湾メーカー
メモリー	サムスンなど
HDD	ウエスタンデジタルなど

しかし、その基をつくったIBMの利益には何の貢献もなく、IBMはPC事業を中国レノボへ売却します。PC市場への華々しい参入から23年後の、2004年末のことでした。

▶ AppleはPCでも垂直統合で勝負する

電子機器ビジネス界に「垂直統合から水平分業へ」という新しい常識ができあがっていた時代に、スティーブ・ジョブズはひとりそれを否定し無視しました。一度クビになったAppleでの復帰第1作がiMac (1998)。資金不足であったにもかかわらず、彼は内製にこだわり、プロセッサやOSの自社開発を続けます。世の中はインテルプロセッサとマイクロソフトOS（合わせて「ウィンテル」）一色だというのに。

なぜそんなことを、と問われてジョブズは答えます。「消費者が思い入れを持ってくれるような、**狂おしいほど魅力ある、個性的なコンピュータをデザインしようと思えば、すべてをコントロールする必要が当然ある**[072]」

Appleストアでも同じです。ショウルーム機能を備えた直営店の展開を決めたとき、効率性を旨とするアナリストたちからは「ムダだ」との批判の声が上がりました。それに対しても、ジョブズは揺らぎませんでした。「**Appleのブランドを拡げる武器なのに、他者に任せるなんてありえない**」

Appleは、一度はプロセッサの自社開発を諦めましたが、2010年発売のiPadに搭載した「A4」は、各社のチップを独自技術でパッケージングしたもの (PoP : Package on Package) でした。そして、12年のiPhone5に搭載したプロセッサ「A6」では、みずからコアユニットの設計にまで踏み込みます。

ソフトウェア面でも他社に主導権を握られないように、1社が独占するツール（AdobeのFlashやオラクルのJava）は動かない仕様にし、オープン（誰でも使えるソフト）か自社ソフトに置き換えています。「重要なところはすべてコントロール」するために。

コントロール重視の垂直統合と、効率重視の水平分業。どちらのケイパビリティモデルが正しいかという議論に正解はありません。それは、各企業がどういうターゲットにどんなバリューを提供しようとしているか次第なのです。

072 | 後にプロセッサはインテル製に統一され、MacでもWindowsが動かせるようになった。

▶ オペレーションが先でリソースが後

　ジョブズには未来へのビジョンがあり、商品やサービスにおける確固としたコンセプトがありました。つまりターゲットやバリューが定まっていたのです。それを実現するためにケイパビリティ（OSの自社開発能力や直販店など）は組み立てられました。でも**ケイパビリティのうち、リソースとオペレーションはどちらを先に考えるべきなのでしょうか。**

　オフィスビルの建設・運用プロジェクトでいえば、ターゲットやバリューはそのビルが想定する入居者がターゲットで、建物の機能や外観、賃料がバリューです。それらを実現するためにビルというケイパビリティが構築されるわけですが、

- **リソース**｜各種資材や建設機械、作業員
- **オペレーション**｜それらがどう組み合わさり連動してビルをつくり上げるかの設計図、進捗工程図（スケジュール）

となるでしょう。そもそも設計図やスケジュールがなくては、どんなスペックの資材、機械、人材が、いつどれだけ必要かがわかりません。だから、リソースとオペレーションでは、オペレーションが先なのです。

　特に、イノベイティブなプロジェクトにおいてはそうです。リソースを先に考えれば、必ずケイパビリティは「今いるヒトでできる範囲」に納まります。ジャンプはありません。**まずは「あるべきオペレーション」を考え、それを実現するためのリソースを導き出しましょう。**もしリソースが足りないのなら、鍛え上げるか調達すればいいのです。いや、そうするしかないのです。

　ハーバード・ビジネス・スクール（HBS）で起業家（アントレプレナー）養成コースを立ち上げたハワード・スティーブンソンは言いました。「**アントレプレナーシップ（起業家精神）とは、今自分が握っている資源（リソース）を超えて、機会を追求することだ**」と。

CAPABILITY 19 オペレーション①：中核プロセスはSCMとCRM

▶ 製造から顧客までをつなぐSCM

　企業をさまざまな機能（企業活動）に分けたのは、20世紀初頭のフェイヨルでした（293頁参照）。それをコストの階段として捉えたのがマッキンゼーの「ビジネス・システム（1980）」であり、つながりとして「命名」したのがポーターのバリューチェーン（1985）でした（113頁参照）。

　ポーターは企業活動を価値の連鎖だとしてバリューチェーンと名付けましたが、本当は「チェーン」の意味を追究しきってはいませんでした。まだまだそれは輪っかの寄せ集めだったのです。

　機能そのものではなく、<u>機能と機能のつなぎ目にこそ問題がある、とおそらく最初に気づいたのがトヨタ</u>です。機能間を「うまく」つないでいた在庫を「悪」として追放し、製造機能全体を一体として管理するために「カンバン方式」などを生み出しました。

　そして1983年、経営コンサルティング会社のブーズ・アレン・ハミルトンが初めて「SCM（サプライチェーン・マネジメント）Supply Chain Management」という言葉を使います。生産も調達も物流もバラバラでは改善に限界がある。その隙間にこそ問題があるのだから一体として管理しよう。そう提唱し好評を博しました。

FIGURE 059 ｜ SCM（サプライチェーン・マネジメント）

例：在庫を部品でしか持たないBTO（Build-To-Order）
　　下流工程からの要求で生産するカンバン方式

▶ デミングの統計手法に学んだ日本企業

1970年代以降、世界を席捲したのは資源のない極東の島国、日本の企業群でした。その戦後の急激な経済成長にもっとも貢献した外国人をもしひとり挙げるとすれば、それは間違いなくエドワーズ・デミング[073]その人でしょう。

073 │『経営者のための品質管理』(1950) などが有名。

彼は第二次世界大戦後の1947年、日本政府が行った国勢調査支援のために来日します。数学と物理学の博士号を持ち、統計のプロであったデミングは、その品質管理手法が製造現場だけでなく経営全般に活かせることを理解していました。それが、日本科学技術連盟の人々の目にとまります。

デミングは以降、何度も日科技連などに招かれ、多くの日本人経営者、技術者、学者らにその考えを伝えることになりました。

「規模に頼らずとも、品質を上げればコストも下がり、顧客満足度も上がる」「そのためには統計を駆使して、**モノだけでなくプロセスの品質を上げよ**」

日本企業は彼の**統計的プロセス制御や品質管理技法**を深く理解し、それを製造現場におけるＱＣ（Quality Control）活動や、それを全社に展開したTQC（Total）活動に発展させていきました。**デミングこそは日本企業にとっての「科学的管理法」の父であった**といえるでしょう。その学びを最大限に取り込んだのが自動車メーカーでした。

▶ 人を核にした日本独自の生産システム： トヨタ生産システム

ホンダが1980年代、アメリカ自動車市場で戦えたのは、GMやフォードに規模で大きく劣っていても、その生産技術で優っていたからでした（301頁参照）。

同じくその頃、国内市場でホンダを圧倒していたトヨタがもともと目指していたのも、規模に頼らない生産性向上でした。その中心となっていた大野耐一が後年まとめた『**トヨタ生産方式**』(1978) の副題は、まさに「脱規模の経営をめざして」でした。

トヨタ生産システムとは、「カンバン方式」「JIT（Just In Time）」「平準化」「7つのムダ」「自働化」「改善」「ポカヨケ」「見える化」など、さまざまなコンセプトの

集合体で、ここで紹介しきれるものではありません。しかし、**それまでの米欧の製造業の常識を打ち破った概念が、「在庫は悪」という考え方と「人の能力を核にした生産・改善活動」**でした。どちらも、それまでの西洋流の生産管理や分業の概念を真っ向から否定するものでした。

▶ 在庫は悪、みんなでKAIZEN

在庫というのはそれまで「必要に応じて持つもの」であり「生産や販売をスムーズに流すための緩衝材・潤滑剤」でした。

販売現場では毎日ものが出て行きますが、特定商品の生産は月1回かもしれません。それなら、ひと月分在庫を持たないと、怖くて仕方ありません。工場内のある工程(Process)は信頼性の問題で丸一日止まるかもしれないので、次の工程との間に1日分の在庫(「工程間在庫(Work In Process)」という)を用意しておきます。これで生産から販売までがスムーズに流れるはず、というのがそれまでの考え方でした。

でも大野たちは考えました。その在庫をゼロにしよう、と。そうすれば、流れは滞って生産も販売も減るだろうが、イヤでもそういった緩衝材で隠されていた**各工程のムダ・ムリ・ムラがわかる**[074]**はず。極限まで在庫を引き下げることで、自然と品質は上がりコストも下がる!**

074 | ムダをなくした生産方式ということで「リーン(Lean)生産方式」とも呼ばれた。Leanは、ムダのない、筋肉質の、という意味。

FIGURE 060 │ トヨタのカンバン方式

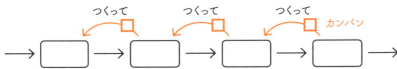

在庫はすべての「まずさ」を覆い隠す悪だったのです。工程間の在庫は極小にし、各々にカンバンを付けました。それを次工程が使ったら前工程にカンバンだけが戻り、次工程はようやくそのカンバンの枚数だけ生産ができる仕組みは「カンバン方式」（FIGURE 060）と呼ばれました。強制的に各工程を結びつける究極のSCMといえるでしょう。そして、人の能力を最大限に活かした取り組みを進めました。

　細かい分業をしすぎるのではなく、1人でいくつもの作業をこなせる「多能工」であるべく求めました。これによって、互いが助けられるようになり、作業の平準化や安定につながりました。

　「改善」活動も、現場の作業者たち中心に全員参画で行いました。米欧流にいえば、ワーカーがエンジニアの仕事をしたのです。それは「エンジニア職域の侵害」かつ「ワーカーへの労働強化」であり不可能[075]とされていました。

　しかし**今や「改善」活動は「カイゼン」「KAIZEN」となり、世界の生産現場の共通語となりました**。日本企業の生産システムは、デミングの教え（統計手法）を超えて、その先（人間中心の生産システム）にまで到達したのです。テイラー主義とメイヨー主義の融合とも呼べる領域です。

　アメリカではほとんど無名のままのデミングでしたが、日本企業の躍進をうけて有名となり、フォードがついに自社の品質活動の改善を彼に依頼します。1981年、デミング81歳のときでした。

075｜アメリカでは職能別の労働組合が強く、こういったことへの抵抗が極めて大きかった。

FIGURE 061　カイゼンは誰の仕事か？

従来
エンジニア 1人
作業者 100人
×

カイゼン
QCやTQCを101人で！

▶ 対顧客活動を統合するCRM

製造側で成功した「機能をつなぐ」考え方を、顧客側でやったのが、「CRM（顧客関係性マネジメント）」であり、その開発・普及の中心となったのがアクセンチュアのような総合コンサルティング会社でした。

もともとは、顧客情報をデータベース（DB）化して、それを販促に使おうとしたのが始まりでした。1983年、レオナルド・ベリーらがリレーションシップ・マーケティングとして「長いおつき合い」を目指した販促手法をつくり出しました。既存客をしっかりフォローすることでつなぎ止め、そこからの口コミで新規客を呼び寄せる、営業とマーケティングが一体となった手法でした。

1990年代末から、さらにそれを戦略的に捉え、**「顧客戦略のもとにそれまでバラバラだったマーケティング、セールス（営業・販売）、サービスの諸機能を統合的に強化・管理しよう」**としたのがアクセンチュアたちです。戦略・ヒト・組織・ITコンサルティングのすべてをカバーする総合コンサルティング力が発揮できる土俵を自らつくり上げていったのです。

CRMは単なる情報システム重視のケイパビリティ改革（DBマーケティングなど）ではありません。ターゲットやバリューを定め直し、そこでの利益向上機会を明確にすることから始まる全社改革です。そうでなければ、マーケティング、セールス、サービスの統合的運用などというケイパビリティの大変革は行えません。

FIGURE 062 | CRM（顧客関係性マネジメント）

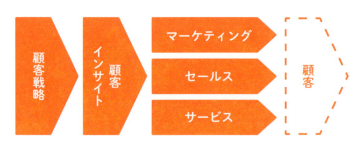

例：サービス活動からの紹介客（新規顧客）開拓／
顧客データベース統合による即時対応

| 076 | Life Time Value。短期でなく長期的にその顧客から上げうる収益を累積したもの。

| 077 | 顧客をセグメント単位ではなく個々の単位で捉え、その代理人（エージェント）たろうとすること。

- **ターゲット** | ターゲットセグメントのLTV[076]（顧客生涯価値）を把握して絞り込む・拡げる
- **バリュー** | そこへの提供価値を個客エージェント[077]の視点から考える。ジャストタイミング、マッチング、ワンストップ、メタプロダクト、カスタマイゼーション、リレーションなどがある
- **ケイパビリティ** | 上記達成のための企業能力を構築する
- **収益モデル** | LTVを顧客の離脱率や投資・コストを勘案して試算する

　これらを組み立てることがCRMにおける顧客戦略であり、日々の顧客情報の分析・抽出を行うのが顧客インサイトです。この2つが組織横断的に統合されてこそ、CRMは成り立ちます。

▶ CRM革新で飛躍したエディオン（デオデオ）

　家電量販店業界3位のエディオンは、広島本社のデオデオを中核に、エイデン、上新電機、ミドリ電化、100満ボルト、石丸電気などを統合して生まれた会社です。デオデオ（旧ダイイチ）は広島を中心に西日本で非常に高いシェアを誇っていました。その中核は、①Zサービスと②ダイレクトメール（DM）でした。

　1960年代から迅速な訪問修理をウリにしていました。そのために日本初の無線搭載サービスカーを広島市内に巡回させたり、詳細な顧客台帳を整備したりしており、「パトカーより早いダイイチ」と称されていました。

　「われわれは家電というモノを売っているのではない」「**お客さまに効用（ご飯が炊ける、など）を提供しているのである**」「故障すれば効用はゼロになる」「故に一秒でも早く修理すべし」

　当時の経営陣はこう考え、究極のサービス**「Zサービス」**をつくり上げたのです。電話口で氏名と電話番号を告げれば情報が一元化された顧客台帳（統合データベース）が即座に開かれます。あとは何がどう故障したかさえ伝えれば、デオデオ側で機種や購入時期はわかります。故障原因を推定して即座にサービスカーを送り込めます。

　あまりの便利さに、本拠である広島市内でのデオデオの家電販売

シェアは、60％を超えるまでになりました。

　サービス部隊も、修理して終わりではありません。顧客宅を訪問すればいろいろなことがわかります。競合他社から購入された家電の情報（機種や購入時期）だけでなく、家族構成や家の間取りもつかめるでしょう。**サービス部隊が掴んだ顧客情報は統合DBに入力され、購買情報とともに膨大な情報資産となりました。**
　1980年代以降は**これを高効率なDBマーケティング**に活かします。
　まずはDM（ダイレクトメール）です。世帯毎に累積の購入金額などがわかるので、お得意さまには特別セール招待状DMを送ります。大型新商品の発売時には事前にもDMは送りますが、発売当日誰が買ったかの情報をマーケティング担当者が夜の内に解析し、改めてターゲットを定め、そこに響くバリューを考えて、翌日には新しいDMを送ります。**こういった仮説検証、試行錯誤を毎日繰り返すことで非常に精度が高くレスポンス率（購入につながる率）の高いDM活動が実現しました。**
　売上の8割を占める上位2割のロイヤルカスタマーに絞った販促活動や、家電の買い替え時期や家族構成の変化時期に合わせたDM発送な

FIGURE 063 ｜ **エディオンのCRM**

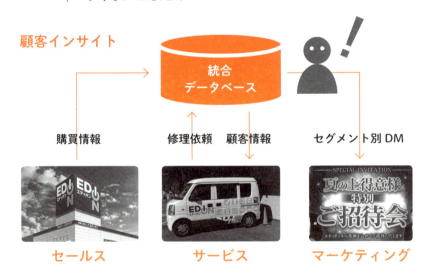

どの工夫で、1991年に4%弱だったDMレスポンス率は、95年には14〜17%以上、1通当たりの売上も2倍以上になりました。

　デオデオはこういった、**セールス**（店頭）、**サービス**（訪問修理）、**マーケティング**（DM）、そして**顧客インサイト**（統合DBと担当者）**が一体となったCRMケイパビリティ**を1980年代にはすでに構築し、常に高い顧客満足度を獲得し続けました。それはエディオンとなった今も続いています。

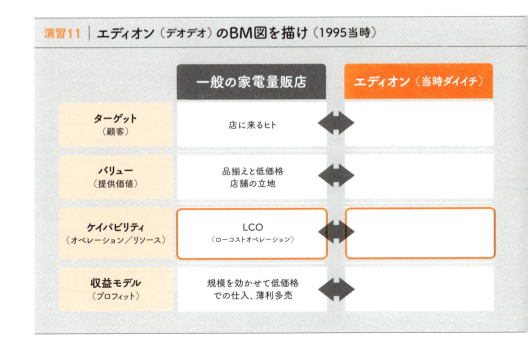

演習11 ｜ エディオン（デオデオ）のBM図を描け（1995当時）

CAPABILITY 20 オペレーション②：組織は機能と構造で決める

▶ 組織とはなんだろうか

　会社における組織とは機能やヒトを区切る塊に過ぎず、事業部や部や課といった硬いものから、プロジェクトやタスクフォースといった柔らかいものまでいろいろ存在します。

　硬いとは、ミッションや所属、上下関係、指揮命令系統がハッキリしていることで、柔らかいとはそれらが曖昧なことです。どちらが良い悪いではありませんが、**硬い組織は同じことの繰り返しに強く、柔らかい組織は変化への対応に長けています。**

　組織にはいろいろな側面がありますが、社会学的には、

- **機能** | その組織はプロセスのどこを担いどんな効用をもたらすのか
- **構造（メンバーシップ、階層構造、ポジション）** | その組織は誰が所属して、他の組織と上下左右どこに位置づけられるのか
- **意思決定とコミュニケーション** | 組織としての意思決定は誰と誰が話してどう決められるのか
- **行動ルール** | その組織の個々人は日々どういう決まりごとに従って動くのか

　などから定義されます。これらをきちんと考え調整することで、**組織は個人の能力を超えた問題に対処できます。**

　順番が逆の場合も多いですが、ケイパビリティは「プロセス→組織→ヒトやモノ」の順番で考えていくことで戦略的で整合性の取れたものが構築できるでしょう。

▶ 組織機能：プロセスの切り分け方

　まずは、その組織の役割をハッキリさせなくてはなりません。商品開

発部とひとくちにいっても、研究機能はどこまで持つのか（上下）、商品は新規分野まで担当するのか（左右）、などなどいろいろな場合があり得ます。さらには同じ会社で同じ事業をやっていても、時間とともに変わったりもします。

開発部に研究機能も担わせれば、研究内容は実用的なものになり、商品化につながることも増えるでしょう。でもその代わり、どんな商品につながるかわからないような飛躍的な研究テーマは減り、シーズ主導の独創的商品は生まれにくくなるでしょう。

研究部門の独創性が弱いと思えば研究部として独立させて強化を図り、研究と開発のつなぎが悪いと思えば研究開発部として一緒の組織にしてしまうことが最強です。

▶ 組織構造と意思決定：ピラミッドかフラットか、トップダウンかボトムアップか

全体構造としてわかりやすいのが、ピラミッド型です。上位の組織から下位の組織に順に分かれていき、ポジションも明確。ルールがハッキリしていて、上意下達（トップダウン）で行動を指示したり、ヒトを育成したりするのに効率的なので、生産部門、営業部門などで今でも多用されます。

しかし、組織が大きくなると階層が増えて情報伝達や意思決定に時間がかかり、変化への対応も遅くなります。たとえば、5人のメンバーを

FIGURE 064 ｜ ピラミッド型組織

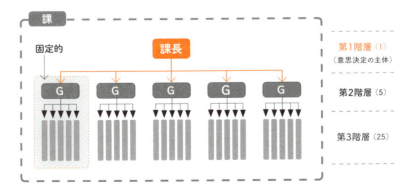

1人のリーダーが見ることにすると、31人の組織は3階層になります。

そして何よりメンバーの自律的行動を抑制してしまうので、変化の速い現代では大きなデメリットとなるでしょう。

一方、日本では1990年代、「組織のフラット化」と称して組織階層の削減が行われました。要は中間管理職の削減であり、経済や企業業績の停滞における対処法のひとつでしたが、権限委譲や人材育成を伴わなかったので大きな問題を引き起こしました。先ほどの例でいえば、1人が30人を見ないと階層を減らせません。管理限界を超え、意思決定もOJT[078]による人材育成も滞りました。

ではどうすればいいのでしょう。

078 | On the Job Training：上司による業務内での人材育成活動のこと。一般の研修はOff JTとも呼ばれる。

▶「理想のトップダウン組織」から ボトムアップの分散型組織へ

2003年、イラク戦争圧勝のあと米軍は、その治安維持に失敗します。その任に当たっていた軍の組織は当時、極めてトップダウン型のものでした。

- **統制の取れたチーム**｜志を同じくしたチームがリーダーを補佐
- **統一的大局観**｜あらゆる情報を迅速に収集し中央で戦略立案
- **厳格な指揮命令系統**｜上意下達でそれらを遵守させる

FIGURE 065 ｜ 自律分散型組織

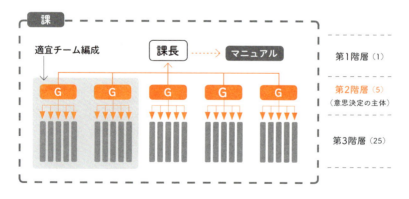

でも世の中は(そしてイラク統治問題は)、それで対処できるほど純粋でも簡単でもなく、**中央で考えた作戦や大局観は、現場でまるで役立ちませんでした**。占領統治は8年半に及び、戦闘での死者は、米軍を中心とした多国籍軍5,000人、民間契約要員1,000人、イラク治安部隊8,000〜1万人にのぼりました。

米軍は、現代における対ゲリラ戦にピラミッド組織が無力と知り、現場の数チームが互いに情報共有しながら独自に判断して活動するボトムアップ型の分散的組織へと移行しました (FIGURE 065)。

全体戦略も本国のワシントンで決めるのではなく、現地司令官(ペトレイアス大将)に任せました。司令官自身も、現場の試行錯誤事例を収集・整理し、それを命令ではなく治安維持活動マニュアルとして配布することで、現場指揮官の自律性を促しました。

▶ 組織構造にはアメーバ、マトリクス、機能別もある

組織構造・意思決定のあり方には、他にもいろいろあります。

- **アメーバ型** | 京セラの稲盛和夫が生み出した全員参加型経営(アメーバ経営)での小集団的組織。企業を6〜7人の小集団(アメーバ)に分け、それぞれに収益責任と経営権を持たせる[079]。
- **機能別組織** | 企業を開発、営業、生産、人事、経理など業務内容別に編成した組織。ドイツに始まり、仏フェイヨルが完成させた。単一事業の中小企業において一般的[080]。
- **マトリクス型** | 事業別組織と機能別組織を組み合わせたもので、各メンバーが常に2人の上司(事業系と機能系)を持つ組織。組織の壁を越えるためには有効で、グローバル企業でよく採用される[081]。

[079] 破綻後のJALでも導入された。自律分散型組織の一種。

[080] だが、収益責任の所在が曖昧で、機能横断的な経営視点が育ちづらい。

[081] ただし管理が複雑過ぎる問題もある。

それぞれ一長一短があり、仮にある型が現時点において最適でも、その定着には数年を要します。かつその内に短所面が強く出てきてしまい、最適とはいえなくなってくるでしょう。**組織とは大きな振り子のようなものです。ひとつに囚われすぎないこと、でも急に変えようとしないこと**。

なのに新社長や新任の上司は、必ず組織をいじろうとします。安易な組織替えにはくれぐれも気をつけて。

COFFEE CASE 04

「一等地でコーヒー半額」のドトール

鳥羽博道、朝のシャンゼリゼで刮目す

1960年代、日本でも喫茶店が増え始め、2万店からあっという間に15万店に達します。でもそのイメージは「不健康で暗い」ものでした。薄暗い店内に煮詰まったコーヒーの臭いとタバコの煙が充満するところ、だったのです。

のちのドトール創業者である鳥羽博道は、高校を中退して17歳で飲食業界に入り、喫茶店で働き始めコーヒー豆と出合います。19歳で店長に抜擢され成功しますがもの足りず、ブラジルへ渡りコーヒー農園の現場監督になりました。帰国後、商売を始めますが社員に喫茶店の開業資金を持ち逃げされるなど散々です。それでもめげずに仕事を続けていましたが、喫茶店やコーヒー豆販売店といった業態の限界を感じていました。

1971年の夏、鳥羽は業界20名での欧州視察旅行に参加します。「次の業態へのヒント」を必死で探し求めていた彼は、パリに滞在していたときも仲間たちとホテルで朝食をとることもせず、朝8時のシャンゼリゼ大通りを歩き回ります。

FIGURE 066 | パリのカフェの料金体系

店内席 500円
テラス席 550円
カウンター席 250円

凱旋門を目指して歩いていると、多くの人たちが地下鉄駅から上がるとすぐに、最寄りのカフェに吸い込まれていくではありませんか。そしてよく見ると、みな店内のカウンターの前で二重・三重になりながら、立ったままコーヒーを飲んでいます。

「席もあるのに、なぜ立ったまま飲むのだろう」

その答えは料金体系にありました。ギャルソンによってサービスされる店内席（たとえば1杯500円）やテラス席（550円）より、カウンターでの立ち飲み（250円）の方がずっと安いのです。それにクロワッサンかパンオショコラをつまんで朝食完了です。

客層を拡げて成功したカフェコロラド

帰国後、鳥羽がまずつくったのがカフェコロラドでした。

「健康で明るく老若男女が集える店」を追究した1号店は、開業後半年間は売上が伸びず苦しみました。しかし**客層を拡げたために席が1日12回転もするようにな**りました。早朝はビジネスマン、次が地元の商店主たち、昼になるとまたビジネスマン、午後は自由業や主婦らで賑わう、といった具合です。それまでの喫茶店では6回転程度でしたから、大盛況です。

次々開店希望が寄せられ、気がつくと数年で250店のチェーン店になっていました。

FIGURE 067 | **カフェコロラド**

客層が拡がると1日の中での繁閑差がなくなる

時間帯	従来の喫茶店	カフェコロラド
早朝	ビジネスマン	ビジネスマン
午前		地元商店主・学生など
お昼	ビジネスマン	ビジネスマン
午後		自由業・主婦など
夕方	ビジネスマン	ビジネスマン
客数/席数	4～6回転	12回転

COFFEE CASE 04 | 「一等地でコーヒー半額」のドトール

客層を絞ったドトール。美味しいコーヒーを半額で！

そして1980年、鳥羽が満を持してつくったのがドトールでした。

あのシャンゼリゼ通りのカフェの姿をなんとかして日本でも実現したい！朝昼夕忙しい人たちをターゲットにし、提供するバリューは、美味しくて安いコーヒーが第一です。しかも駅に近い一等地でなくてはいけません。1号店は東京・原宿駅前と決めました。

当然、フルサービスではなくセルフサービスですが、注文から提供までは極力素早く。滞在時間は短いはずですから、居心地のいいイスやソファは要りません。ただし、コーヒーの質にはこだわり、かつ当時の喫茶店にはなかった焼きたてパンを提供することにしました。店内には、挽き立てのコーヒーの香りと、美味しいパンの匂いが漂います。

気軽に利用してもらうために、コーヒー1杯の値段は当時ふつう300円のところを、150円に設定しました。これで待ち合わせ客を捕まえることができました。

しかし**問題はこれらを実現するためのケイパビリティ**です。美味しいコーヒーを、一等地で、素早く、半額で提供しなくてはいけません。しかも狭いお店でパンも焼きながら。

ケイパビリティ実現の秘策：自動化・規模化・研修・席配置

まずは人手のかかる主要なオペレーションを自動化しました。コーヒーを淹れる、パンを焼く、食器類の洗浄です。最新の自動コーヒーマシン、海外製の自動パン焼き器、自動食洗機を導入しました。全体規模を稼ぐためにフランチャイズ制をとり、各地で出資者を募りました。

多店舗展開では、スタッフの接客力と店長の店舗経営力が問題となります。店舗スタッフには作業マニュアルと研修を用意し、店長には特別な研修を受けてもらうための学校（IRP経営学院）をつくりました。

モーニングやランチ客、待ち合わせ客がターゲットなので席はカウンターと1人席が中心です。長居を促すのではなく、短時間での回転を促すつくりになっています。それでもカップにはお金をかけました。コーヒーカップは陶器製で2,000円のボーンチャイナ[082]を標準

[082] 日本工業規格（JIS）では「素地中に30％以上の骨灰を含む陶器」をボーンチャイナと定めている。チャイナは陶器の別称。

としました。コーヒーを美味しく味わってもらうために。

こうして、「一等地でコーヒー半額」のドトールが誕生したのです。

都市型立地のドトールはその後成長を続け、2018年末で1,119店（うちFC925店）、フランチャイザーとしての営業利益は46億円に達しています。

実現困難なケイパビリティの構築が、日本を代表するコーヒーチェーンを生んだのでした。

演習12 ｜ ドトールのBM図を描け。特にバリューとケイパビリティを詳細に

		従来の喫茶店	ドトール
ターゲット（顧客）		ヒマをつぶしたい サラリーマン・学生	⇔
バリュー（提供価値）	コーヒーの質	こだわる	
	客へのサービス	フルサービス式	
	立地	二等地	⇔
	提供時間	ゆっくり（数～10分）	
	滞在時間	長い（着席）	
	価格	300円	
ケイパビリティ（オペレーション/リソース）	店員教育	OJT（マンツーマン）	
	コーヒーをいれる	人手	
	パンを焼く	やらない	
	片付け	人手	⇔
	什器	ソファ/食器は安め	
	店舗	バラバラ	
	店舗経営力	低い	
収益モデル（プロフィット）		高単価低回転 （4～6回転）	⇔

COFFEE CASE 04 ｜ 「一等地でコーヒー半額」のドトール

CAPABILITY 21 リソース①：根幹はヒトのモチベーションとスキル

▶ ヒトのモチベーションがすべてを凌駕（りょうが）する

　ケイパビリティの中核はそのリソースのひとつであるヒトです。オペレーションがどんなに優れていようが、生産・販売プロセスがすべて自動化されていようが、ヒトが弱ければすぐ陳腐化（ちんぷか）して敵に負けてしまいます。

　ヒトの生産性を上げるためのカギとしてフレデリック・テイラー（1856～1915）は、作業自体の効率化とともに賃金を重視し、ある作業量を超えたら賃率が上がる段階制を取り入れました。作業量100を基準として、以降賃率が1.5倍になるのなら、余力のあるヒトは200を目指すでしょう。賃金が3倍になるのですから。そして余力のないヒトも120まで頑張るかもしれません。賃金3割増しです（291頁参照）。

　一方、エルトン・メイヨー（1880～1949）は、賃金以外の要素がヒトのモチベーションに大きく関わることを見いだしました。リレー組み立て作業実験では、あらゆる作業条件を変えましたが、被験者6人はその生

FIGURE 068 ｜ ホーソン工場のリレー組み立て作業実験

産性を上げ続けました。

　6人の「従業員100人の中から自分たちだけが選ばれた」というプライドや互いの連帯感が、すべての悪条件に打ち勝ったのです。さらに2万人対象の面接調査では「上司・部下が面談をするとその部署の業績が上がる」ことがわかりました。内容に依らず、です。従業員の互いの理解や親近感が、生産性を上げました。

- 生産性 ← ヒトの労働意欲(モチベーション) ← 人間関係や賃金

　メイヨーを始祖とする「人間関係論」はリーダーのあり方を問うリーダシップ論（148頁参照）、組織全体を陰で支配する企業文化論（154頁参照）へと発展していきました。

▶ スキルは研修、OJTで上げる

　ヒトというリソースでは、モチベーションだけでなく当然スキルも大切です。業務遂行上の専門能力がテクニカルスキル、トップマネジメントに必須なコンセプチュアルスキル（問題の核心を捉え概念化する力）の他に、「**ヒューマンスキル（対人間関係力）**」と呼ばれる職種によらない一般的な能力が7つ知られています[083]。

083 | ロバート・カッツが1955年に提唱した。カッツモデルと呼ばれる。

1. コミュニケーション力
2. ヒアリング力
3. 交渉力
4. プレゼンテーション力
5. 動機付ける力
6. 前向きにスキルを磨き続ける能力（向上心）
7. 組織を引っ張る能力（リーダーシップ）

　これらヒューマンスキルは定量的に測定しづらいため人事評価などでは扱いにくい反面、業種や業務横断的なスキルでもあり企業の研修テーマとしてはよく取り上げられます。そしてこの7つのスキルの基礎は次の3つの力に集約されます。「**聴く（話を聴く、質問する）**」「**話す（相手に伝える）**」「**見る（行動や組織を観察する）**」です。

企業はその事業特性に応じ、構成員のスキルを各種研修やOJTで高めていく必要があります。新人やスタッフはテクニカルスキルとヒューマンスキルを中心に、管理者・部門リーダーは高度なヒューマンスキルを中心に、テクニカルスキルとコンセプチュアルスキルも。そして経営層であっても業務だけでなく研修などでヒューマンスキルやコンセプチュアルスキルを伸ばすことは重要なのです。

　しかし、**スキル修得もその根源はモチベーション**。研修やOJTも近年は、知識や技能の詰め込みではなく、ゴールを見せてあとはそれを真似させるモデリングという手法が開発されています。それも「職人」たちの世界で。

▶「真似」と「面白さ」で若者を引っ張るモデリング手法

　教わるのではなく技は先輩から盗む、研修なしですべてOJT、一人前になるまで最低10年……。そんな「職人の人材育成」の世界が大きく変わってきています。需要はあるのに若い職人が育たない、職人がすでに高齢化してこのままでは滅びる、そういった危機感からのことでしょう。

FIGURE 069 ｜ 階層別スキル分布：カッツモデル

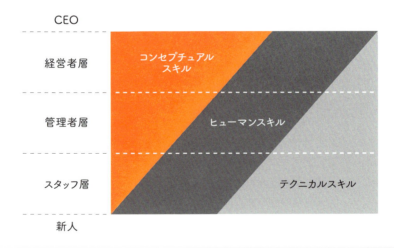

原田左官工業所では、3代目社長の原田宗亮（むねあき）が左官職人の育成法をその独自のビジネス戦略と組合せ、体系化、深化させています。若手育成は近隣の8社共同での新人育成場所である東京左官育成所での1ヶ月間トレーニングから始まります。いきなりコテ（鏝）を持たせての壁塗りからスタート[084]です。

　「左官には材料の配合や養生などいろいろな作業があるが、やはり塗ることが醍醐味（だいごみ）」「その面白さを先に教えるから定着する」「それに、今の若者たちは教育慣れしているので教わったことはしっかりやる」

　若者たちはまず超一流職人の壁塗り動画を見てその動きを記憶し、同じ塗り方にトライします。当然うまく行きませんが、撮影された自分の塗り姿とその場で見比べ、徹底的に真似します。それによって、従来半年かかっていたスキルの習得が1ヶ月でできるようになりました。

　現場でのOJTでなく練習場での訓練ですから、どんどん失敗できます。そしてどこが悪かったか、手本（モデル）と見比べることで差が直感的にわかります。こういった「**モデリング手法**」は、ただのマニュアルやノウハウの詰め込みとはまったく異なります。「真似する能力を高める」訓練でもあるのです。だから応用が利きます。

　テクニカルスキルを自律的に上げていく向上心（ヒューマンスキルのひとつ）を獲得しているともいえるでしょう。

[084] 当初は「未経験者にいきなり道具を持たせても無理」と周囲から猛烈な反対があったとか。

FIGURE 070 ｜ 原田左官のモデリング手法

▶ 原田左官のビジネス戦略

　原田左官のこの若者の短期育成手法は、必然でもありました。

- 見習い期間（4〜5年）は下働きでコテも持てない、なんてやっていたらみんな辞めてしまう
- そもそも材料のプレミックス化[085]や軽量化で下働きが不要になった
- このままでは高齢化したベテラン[086]からの技の伝承も出来ない

[085] 事前に数種類の原料が計量・混合されたもの。

[086] 左官職人は最盛期の30万人が現在は約7万人。その6割は60歳以上。

　同時にそれは独自のビジネス戦略に合致するものでもありました。左官作業でも、大規模な仕事や簡単な仕事はロボットによる自動化や低価格化が進みます。そこで原田左官は、**店舗内装分野への集中**を図りました。チェーン店はともかく、ほとんどの店舗はその内装で自分たちのオリジナリティを競います。一品一様ですべてオーダーメード。デザイン性や提案力を求められ、若手や女性のセンスも生きてきます。
　職人に憧れる若者たちから見ても、原田左官はそのニーズを満たす職場でした。**早く一人前になれば現場に出て左官仕事ができる、AIやロボットに置き換えられない技と職が得られる**、などなど。

演習13 ｜ 原田左官のBM図を描け

	一般の左官	原田左官
ターゲット（顧客）	さまざま	
バリュー（提供価値）	作業の効率性と低価格	
ケイパビリティ（オペレーション／リソース）	ベテラン職人による手作業（高齢化） 長期の人材育成（若手の離職）	
収益モデル（プロフィット）	人工単価×工数	

原田左官での若手離職率は10分の1となり、現在50名の社員のうち40名余が左官職人、そのうち約10名が女性です。

▶「社員第一主義」で逆境に打ち勝つネッツトヨタ南国

トヨタの専売ディーラー **ネッツトヨタ南国**は、1980年高知県で創業しました。高知県は高齢化率が高く、90年には人口減少に転じ、県民所得は全国ワースト2位。その地でネッツトヨタ南国は2002年以降、異例の成長を続けています。

しかしその道程は平坦ではありませんでした。それ以前から「顧客第一主義」を掲げ、顧客満足度日本一（トヨタ全ディーラー中）を連続して獲得していました。でも売上は伸びず、若手社員が大量に退職する職場でした。

経営陣はそれまでの単なる顧客満足を捨て、価格重視の顧客セグメントを捨てました。車を安く売れば顧客は満足するかもしれませんが、それでは利益は出ませんし、次のサービスや買い替えにもつながりません。**狭い市場で成長し利益を上げるには、長く続く強固な人的関係性こそがすべてだと判断した**のです。

そのためにネッツトヨタ南国は展示車のないカフェのような店舗をつくり、顧客が集う場所に変えました。そして何より関係構築力をヒトに求めました。そのための究極の人材戦略が「**ひとり100時間かけての採用**」と「**放任型育成**」です。

最低限の新入社員研修が終われば、新人たちは担当を持たされて任されます。失敗し問題を起こし顧客に叱られ、でもその中で仲間に頼ることを覚え、顧客とのコミュニケーション力や潜在的問題の察知能力を培っていきます。このときの上司の仕事は指示でも支援でもなく、顧客への謝罪です。だから、研修や上司頼りの育成では決して獲得できないスキルが得られるのです。

CAPABILITY 22

リーダーシップ：カリスマ型からサーバント型、協調型へ

▶ 現代リーダーシップの3類型

　ある組織の頂点に立つ者がリーダーであり、その者のあり方をリーダーシップといいます。1940年以降さまざまな研究がなされ、その果たすべき機能は何か、その資質や性格はどうあるべきかが探られました。しかしそれは状況次第です。**すべての状況に適応する、唯一最善の普遍的リーダーシップは存在せず、リーダーの特性や行動は部下の成熟度や組織の硬直度で変わる**でしょう。これを「コンティンジェンシー理論」といいます（金井壽宏、2018[087]より）。

　1990年代、停滞に陥ったAppleが必要としていたのは破壊的な再創造でした。一度はクビになったAppleに復帰したスティーブ・ジョブズは、まず自分を招聘（しょうへい）した当時のCEOや役員陣を放逐（ほうちく）し、次に既存商品ラインの9割以上を叩き切りました。その上で全社の総力を挙げて開発・投入されたのがiMacでした。その独創的機能やデザインは大ヒットし、「トランスルーセント（半透明）・スタイル」の祖（そ）となりました（124頁参照）。

　ジョブズは明らかにカリスマ（支配）型のリーダーです。「恐怖と熱狂」によって役員や従業員を鼓舞（こぶ）し、Appleに史上最大級の成功をもたらしました。

[087]｜「リーダーシップ論を振り返りながら考える、今後求められるリーダー像」金井壽宏、2018.07.06

FIGURE 071 ｜ ジョブズの英断が生んだ初代iMac

しかし、**カリスマによる絶対支配は組織に強い副作用をもたらします**。

- トップの独善化（誰も上に意見や修正ができない）
- 社員の自律性低下（みな上を見て働く）
- 後継者の育成難（カリスマの代わりは務まらないし育たない）

1990年以降、Appleと同様に多くの大企業が停滞や危機に陥りました。しかしAppleのような「商品の極端な絞り込み」と「カリスマ型リーダーシップ」だけが答えではありません。部下たちを支配でなく支え導く「**サーバント（支援）型リーダーシップ**」088や、共に考え働く「**コラボレーション（協調）型リーダーシップ**」がより有効な場合も多いのです。

088｜1970年、ロバート・グリーンリーフによって提唱された。「真のリーダーはフォロワーに信頼されており、まず人々に奉仕することが先決である」と主張する。

▶ 巨象IBMをサービス会社に変えたガースナー

1992年、世界最大のコンピュータ・メーカー**IBM**の税引き前損益は、90億ドルもの大赤字でした。インターネットにやられたわけでも、PCで失敗したからでもありません。**自らの大きさに負けた**のです。結局、前後3年で計150億ドルもの赤字を積み上げ、IBMは「**瀕死の巨象**」といわれました。あとは解体して身軽にするしかないと。

FIGURE 072 ｜ サーバント型リーダーシップ

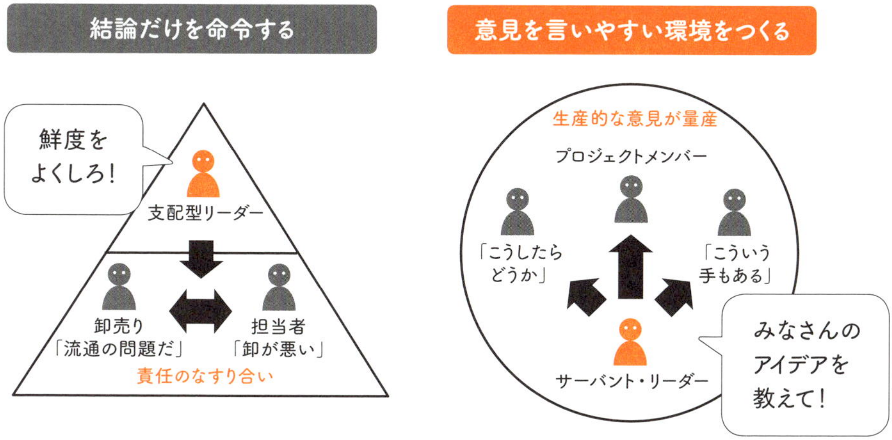

93年4月、生え抜きエリートCEOのジョン・エイカーズが罷免され、後任には初の社外出身CEO ルイス・ガースナー089が指名されました。しかし彼は周囲の「期待」に反してIBMを解体はせず、一体のままサービス会社に変革することを選びました。
　「ビジョンなんか必要ない。求められているのは市場に合った戦略だ」
「市場に出て、市場で日々行動を起こせ！」
　その戦略をガースナーは「**顧客の問題を解決するソリューション・ビジネスへの転換**」とし、

- 中核商品であるメインフレーム機を大幅値下げし、シェア回復
- 単純な垂直統合モデルを捨て、他社製品も取り入れるオープン化とチーム制による総合的ソリューション提供

に注力しました。IT業界が水平分業（ハードとパッケージソフトの組み合わせ）に走るなか、IBMは「情報技術の最強インテグレーター」として大手顧客の期待に応えました。
　それでも当初、組織はなかなか変わりませんでした。外様のガースナーに反抗したからではありません。逆に役員たちはみな、即座にシャツの色をガースナーと同じにする090くらい上司には従順で、現場ではどんどんトップセールスを仕掛ける腕力を持ち、でも手続きはしっかり守る「優秀な」人材たちでした。でもそれ故に、ダメでした。**そういった上意下達の官僚型リーダーシップでは「サービス業」にはなれなかった**のです。

089 | AMEX、RJRナビスコで8年間CEOを務めた後、IBMでCEO及び会長を9年間務め、2002年12月退任。

090 | ガースナーが最初に出た経営会議で、彼だけが青いシャツで残りの全員は白のシャツだった。その数週間後、今度はガースナーが白いシャツを着ていったら、残りはみな青いシャツを着ていた。

FIGURE 073 ｜ サンリオピューロランドを救ったサーバント型リーダー

ピューロランドの経営危機（2014）

視察：課題も多いが高いクオリティのコンテンツが埋もれている

聴く：全社員と直接対話。自由に対話できる場づくり

スタンス：私はみんなのお母さんになりたい

小巻亜矢 館長

ガースナーはIBM社内を調べ、ソリューション・ビジネスに適応し成果を上げていたリーダーたちのやり方を調べ上げました。

- **スタイル**｜率先垂範（そっせんすいはん）ではなく、チームの力を引き出すことを重視。自分は前面に出ない
- **意思決定**｜手続き重視の階層型でなく、即断即決のフラット型
- **モチベーション**｜業績目標達成だけでなく、他者をよく変えること自体に喜びを見いだす

　ビジネスのサービス化（BaaS）実現には、自律分散型のリーダーシップ態勢（多くのマネジャーが自律的に動けること）が必要でした。**ガースナーは世界中から300人のベストリーダーを選抜し、新しいサーバント型のリーダーシップを教育・普及することに努めました**。それからの9年間でIBMは売上を250億ドル伸ばしましたが、そのほとんどが、サービス事業からのものでした。
　IBM会長職を退任直前、ガースナーは本を出版します。書題は『Who Says Elephants Can't Dance？』091。ガースナーの下で、巨象は見事に踊ったのです。

091｜直訳すれば「誰が象は踊れないなんて言ったんだい？」。反語的表現なのでつまりは「象たちだって踊れるんだよ！」という意味。

▶ ラフリーはP＆Gを穏やかに 「小ユニットによるネットワーク型組織」へと変えた

　IBMが復活を遂げていた2000年、今度は世界最大の家庭用品メーカーであるP&Gが、危機を迎えていました。
　98年にCEOになった生え抜きのダーク・イェーガーは、「機動的な組織」による「ハイペースなイノベーション創出」を目指し、研究開発の重視092、製品開発力の強化とスピードアップ、官僚型組織の破壊、特許出願の推進などの改革を推し進めました。
　しかしその変革は急激に過ぎ、コスト削減（研究開発を除く）の嵐の中、目標だけが高く掲げられ、新商品は軒並み不発に終わりました。
　2000年にイェーガーの後を継いだ新CEOアラン・ラフリーは、主要ブランドへの資源集中を図るとともに、より漸進（ぜんしん）的な改革に取り組みました。ただ、視点は逆でした。ラフリーは前任者と同じく勤続23年の叩き上げでしたが、**自社偏重ではなく外部視点や**資源を重視したのです。

092｜研究開発費を売上高比で3％から5％へ増額した。2000年には19億ドルに。

- **消費者がボス**｜消費者情報収集や分析を強化し、消費者の生活実態やよく見るウェブサイト調査なども行った
- **オープン・イノベーション**｜製品開発をオープン化し、社内技術の半強制的ライセンス・アウト、社外技術の積極的な取り込み（コネクト＋ディベロップ）を図った

　ラフリーがCEOに就任した01年、P&G新製品のうち、社外からアイデアや技術、商品が採用されたものは2割以下でしたが、06年には3分の1以上になり、今や半数が外部のものです。

　フォードのリバー・ルージュ式の垂直統合的な中央研究所は解体され、各々が明確な目的を持った「小ユニット」に再編されました。それらが世界中の企業や社外の研究者たちとつながって、新商品を生み出していく仕組みです。

　この**オープンなネットワーク型の組織・プロセスは、とても複雑で、不確実**です。実際そこからさまざまなヒット商品が生まれましたが、では来年、新たにどんなつながりが生まれるのかを**予測することは不可能**ですし、その売上インパクトなどわかるわけがありません。

　これにイェーガーのような**従来の支配型のリーダーは、耐えられません**。『インビジブル・エッジ』でエッカートらは、フォードのコスト・カッター[093]ことジャック・ナッサー（2001年解任）、エンロン（2001年破綻）のジェフ・スキリング（不正経理などで禁固24年）、ワールドコム（2002年破綻）のベルナルド・エバース（粉飾決算などで禁固25年）たちもそうであったと指摘しています。

　分散化されたネットワーク型組織の時代には、こうした支配型リーダーのCEOではなく、**専門性や外部との協力を重視し、複雑性や曖昧さに耐えられるコラボレーション（協調）型のCEOが必要**なのです。

　ラフリーは多くのメガブランドを育て上げ、05年、ジレットの買収（219頁参照）にも成功し、P&Gの売上を倍増させしました。最初はラフリーのことを「ちょっと間抜けな新任の大学教授のよう」（Fortune）と評していたビジネス誌も、あっという間に彼を「名経営者」と讃えるようになりました。

[093]｜人員削減などコスト削減を中心に経営する者のこと。

オープン・イノベーションの推進には、複雑さと曖昧さをマネージできるコラボレーションタイプのCEOが有効でした。

2010年にいったん退任したラフリーでしたが、13年、65歳でCEOに復帰。多くの事業売却を進め、P&Gを身軽にしました。再び世界で踊れるように。

▶ ゴールマンが唱える6つのリーダーシップスタイル

EQ（情動指数[094]）を広めたダニエル・ゴールマンは、部下やリーダーの能力や関係性によって、リーダーシップには6つの型があると論じています。

わかりやすいので、まずはそこから始めてみるのもいいでしょう。

[094] 知識や論理性など頭の良さを示すIQ（知能指数）に対して、それ以外の心の働き（自己認識、自制心、共感など）を自己診断により測定する手法。

FIGURE 074 | ゴールマンの6つのリーダーシップ

リーダーシップ	適した組織の特徴	具体的な実践方法
【ビジョン型】Vision	メンバーのモチベーション・能力が高い	メンバーに達成難度が高めのビジョン（目標）のみを提示。プロセスは任せる。リーダーは到達地点を掲げ、メンバー（部下）が舵を取る
【コーチ型】Coaching	メンバーとの関係が良好 / やる気のあるメンバーを成長させたい	まずメンバーの性格・特徴を把握しコミュニケーションを取って自主性を引き出しながら目標達成へと促す。中長期的な目標達成に適する
【仲良し型】Democratic	リーダーの能力が足りない / メンバーの人柄・関係が良い	リーダー自身が短所や力不足な点を認め、その部分をメンバーに補ってもらう。リーダーひとりではまかないきれない時などに有効
【調整型】Affiliative	メンバーのモチベーションが高い / 組織の関係性を良くしたい	メンバーの自主性や能力を尊重しメンバーと一緒に意思決定をする。メンバーの責任意識を高め結束力を高めるのでチームの総合的な力を底上げしたいときに有効
【率先垂範型】Pacesetting	リーダーの実務能力が高い / メンバーのモチベーション・能力がある程度高い	リーダーとして部下たちの模範となる。自らハードワークもこなし「こうして働く」という具体例を部下に示す。強制力が強すぎるとメンバーの反感を買う
【命令型】Commanding	メンバーの自主性がない / 短期間で成果を出す必要がある	リーダーは自身の命令に対してすぐに反応するようメンバーに促す。度が過ぎると嫌われるのでリーダーは自身の影響力を高める必要あり

CAPABILITY 23 | 企業・組織文化: 革新を阻み、支えるもの

▶ 企業固有の価値観や行動様式は経営者がつくる

　文化という言葉はもともと日本語にはありませんでした。文化はcultureを坪内逍遥が日本語訳した造語ですが、人間が土地を耕し種を蒔いて育てることがcultivate[095]。つまり**文化とは自然のままでなく、人間がコツコツ手をかけてつくり上げたもの**なのです。

　文化は社会と一体で、社会なくして文化はありません。文化とはある社会組織の成員が共通に持つ「知識、信仰、芸術、道徳、法律、慣行、能力、習慣を含む総体」（エドワード・バーネット・タイラー[096]による定義）です。要素が多すぎてわかりにくいですが、ヒトの個性を除いたすべてともいえるでしょう。

　一般的に「**企業・組織文化**」とは「企業や組織の社員の間で意識的あるいは無意識的に共有されている価値観や行動様式」のことを指します。時に企業文化はあまりに強力で、あらゆる成功の、そして失敗の原因とされます。「大企業病のせいで新規事業が生まれなかった」とか。

[095] 本来天然のものを「人工的」につくると、英語ではcultured pearl（養殖真珠）やcultured eel（養殖うなぎ）という。

[096] オックスフォード大学の初代人類学教室の教授。

FIGURE 075 | 企業・組織文化とは

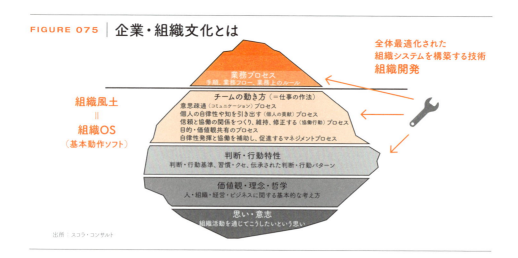

出所：スコラ・コンサルト

でも企業文化は自然とできるものではありません。それを人手と時間をかけてつくり上げたのは、歴代の経営者たちのハズ。経営者は企業文化を失敗の言い訳にはできません。

▶ 企業文化が日本企業躍進（と停滞）の原因

1970～80年代、日本企業が躍進します（300～309頁参照）。

それまで科学的・合理的なマネジメントによって圧倒的優位にあった欧米企業は戸惑います。その優劣の原因を解き明かしたのがマッキンゼー[097]の「7S」でした。

[097] | 1926年ジェームズ・O・マッキンゼーが設立し、その早世後マービン・バウアーが発展させた経営コンサルティングファーム。「プロフェッショナル・コンサルティングの始祖」ともいわれる。

- ハードS：Strategy（戦略）、Structure（組織）、System（システム）
- ソフトS：Shared Value（共通の価値観）、Style（経営スタイル）、Staff（人材）、Skills（能力）

躍進した日本企業らのハードSはまことに曖昧でしたが、ヒトを中核としたソフトSには長けていました。その中核が「共通の価値観」つまり企業文化でした。

ホンダは2輪でのアメリカ進出後、巨費を投じた4輪事業の現地生産会社HAM立ち上げに成功します。そのとき、若きリーダー入交昭一郎らはHAMのアメリカ人従業員たちにホンダの考え方ややり方（企業文化）を理解してもらうために、まずは曖昧だった自分たちの思想を言語化しました。そしてそれを、アメリカ人に理解できるようにしていったのです。

FIGURE 076 | 本社役員会に諮られた「HONDA WAY」

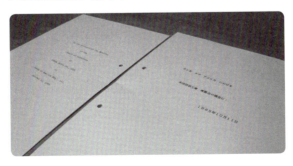

でも「チームワーク」という言葉の意味ひとつとっても日米でまったく違います。ひとつの「HONDA WAY(ホンダ・ウェイ)」をつくり上げるのに、毎週金曜日の晩、マネジャーたちがピザをかじりながら、丸1年かかりました。

ソフトSはヒトが中心だからこそ、変えるのに時間がかかります。それは敵に真似しづらいということでもあり、日本企業の優位性となりました。しかしその企業文化は両刃(もろは)の剣でした。十数年後、日本企業はその合意形成重視の企業文化の故にITなどの革新スピードに遅れ、停滞を余儀なくされました。

▶ 米航空業界を変えたLCCの先駆： サウスウエスト航空

LCCとはローコストキャリア(Low Cost Carrier)の略。直訳すれば格安航空会社で、ただの「安かろう悪かろう」サービスに聞こえます。しかし**LCCはそれまでの航空会社のビジネスモデルを大きく変えた革新的存在**だったのです。その嚆(こう)矢(し)となったのがサウスウエスト航空でした。1971年、3機のボーイング737 (112人乗り) でテキサス州のダラス、ヒューストン、サンアントニオ 3都市を結ぶサービスを始めました。

40歳からその創業に関わった弁護士のハーバート・ケレハーは、型破りな経営方針を掲げ、サウスウエスト航空を世界屈指の優良航空会社に押し上げました。

FIGURE 077 │ サウスウエスト航空のハーバート・ケレハー

「顧客は常に正しい、とは限らない」「顧客第二、従業員第一主義」「仕事は楽しくならねばならない」「空の旅も思い切り面白くなくては！」といった信条を掲げる彼は、人件費水準を全米トップレベルに維持したままで、競合より低価格で高品質（定時運航率など）のサービスを提供することに成功します。

①**10分ターン**｜機材が地上に駐機している時間を競合の4分の1以下に減らし、1機が1日に飛べるフライト数を増やした

②**機材選定**｜ボーイング737で統一し、整備コスト、教育コストを削減した

③**利用空港**｜大都市では郊外の小空港を使うことで、空港使用料を下げ、機材の待ち時間を減らした

　いずれも、ユナイテッド航空、アメリカン航空、デルタ航空といった既存の大手プレイヤーにはできない施策でした。各社は巨大空港を核にした「**ハブ&スポーク方式**」のネットワークを構築することによって、利便性と安さを提供していました。大空港の利用と、そこでの乗り継ぎの時間は必須でしたし、路線規模に応じた多様な機種が必要でした。

　サウスウエスト航空はその間隙（かんげき）を突き、**主要な都市間に便利で安い「ポイント・トゥ・ポイント（P2P）方式」の直行便ネットワークを拡げていきました**。9・11同時多発テロ（2011）以降の航空不況を大手で唯一、黒字で乗り越え、成長を続けました。

　サウスウエスト航空は、アメリカにおける永遠の優良企業のひとつと称されるようになり、どの経営戦略論も、サウスウエスト航空こそが、その典型的事例だと主張しました。ポジショニング派のチャンピオン、マイケル・ポーターも、ケイパビリティ派の泰斗（たいと）、ジェイ・バーニーも、です。『ブルー・オーシャン戦略』や『ストーリーとしての経営戦略』の事例としても取り上げられ、『ビジョナリー・カンパニー4』では、業界平均を10倍以上上回る業績を継続してきた「10×型企業」7社のひとつに選ばれました。LCCという大きなビジネスモデル革新を成し遂げたのですから、当然なのかもしれません。

　ではそれらの革新は「どうやって」、生み出されていったのでしょうか？　①10分ターン、について見てみることにします。

▶ 10分ターンは「なぜ」生まれたか

　業界の常識を覆したサウスウエスト航空の「10分ターン」は、法廷闘争と資金不足の末に生み出されていたものでした。

　ケレハーが懸念していたとおり、3都市間の新規参入は、すぐ大々的な法廷闘争に持ち込まれました。既存プレイヤーの2社が、サウスウエスト航空の参入を阻むべく、提訴やロビー活動を続けたのです。戦いの場は、テキサス州航空委員会（認可の後、差し止め）→州地方裁判所（敗訴）→州高等裁判所（敗訴）→州最高裁（勝訴）→合衆国最高裁判所（勝訴）、と続き、**事業開始のために用意していた資本金は、途中で訴訟費用に消えてしまいました。**

　資金難のなか運行が開始されましたが、週末には定期点検のために飛行機をヒューストンからダラスにカラで飛ばす必要がありました。当時の社長ラマー・ミューズはこれを「勿体ない」と考え、片道10ドル（普段は20ドル、競合は28ドル）で客を乗せることにしました。これが大当たり。

　彼はそこで、ビジネス客相手の平日19時までを26ドルに、平日19時以降と週末はレジャー客相手として半額の13ドルにする**時間帯別料金制**をつくり上げました。

FIGURE 078 ｜ サウスウエスト航空の開業時の路線網（1971）

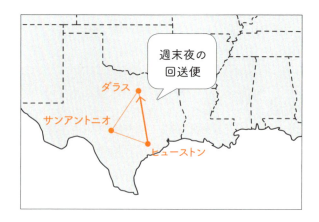

この料金システムが奏功して黒字化したことを受け、もう1機購入して4機態勢でスピードアップと州外チャーター便の展開を図ろうとしましたが、またもや競合の横やりによって、その機を手放さざるを得なくなりました。でももう、4機態勢を前提とした運行計画を組んでしまっています。**3機で4機分の働きができなければ運行停止です。絶体絶命です。**

そのとき、地上業務の担当者ビル・フランクリンが「できる」と言いました。「**地上での作業を10分で終わらせれば計画は維持できる！**」

駐機場でブリッジをつけてドアを開け、乗客を降ろして掃除をしてまた乗せて、同時に貨物室の荷物を降ろして乗せて、点検と給油もして、ドアを閉めてブリッジを離し……。通常は45〜60分かかる作業です。でも彼は別の航空会社で（ただし30人乗りの小型機で）それを何度かやったことがあったので、「やればできるはず」と思っていました。そしてそれをやり遂げたのです。

そのために、乗客に対する座席の割り当てもやめました。乗客はA（後列）・B（中央）・C（前列）にだけ分けられ、順々に搭乗していくことになります。これなら乗り降りがスムーズで、予約システムもシンプルです。

「10分ターン」によってサウスウエスト航空の機材は**1日11時間半飛べる**ことになり、8時間半しか飛ばない**競合の機材4機分の仕事を3機でこなせる**ようになりました。

FIGURE 079 | 「10分ターン」の意味と価値

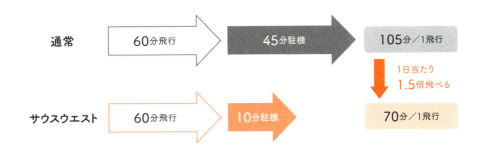

サウスウエスト航空の飛行コストを25%以上下げることにつながった「10分ターン」は、法廷闘争と資金不足による「機材の不足」を補うための窮余の策だったのです。

　でもなぜ、これを競合はすぐには真似できなかったのでしょう？　そんなにインパクトあることなら、模倣して当然だというのに。

▶ 10分ターンを可能にした
「素人」「インディ500」と「ユーモア」

　「10分ターン」（機材が大型化してからは15〜20分、同時多発テロ以降は手続き増で25分程度）は他社にとって、実行するのに何が大変なのでしょうか。

- **労使関係**｜効率化のため全員がマルチタスクを行わねばならないが、他の航空会社では組織が縦割りで難しい。特に客室乗務員やパイロットたちに清掃などをやらせるのは不可能だった
- **座席管理**｜座席の事前割当をせず3色のプラスチック片（再利用する）でのみ管理する仕組みだが、他社は座席指定がサービスでもあったのでやめられなかった
- **ネットワーク**｜ポイント・トゥ・ポイントが主体なので乗継ぎ客が少なくないが、他社はハブ&スポーク方式で乗継ぎ客が多く、人だけでなく荷物の移動に時間がかかる

　しかし**他社で何より壁になったのは、心のなかの「常識」**でした。「ふつう45分はかかるものを、10分でなんてできるわけがない」と。**サウスウエスト航空では、社員たちがリストラ集団・素人集団であったことが、その壁を越える力となりました。**

　初めの頃、サウスウエスト航空の乗員たちは他社からのリストラ組が多く、「せっかく再就職できたこの会社を潰すものか！」という危機感がありました。客室乗務員は元チアリーダー（最初の制服はホットパンツにハイヒールのロングブーツ）、地上作業員はほぼ航空機の素人でそもそも「常識」がありませんでした。

　「10分ターン」実現のため、彼・彼女らは広く航空業界外に**ベンチマーキング**[098]先を求めました。そして選んだのが、世界最速[099]の自動車レース**「インディ500」**。周回数が200回を数えるなか、レースカーはピットに6

[098]｜benchmarking。社内外の優良事例との詳細な比較を行い学ぶこと。

[099]｜1周4kmの最高周回速度（ファステストラップ）は時速382km。

回以上入ります。そこでの0.2秒（×6回）の遅れが120mのリードを帳消しにします。毎回1秒速ければ大逆転が可能です。その磨き上げられた迅速なピット作業（給油、タイヤ交換など）の技、究極のチームワークの姿を、サウスウエスト航空は取り入れていきました。

経営トップのケレハー自身、前例主義や官僚主義を嫌い、従業員たちに「各自の判断に従って」行動するように求め続けました。

「必要ならなんでもやる」「何が必要かは自分たちで考える」という素人集団だったからこそ、サウスウエスト航空だけが、常識破りの10分ターンを実現できたのです。

ケレハーが社員に求めた一番の資質は「献身」でも「地頭（じあたま）」でもなく、「ユーモア」でした。厳しい状況もユーモアがあれば耐えられます。素晴らしいユーモアは乗客を感動もさせるでしょう。

組織が新しいことにチャレンジし続けられるのも、各自が本当の自分をさらけ出せるユーモア精神溢れてこそだと、サウスウエスト航空は考えます。そういった企業文化をつくり上げ、資質ある社員を確保するのは簡単なことではなく、故にそれらは、持続的競争優位の十分な源泉となるに違いありません。

企業文化論の大家エドガー・シャインは「文化は過去の成功体験を元につくられる」「故に変革への抵抗が強い」「それを乗り越えるには心理的安全性[100]を与えることが必須」と述べています[101]。

サウスウエスト航空の掲げた「ユーモア」こそが、それだったのです。

---

[100] この場合、文化が変わることで「地位を失う、アイデンティティを失う、グループの一員でなくなる」などの不安が払拭されること。

[101] 『企業文化—生き残りの指針』E.H.シャイン（2004）

CAPABILITY 24

リソース②：設備・店舗・物流センターなど

▶ リソースである固定資産には有形と無形がある

ヒトは企業の最大最強の経営資源(リソース)なのですが、会計上は資産ではなく毎年の費用(人件費など)に過ぎず、「損益計算書(P/L)[102]」に出てきます。それに対し、ヒト以外のリソースの多くは「貸借対照表(B/S)[103]」の「固定資産」として表れます(186〜189頁参照)。

- **有形固定資産**｜土地や建物・設備・機械など
- **無形固定資産**｜知財(168頁参照)、ソフトウェア、営業権[104]

貸借対照表を見るとその企業がどんなリソースを持っているかがわかりますが、そこにある数字は取得金額でも時価(今売ったらいくら)でもなく、「取得金額マイナス減価償却額[105]累計」という特殊な数字です。取得金額は「附属明細書」などで確認します。また企業が具体的にどこにどんな土地や設備を持っているかは、上場企業などが公表する有価証券報告書の「設備の状況」を見る必要があります。

しかし、自社開発の知財の価値などはそもそも価値ゼロとして計上されることになっているので、実態はわかりません。

[102]｜上場企業などが公開する財務諸表のひとつ。毎年の収入とそれに相応する費用を計算して損益(ProPit&Loss)を計算する。

[103]｜資産(借方)とその調達のための資金(貸方)をバランスさせているのでBalance Sheetと呼ばれる。土地や建物など長期の資産が固定資産、1年以内のものが流動資産。

[104]｜企業の買収・合併(M&A)の際、「買収された企業の時価評価純資産額」より「買収価額」の方が大きい場合が多いが、それを営業権(のれん)として計上する。

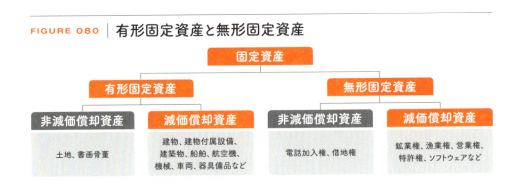

FIGURE 080 ｜ 有形固定資産と無形固定資産

105 | 建物や設備、知財などには税法上耐用年数が定められており、その価値の一定額を費用として損益計算書に計上し、その分資産としては減額できることになっている。ただし土地はそういった償却資産ではない。

多くのITベンチャーにとってもっともお金のかかるリソースは、ヒトの容れ物であるオフィスだったりします。敷金（しききん）が賃料の12ヶ月分、改装費や設備・什器（じゅうき）費が同額ほどもかかるからです。しかし、洒落（しゃれ）たオフィスは若手を集めるには必須です。

でも、そんなものでなく物流センターというリソースで勝負したのがAmazonでした（115頁参照）。

▶ スピード起業し、ゆっくり成長したAmazon

　Amazon創業者のジェフ・ベゾス（1964〜）は、圧倒的なスピード感でインターネットビジネスに乗り出しました。1994年春、ヘッジファンドの上級副社長だったベゾスは、生まれて間もないインターネットの利用率が異常な速度で上昇していることに気づきます。なんと前年比23倍！すぐに彼は「インターネットをコミュニケーション以外に使えないだろうか」と、**ネットで売れそうなものを20個リストアップしました。その筆頭が「本」**。すでに通販でも売られ、リアル書店のトップ企業シェアも20％以下。千載一遇（せんざいいちぐう）のチャンスだ、とベゾスは確信しました。

　その夏、彼は職を投げ打ち、妻とともにニューヨークを発ちました。引っ越し業者のトラックが西海岸へと走る間に、彼らはテキサスまで飛び、そこで継父から中古のシボレー106を手に入れます。そしてシアトルへと走る途中、サンフランシスコではプログラマーを面接し、採用。シアトルでは即日家を決め、ワークステーションを3台買い、「ガレージ」でビジネス立ち上げに取りかかりました107。引越のトラックはまだ、着いていません。

106 | ベゾスの両親は、自らの老後資金も投資（24.5万ドル）して創業を助けた。結果的に、億万長者になった。

107 | ガレージ付きの家にこだわった。HPやAppleがガレージからの起業で成功していたから。

　その**スピードこそが、ベゾスの勝因**でした。急速に進化するインターネット、特に電子商取引（EC／Eコマース）分野において、誰よりも早くノウハウを手に入れ、それを活かすことができたからです。

　しかし、その起業のスピードとは一転、アメリカがネットバブルに沸いた1999〜2001年頃のAmazonの成長は、（相対的には）ゆっくりしたものでした。

▶ Amazonは絶対的なケイパビリティ、物流に投資した

　2000年、それまで前年比2倍以上の成長を遂げていた売上高は、前年比68％増へと鈍化。最終損失はついに1,000億円を突破しました――ベゾスの思惑（おもわく）通りに、です。

　00年時点で、<u>Amazonは全米8ヶ所の物流センター</u>を構えていましたが、そのうち6つがその年に建設されたものでした。<u>建設費は1ヶ所あたり約5,000万ドル</u>。物流センターの総床面積は、3万㎡から50万㎡に拡張され、その<u>オペレーションのために従業員は8,000人近く</u>にまで膨らみました。

　証券アナリストたちはそれを非難し続けました。「物流センターへの投資など止めろ」「われわれはネットビジネスに投資しているのであって、物流企業にしているのではない」「もっと桁違いの成長を！」。00年4月のネットバブル崩壊もあり、Amazonの株価は下がり続け、01年10月には5ドルとなりました。最盛期の20分の1以下です。

　しかし、ベゾスは意に介しませんでした。<u>それが、Amazonに圧倒的な「持続的な競争優位」を与えてくれるとわかっていた</u>からです。それまで全米の消費者に、翌日もしくは翌々日に確実にモノを届けてくれる物流プレイヤーは存在しませんでした。もし、その「クイック・デリバリー」が顧客にとって価値であるならば、それこそイノベーションとなるはずです。敵は、いません。

FIGURE 081 ｜ Amazon株価の暴落（2001年）

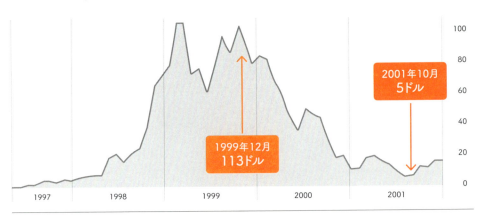

▶「ワンストップ」が人を惹きつけ 「ロングテール」が儲けの源泉となった

　Amazonが持つ、実店舗の数倍・数十倍の「品揃え」と的確な「お奨め」、そして「クイック・デリバリー」は、全米3億人の消費者を惹きつけました。ベゾスはそれを巨大なITと物流投資によってケイパビリティとして実現しました。2003年、Amazonは黒字に転じ、再び成長軌道に乗ります。

　そのAmazonの「品揃え」のビジネス価値を「ロングテール (the Long tail)」として広めたのが、ネットマガジンWIRED編集長のクリス・アンダーソンでした。04年の記事で彼は、Amazonを始めとした大手ネットショップの売上のかなりの部分が、リアルショップでは手に入らないマイナーな商品 (obscure product、全体の93％) からあがっていると指摘しました。特にAmazonだとそれが、57％にも上ると。230万タイトルにも上る書籍の売れ行きは、次の2種類の法則に従っていました。

- **べき乗分布**｜売れるものはもの凄く売れるが、大多数はほとんど売れない
- **28：72**｜売れる上位のもの（ヘッド）に売上は集中するが、通常の20：80 (上位2割の商品で売上の8割を占める) でなくもっと下位のもの (テール) も売上に貢献する

FIGURE 082 ｜ Amazon書籍のロングテール

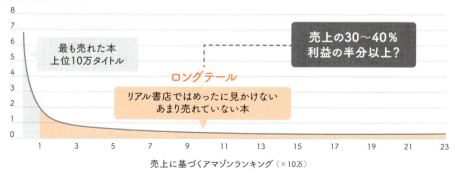

出所：E. Brynjolfsson, Y. Hu and M.D. Smith, "Consumer Surplus in the Digital Economy: Estimating the Value of Increased Product Variety at Online Booksellers"

これらに最初に気がつき分析を始めたのは、経営学以外の学者たちでした。1999年、ルーマニア生まれの物理学者 アルバート＝ラズロ・バラバシは、インターネットなどの**ネットワークのつながり方が、乱雑ではなく構造があること、そしてそれが、べき乗分布であることを突き止めました**[108]。これは「スケールフリー・ネットワーク」と名付けられ、社会学全体に大きなインパクトを与えました。

　MITの経済学者 エリック・ブリニョルフソンは、教え子であったユー・フーらと、Amazonの分析に挑み、2003年、ロングテールの存在とそのインパクトを論じました。

　ロングテールの影響は、売上よりむしろ利益にありました。「売れない」商品である**テール商品**は、従来は赤字商品でした。しかしネットショップであれば、テール商品の在庫は全米で1冊（もしくはゼロでも）で構わないのでコストは大してかかりません。しかも定価で売れます。日本と違って本の再販制度がないアメリカでは、ベストセラー本もすぐ5割引[109]になってしまいます。**定価で売れるテール商品はとても儲かる商材**なのです。

[108] "Emergence of Scaling in Random Networks" Albert-László Barabási, Réka Albert (Univ. of Notre Dame) (1999)

[109] Amazon.comでの売上上位書籍は、定価から50％引きがほとんど。

演習14 ｜ Amazonの書籍事業でのBM図を描け（2000）

	大型リアル書店	Amazon書籍（2000）
ターゲット（顧客）	大都市圏	
バリュー（提供価値）	品揃え（10万点/店）	
ケイパビリティ（オペレーション／リソース）	店舗規模と立地 知識豊富な店員	
収益モデル（プロフィット）	売れ筋商品の大量仕入・販売	

▶ Amazon、5つのビジネスモデル革新

　創業から20年、リアル書店のNo.1、バーンズ＆ノーブルの挑戦も退け、Amazonの2013年の年間売上高は745億ドルに達しました。

　しかしその道のりは、唯一無二のプレイヤーであり続けるための戦いでもありました。海外への展開、本から他のカテゴリーへの拡大、書籍の電子化の促進、クラウド・サービスへの進出。そして、それらを実現するためのさらなる物流・ITへの巨額の投資…。

　結果として**ベゾスは、Amazonを舞台に、5つのビジネスモデル革新を実現してきました。**

①**直販EC** ｜ 書籍だけでなく玩具、音楽、ビデオ、家電などの総合型の直販ECサイトをITと物流力で成功させた

②**eマーケットプレイス** ｜ Amazonを、直販だけでなく一般事業者も出品できる場に変えた。取扱金額はEC全体の4割以上[110]を占める

③**有料会員** ｜ 当日配送無料などの「Amazon Prime（プライム）」の導入に成功。会員数は1億人を超え1兆円以上の収入を得ている

④**電子書籍** ｜ 専用端末（Kindle キンドル）を低価格で普及させ、米国では電子書籍比率が6割を超え市場の8割を占めている

⑤**ITインフラサービス** ｜ クラウド型の「AWS（Amazon Web Service）」事業を展開し、1兆円の利益を稼ぐように

　すでにAmazonは書籍以外での売上が9割以上、地域別ではアメリカ外での売上が3割を超えています。そして時価総額は2019年7月末で9,240億ドル、約100兆円です。この強くなりすぎたAmazonを真に脅（おびや）かすものは、政府による規制と自身の慢心だけ、なのかもしれません。

[110] ただし、マーケットプレイスからの手数料収入は全体の10％程度に過ぎない。

CAPABILITY 25 | リソース③：知的財産の威力

▶ 知財の種類とその意義

知的財産権（知財）にはさまざまな種類があり、各国で特許庁など当局がその審査や承認を行っています。

- **特許権** ｜ 発明を保護。期間20年
- **実用新案権** ｜ 小アイデアを保護。審査なく期間10年
- **意匠権** ｜ デザインを保護。期間20年
- **商標権** ｜ ロゴやマークを保護。<u>期間10年だが更新可</u>なので企業にとっては非常に大切
- **著作権** ｜ 創作的に表現物（文芸、学術、美術、音楽、コンピュータプログラムなど）を保護。期間は創作時から著作者死後70年、法人は公表後70年
- **商号権** ｜ 企業名を保護。<u>**無期限**</u>

多くの場合、<u>**知財には保護期間中「独占排他権」**</u>（他者は類似のことも行えない）**が認められるので、競争上非常に強力な権利**です。故に、個人や各企業の努力を促し、その分野に投資を加速させる条件ともなります。

FIGURE 083 ｜ ワットと蒸気機関

蒸気機関の開発に失敗し、苦労をかけた妻を亡くし、2億円の借金と子どもたちを抱えた37歳のジェームズ・ワットを救ったのは、当時イギリスでようやく制度化された特許 (913号) でした。**特許制度なくしてワットの成功も産業革命のスタートもありませんでした。**なんでも模倣し放題では、会社も投資家も安心して新技術や事業に投資ができないからです。

▶ 知財こそが競争優位の源泉（エッジ）！

元BCG幹部のマーク・ブラキシルとラルフ・エッカートが、独立して知財戦略家として書いた本が『インビジブル・エッジ』(2009) です。ここでは、特許や商標といった知財の力を「刃（エッジ）」として表現し、それこそがこれからの競争力の源泉であると説いています。タイガー・ウッズもジレットもFacebookもそうでした。

- タイガー・ウッズが2000年に驚異的な成績[111]を残せたのは、新開発のブリヂストン製ボール (ブランドはNIKE) のお陰。市場シェアトップのタイトリストは追随し大成功したが知財に引っかかり、ブリヂストンに1.5億ドルを支払ったといわれる
- ジレットの「フュージョン」は30件以上の特許 (5枚刃の間隔から取っ手との接続部の構造まで) で守られている。打ち破ることは難しく、その剃り心地・洗いやすさと圧倒的な収益力[112]を支えている (217頁参照)
- Facebookはその知財戦略において競合より遥かに優れている。創業後、ドメイン (facebook.com) を20万ドルで買い取り、「ニュースフィード」「ソーシャル・タイムライン」などの機能に特許を申請すると同時に、競合だったフレンドスターから4,000万ドルで主要特許を買い取った

「他がいくら良くても、知財で失敗したら儲けられないし、そもそも勝てない」がエッカートたちの主張です。

▶ AppleもサムスンもクアルコムもARMの技術

半導体の中でもPCやサーバー向けCPU市場の王者はインテルですが、スマートフォンの世界でのトップはクアルコム。インテルの影はあり

[111] 20戦で9勝。うち3勝はメジャー選手権 (全英、全米、PGA) のもの。

[112] 「1ドル札を刷るより儲かる」と表現されていた。ちなみに1ドルを刷るのにかかるコストは10セント。

ません。

でも**スマートフォン市場での真の勝者は、イギリスのARM**です。Appleの独自プロセッサである「Aシリーズ」にも、サムスンの「エクノシス」にも、クアルコムの「スナップドラゴン」にも「<u>ARMアーキテクチャ</u>」という共通技術が使われているからです。

英エイコーン(Acorn)・コンピュータが開発した産業用プロセッサのアーキテクチャから始まり、Appleが携帯情報端末「アップル・ニュートン」用に目をつけたことでその出資も受け、ARMとして90年に独立します。以来、携帯機器向けの「省電力性」に磨きをかけました。産業用プロセッサにインテルのものは重すぎ、かつ高価すぎます。それほどの高性能は要りませんし、何より消費電力が大きすぎました。ARMアーキテクチャは**産業用プロセッサ**として、家電製品（掃除機のルンバ）、玩具（ゲームボーイアドバンスやDS）、音楽プレイヤー（iPod）、そして携帯電話端末に次々採用されていきました。今やその**世界シェアは75％**にも達します。

全てのものにセンサーが付き、そのデータがインターネットによってリアルタイムに集約される<u>IoT（Internet of Things）</u>[113]の時代にもっとも期待される企業のひとつがARMなのです。

企業としてARMは、製品をまったく供給しません。**提供するのはプロセッサのコアの部分の「設計図」だけ**です。チップメーカーはそれを他の機能部品と組み合わせてプロセッサやチップをつくり上げます。それらはARM互換チップと呼ばれ、省電力性に優れていたために、携帯端末ではほぼシェア100％となりました。

113 | IoTにはさまざまなレベルやフェーズが考えられているが、「第1段階：見える化」「第2段階：制御」「第3段階：最適化・効率改善の自動化」とも捉えられる。

FIGURE 084 | **ARMとIoT**

そのARMをソフトバンクの孫正義(そんまさよし)が2016年7月、3.3兆円で買収します。その圧倒的な知財開発能力（オペレーション）と知財資産（リソース）を買ったのです。ARMの2016年度の収入は13億ポンド（約1,900億円）。税引き前利益は6億ポンド（約900億円）で利益率が約50％に達する超高収益企業です。

▶ インテルが陥った「イノベーターのジレンマ」

このときインテルが陥っていたのは、典型的な「イノベーターのジレンマ」[114]（クレイトン・クリステンセンが主張）でした。

インテルはCPU業界のイノベーターでした。しかし巨大で高収益なPC向け市場で成功を収めたが故に、既存ユーザー（PCメーカー）を大切にする「顧客志向のよい会社」になってしまいました。低性能で分散的な産業用やモバイル市場など眼中になく、既存市場で勝つために微細加工などの製造技術に磨きをかけ、高額な生産設備を多数開発・保有していました。その垂直統合モデルこそが、インテル成功のカギでした。

しかしモバイル市場がスマートフォン化して突如高性能化し、PCを超える巨大市場（台数でPCの3倍以上）となった[115]とき、インテルはその破壊的テクノロジー（ARMやクアルコム）とそれを支える水平分業プレイヤーたち（半導体製造企業など(ファウンダリー)）に敗れたのです。まさにイノベーターであったが故の失敗でした。

[114] クリステンセンの著書の邦題は『イノベーションのジレンマ』だが、原題は『The Innovator's Dilemma』であり直訳すれば「イノベーターのジレンマ」である。

[115] 2013年、PC3億台、スマートフォン10億台。2007年はそれぞれ、2.6億台、1.2億台だった。

FIGURE 085 | 『イノベーションのジレンマ』が説くイノベーターのジレンマ

大企業は顧客志向のよい会社だからこそイノベーションに乗り遅れる！

COFFEE CASE 05

コーヒー自体で勝負するブルーボトルコーヒー

1杯のコーヒーの味を求めたメリタ

13世紀頃、コーヒー豆を焙煎し煮出すことで黒い液体「コーヒー」を生み出したのはイスラムの人々でした。その後コーヒーが伝わった欧州で抽出法の改良が進み、18世紀後半には布で濾すネル付きドリップポットがフランス人によって、1840年にはサイフォン式器具がスコットランド人によってつくられます。

そして1908年、コーヒーの抽出法の革命が生まれます。<u>ドイツ人主婦メリタ・ベンツ（1873〜1950）によるコーヒーフィルターの発明</u>です。35歳の彼女は、家庭で1杯のコーヒーを苦みや雑味なく美味しく入れるための方法を探していました。さまざまな素材を試した末に、息子が使っていたノートの紙がもっとも効果的だと発見しました。当時のノート用紙は万年筆のインクがすぐ乾くよう、吸水性が高かったのです。

彼女は特許取得後、すぐさま夫と息子2人を巻き込み会社をつくります。これが今や世界150ヶ国に展開するコーヒー機器メーカー、メリタの誕生です。彼女のお陰で、コーヒーを「1杯ずつハンドドリップする」文化が生まれたのです。

FIGURE 086 | メリタのペーパードリップ機器

出所：メリタ公式ウェブサイト

日本で育った自家焙煎ハンドドリップ珈琲の名店たち

　1950年代に激増し、そして減少を続けた日本の喫茶店（138頁参照）の多くは「暗くて煙くて不健康」なイメージのものでした。その中で、珈琲専門店としてその味を極めていったのが、**自家焙煎＆ハンドドリップの珈琲専門店たち**です。

　ハンドドリップの中でも、フィルターに紙を使わずネルを用いるのがネルドリップ。紙に比べて目が粗く、コーヒー豆の油分がちゃんと抜け口当たりが良くなる、といわれています。ネルドリップはもともと大量抽出用でしたが、小さな1杯ずつ用もつくられるようになりました。また、コーヒー豆は挽いてしまうと風味がすぐ落ちるので、お店で焙煎して挽く「自家焙煎」が最高です。ただし、ネルドリップと自家焙煎、いずれにも高度な技術が必要で、かつ生産性も低く、店として利益を維持するのは簡単ではありません。

　その2つを組み合わせた自家焙煎ネルドリップ珈琲専門店の老舗として、東京・銀座のカフェ・ド・ランブルや十一房珈琲店、渋谷の茶亭 羽當、大坊珈琲店（2013年閉店）などが知られています。

ブルーボトルコーヒーが起こした第3の波

　ジェームス・フリーマンが最初に日本を訪れたのは19歳のとき、プロのクラリネット奏者としてでした。コーヒーマニアだった彼は、スターバックスなどの味に飽き足らず、高級コーヒー豆の小規模焙煎＆直販というビジネスを2002年に創業、**ブルーボトルコーヒー**と名付けました。しかし17㎡のガレージで始めた焙煎豆の直販・直送ビジネスは早々に行き詰まり、方向転換を余儀なくされます。

　2007年頃フリーマンは再び日本を訪れ、友人に勧められるままに喫茶店巡りをします。1日で9店を巡り、彼は感動します。

　「1店ずつにそれぞれスタイルとオーナーの想いがある」「時間がかかっても1杯ずつドリップするというホスピタリティが素晴らしい」

　大坊珈琲店もカフェ・ド・ランブルもカフェ・バッハもそんなお店でした。彼は地元サンフランシスコに戻り、自宅ガレージやテントで自家焙煎ハンドドリップ珈琲店を展開します。**特別なコーヒー豆を自家焙煎し、1杯ずつドリップすることにこだわって。**

116｜ネルは元来フランネル（柔らかく軽い毛織物）の略称だが、コーヒー用には綿ネル（片面だけ起毛された綿織物）を用いる。

COFFEE CASE 05 ｜ コーヒー自体で勝負するブルーボトルコーヒー

- コーヒー豆は産地にこだわり世界中から**フェアトレードで買い付け**。専任のグリーンビーン（生豆）バイヤーが季節ごとに旬のコーヒーを吟味している
- 店舗展開はまず**焙煎所（ロースタリー）の開設**から。焙煎はコーヒー豆の種類毎にレシピをつくり、個性を引き出す。焙煎後も種類毎のピークフレーバー期間[117]に使いきる
- 豆を挽いてから一定時間内に抽出・提供する。**抽出技術は標準化・機械化**[118]し、匠(たくみ)でなくともできるように。それでも研修は最低50時間
- 世界中で同じ最高の味を出す。品質管理の仕組みとして各地に**専任のQCマネジャー**をおき、毎朝のカッピング（試飲）や月一のエクスチェンジ（拠点間の味が同じかのチェック）を行う
- 店舗の立地は**地価や賃料の安さ**がダイジ。工業地域と居住地域の混ざっている場所など（日本1号店は江東区の清澄白河(きよすみしらかわ)）
- 店舗には**Wi-Fiも電源もない**。仕事場でも休憩所でもないから

117 | 美味しさがもっとも際立つ期間。たとえば「ヘイズバレーエスプレッソ」であれば焙煎後、4日目から7日目の間。

118 | ドリッパー：MIT卒研究者らによるオリジナル。TDSメーター：毎朝コーヒーの濃度を測る。アカイアスケール：湯を入れるときに重さと同時にタイムが計れる。

FIGURE 087 | ブルーボトルコーヒーの店舗

ブルーボトルコーヒーは、その味を知るアメリカ西海岸の投資家たちを惹きつけ、4,500万ドルを超える資金を調達しました。**サードウェーブコーヒーの筆頭**[119]と呼ばれています。

ファーストウェーブ | インスタントコーヒーによる家庭・職場への普及（大量生産・大量消費）

セカンドウェーブ | スターバックスなどシアトル系コーヒーチェーンによる第3の場所としてのカフェの普及（深煎り高品質の豆）

サードウェーブ | コーヒー自体を楽しむ（最高品質の稀少豆）

それに対してスターバックスは、稀少豆にこだわり抽出方法を変え、対面でのサービスを提供する「スターバックス リザーブ」を展開しています。その数既に世界1,500ヶ所。さらには焙煎所付きの超大型店舗[120]まで。セカンドウェーブへの巻き返しです。

[119] 主な競合は、シカゴ発のIntelligentsia Coffee、ポートランド発のStumptown Coffee Roasters、ノースカロライナ州発のCounter Culture Coffee。

[120] スターバックス リザーブ ロースタリー。シアトル、ミラノ、上海、ニューヨークに続き東京にも2019年2月末に出店。隈研吾設計の4階建てビル。

演習15 | ブルーボトルコーヒーのBM図を描け

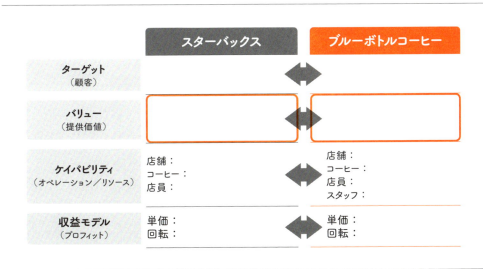

COFFEE CASE 05 | コーヒー自体で勝負するブルーボトルコーヒー

CAPABILITY 26 | ケイパビリティ革新は業界を変える〔ZARA、ユニクロ〕

▶ ZARAは売り切れ御免、顧客深耕のファストファッション型SPAを実現した

　2000年、スペイン本拠のSPA、インディテックス(INDITEX)（主なブランドはZARA）の店舗がついに世界1,000店舗を突破しました。その3分の1以上が海外で、売上の半分を占めていました。売上高は26億ユーロ。米GAP（ギャップ）とはまだ5倍もの差がありましたが、成長率は年30％。利益率も遙かに上回り、スウェーデン本拠のH＆Mとともに、成熟化したGAPを猛追していました。

　しかしインディテックスやH＆Mは、GAPと正面から戦っていたわけではありません。<u>異なったターゲットを異なったバリューと収益の仕組みで、異なったケイパビリティを構築して攻めていました。</u>

　ZARAブランドの始まりは、大量のキャンセル品を捌くための小売店でした。インディテックスの創業者、アマンシオ・オルテガは、苦肉の策としてスペイン全土に女性ファッションの小売店を展開し、キャンセル品の山をなんとか売り切りました。1975年のことです。もともとが一家で縫製から物流、販売までやっていた小企業だったので、自然とSPA（アパレル製造小売業）になりましたが、<u>オルテガはそれまでのGAP式SPAの常識を変えました。「予測して大量発注」をやめた</u>のです。

　ZARAは、「流行を先読みする力」には頼らないことにしました。今年の流行はこれですよという宣伝（情報発信ともいう）をして「流行を創り上げる」こともしません。かわりに<u>新製品をどんどん出して、消費者の「本当の」好みを探り、それに合わせていきます。</u>市場投入後1週間で動きが悪ければそのアイテムは店頭から除かれ、追加注文もキャンセルされます。常に「今の流行を追う」ために。

　逆に、どんなに売れていても、4週間以上は店頭に陳列しません。顧客に繰り返し来店してもらうために、そして「今買わないとなくなってし

まう」感を出すために。「**売り切れ御免**」と割り切りました。

　結果、**ZARA愛好者は平均年に17回（3週間に1回）来店**するといいます。他のブランドでは年4回というのですから大差です。売上を上げるために無謀に新規客を追いかけたりターゲットを拡げて曖昧にしたりすることがなくなりました。

▶ 流行を先読みせず追うためにZARAは新商品開発・投入スピードを20倍に上げた

　流行を予測せず、忠実にかつ迅速に追いかける。そうすれば、売上も安定し、かつ**セール（叩き売り）の比率が下がって収益性も上がります**。でもGAPにはそれができませんでした。企画してから店頭に出されるまで9ヶ月かかっていたからです。

　でも**ZARAはそれを2週間**[121]**で実現するケイパビリティを構築**しました。**GAPの約20倍のスピード**です。特に時間がかかっていた企画・試作部分を内製化し、スケッチ・デザイン作成は4日（従来の約8分の1）、サンプル品の製作はなんと4時間（約550分の1）で、できるようにしました。

121｜改良品の場合、最短は1週間。全くの新商品なら4～5週間。既存品の再発注なら24～48時間で世界中の店舗に展開できる。

FIGURE 088 ｜ **ZARAが実現した新商品開発・投入スピード**

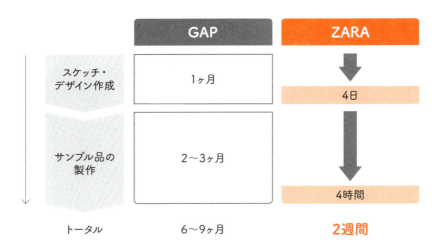

SCM面ではベネトンと同じように本国に集中させています。生産はスペインの地場中小メーカーが中心です。アジアや中南米諸国ほどは安くありませんが、高い質と柔軟性を低コストで実現しています。こういった地場産業を持たない他社にはなかなか真似できません。

　物流はスペインに完全に集中させています。スペインと近隣国で生産された11億点以上の商品を、すべていったん国内10拠点（ZARAブランドは4拠点）に集約し、そこから世界7,475店（同2,118店）に送ります。各物流拠点は、週6日24時間3シフトで稼働しています。各店からの発注に対し配送手配は8時間で終え、欧州内ならトラックで36時間以内に、欧州外でも航空便を使って48時間以内に店頭に到着します。

　<u>ファッション性の高い</u>（流行に沿った）<u>衣類を、安く多品種提供するファストファッション型SPAの誕生です。</u>

　インディテックスの売上は21世紀に入って急伸し、ついに2009年にはGAPを抜いて世界一のSPAとなりました。18年の売上は3.7兆円、営業利益8,000億円、時価総額は9.8兆円です。

　新商品をどんどんつくって、今の流行を実際にハカる。その試行錯誤の仕組みが世界一のアパレル企業を生んだのです。

演習16　ZARAのBM図を描け（GAPと比較）

	高級アパレル	GAP	ZARA
ターゲット（顧客）	富裕層 いいものを長く		
バリュー（提供価値）	ブランドイメージ 質が高い		
ケイパビリティ（オペレーション／リソース）	百貨店 少量生産		
収益モデル（プロフィット）	少量高価格		

▶ 素材の力で勝負する「超」垂直統合型SPA、ユニクロ

　インディテックス、H&Mの世界2強に日本で唯一迫りつつあるのが、ユニクロブランドを擁するファーストリテイリングです。クイック・レスポンスやファストファッションという方向性ではなく、**素材力・開発力を活かしたベーシックな大型商品での展開**を続けています。

　98年のフリース、06年のヒートテック、08年のブラトップ、09年のウルトラライトダウンといった**大ヒット商品のほとんどは、業界バリューチェーンのもっとも川上にいる、繊維会社との共同研究開発**によって生まれています。**超・垂直統合型のSPA**といえるでしょう。

　特に東レとは2006年から「戦略的パートナーシップ」活動を進め、「一心同体」での商品開発プロジェクトを73ものテーマでスタートさせました。5年で2,000億円（繊維の仕入れ額）規模の取引を目標にしていましたが、11年からは第2期として5年で4,000億円規模の調達実現を掲げています。

　ファッション性との両立を図りながらも、「流行を主張するのではなく、シンプルで自在に組み合わせて楽しんでもらう」究極の普段着「LifeWear」を追究するユニクロ。一度は頓挫しかけた海外展開を再加速させ、国内832店、海外1,295店（内、中国が658店）を誇ります。

　06年にスタートしたGU（ジーユー）は初期の「ユニクロの廉価版」というポジションを捨て、10年からはH&Mのような「トレンド対応ブランド」に転換したことで成功を収めつつあります。

　2018年、ファーストリテイリングの売上は2.1兆円、営業利益が2,400億円、海外売上比率5割となっています。ファーストリテイリングをつくり上げた柳井正（やないただし）の今の目標は、「2020年に世界売上3兆円」です。それが、世界のファッション産業のなかで大企業として生き残るための最低条件だと。

3章のまとめ（前半）

16 誰にも真似できないケイパビリティを構築せよ

キーワード
ターゲットへのバリュー提供能力、シーズ、バリューチェーン（CRM、SCM）、コア・コンピタンス、ケイパビリティ革新による新ターゲットやバリュー、物流センターによる優位性、コア・コンピタンス、既存事業者との衝突

企業・事業・商品
三谷酒食料品店
都市間交通、蒸気機関、鉄道
Amazon
運河事業
ホンダ、シャープ

17 ケイパビリティはリソースとオペレーションの組合せ

キーワード
リソース（ヒト・モノ・カネ、知財、情報）
オペレーション（プロセス、ノウハウ、組織）

企業・事業・商品
跳躍法（背面跳び）

18 ケイパビリティの基本戦略：垂直か水平か

キーワード
垂直統合モデル
水平分業モデル、IBM PC互換機市場
「オペレーションが先でリソースが後」
アントレプレナーシップとは資源を超えて機会を追求すること

企業・事業・商品
フォード（リバー・ルージュ工場）、GM
PC、Apple II、IBM PC/AT、インテル、マイクロソフト、コンパック
VisCalc、Lotus 1-2-3、iMac

主な参考書籍

トヨタ生産方式
大野耐一

CRM
——顧客はそこにいる
村山徹＋三谷宏治

19	オペレーション①：中核プロセスはSCMとCRM	**キーワード** SCM：調達・製造から顧客、統計的プロセス管理、カンバン、トヨタ生産システム、在庫は悪、多能工、KAIZEN、CRM：顧客接点すべて、顧客DB、Zサービス、効用、高効率なDB **企業・事業・商品** トヨタ、ホンダ、ブーズ・アレン・ハミルトン アクセンチュア エディオン（デオデオ）
20	オペレーション②：組織は機能と構造で決める	**キーワード** 機能、構造、意思決定とコミュニケーション、行動ルール、ピラミッド型組織、組織のフラット化、組織階層削減、OJT、トップダウン対ボトムアップ、イラク統治問題、対ゲリラ戦、分散型組織、アメーバ組織、機能別組織、マトリクス型組織 **企業・事業・商品** イラク戦争、米軍 京セラ

→ 次頁

 04 「一等地でコーヒー半額」のドトール

キーワード
カフェの立ち飲み
客層拡大での繁閑差解消
客層絞り込みによる高回転
オペレーションの自動化・規模化

企業・事業・商品
シャンゼリゼの朝カフェ
カフェコロラド
ドトールコーヒー

偶然の科学
ダンカン・ワッツ

組織は戦略に従う
アルフレッド D.チャンドラー, Jr.

新版物流の基礎
阿保栄司

3章のまとめ（後半）

21 リソース①：根幹はヒトのモチベーションとスキル

キーワード
テイラーの段階的賃金、メイヨー、ホーソン実験、モチベーション、人間関係論
テクニカル／コンセプチュアル／ヒューマンスキル（聴く、話す、見る）、カッツモデル、モデリング手法、放任型育成

企業・事業・商品
ホーソン工場
原田左官工業所
ネッツトヨタ南国

22 リーダーシップ：カリスマ型からサーバント型、協調型へ

キーワード
コンティンジェンシー理論、カリスマ／サーバント／コラボレーション型リーダーシップ、ソリューション・ビジネス、ビジョンでなく戦略と行動、自律分散型リーダーシップ態勢、消費者がボス、オープン・イノベーション、EQ、ゴールマンの6つのリーダーシップ

企業・事業・商品
Apple、iMac
IBM、サンリオピューロランド
P&G

23 企業・組織文化：革新を阻み、支えるもの

キーワード
企業・組織文化、7S（ハードS、ソフトS）、HONDA WAY
LCC、顧客第二・従業員第一主義、10分ターン、P2P方式、マルチタスク、素人採用、ベンチマーキング、ユーモア、シャインの心理的安全性

企業・事業・商品
ホンダ、HAM
サウスウエスト航空

主な参考書籍

経営組織──経営学入門シリーズ
金井壽宏

破天荒！
サウスウエスト航空──驚愕の経営
ケビン・フライバーグ
＋ジャッキー・フライバーグ

24 リソース②：設備・店舗・物流センターなど

キーワード
有形・無形固定資産
ガレージ起業、物流センター、継続的競争優位、クイック・デリバリー、ワンストップ、ロングテール、べき乗分布、28：72、フリースケールネットワーク、テール商品、有料会員

企業・事業・商品
Amazon、Amazon Prime
Kindle、AWS

25 リソース③：知的財産の威力

キーワード
知的財産権（特許権、実用新案権、意匠権、商標権、著作権、商号権）、独占排他権
産業用プロセッサ、IoT
イノベーターのジレンマ

企業・事業・商品
ブリヂストン、ジレット、Facebook、ARM、インテル

26 ケイパビリティ革新で業界を変える〔ZARA、ユニクロ〕

キーワード
ファストファッション型SPA
新商品開発スピード
超垂直統合型SPA

企業・事業・商品
ZARA（インディテックス）
ユニクロ、GU（ファーストリテイリング）、東レ

05 コーヒー自体で勝負するブルーボトルコーヒー

キーワード
ハンドドリップ、自家焙煎
フェアトレード、希少豆
サードウェーブ・コーヒー

企業・事業・商品
メリタ
ブルーボトルコーヒー
スターバックス リザーブ

企業文化〔改訂版〕
E.H. シャイン

インビジブル・エッジ
マーク・ブラキシル＋ラルフ・エッカート

「イノベーターのジレンマ」の経済学的解明
伊神満

4章

PROFIT MODEL

収益モデル：
どうお金を
回す？

PROFIT MODEL 27 | お金を巡る3つの問題とその解決策の進化

▼ お金を巡る3つの問題：資金不足、赤字、黒字倒産

　ビジネスにはお金がつきものです。お金が回らないとビジネスは破綻し、従業員が路頭に迷ったり投資家が痛い目に遭ったり。経営者は指弾されロクなことになりません。いくらターゲットやバリューが素晴らしくかつ高尚なものであっても、お金がなければそのためのケイパビリティもつくれませんし、それをその後、回し続けることもできません。お金の算段をつけることは、とてもダイジなことなのです。

　お金を巡ってビジネスが直面する問題には主に3種類あります。

①資金不足｜初期のケイパビリティ構築や事業拡大などに十分なお金をかけられないこと
②赤字｜ある期間の損益がマイナスであること。続くとアウト
③黒字倒産｜損益はプラスなのに取引相手に支払いができずに潰れてしまうこと

FIGURE 089 ｜ お金の種類と問題

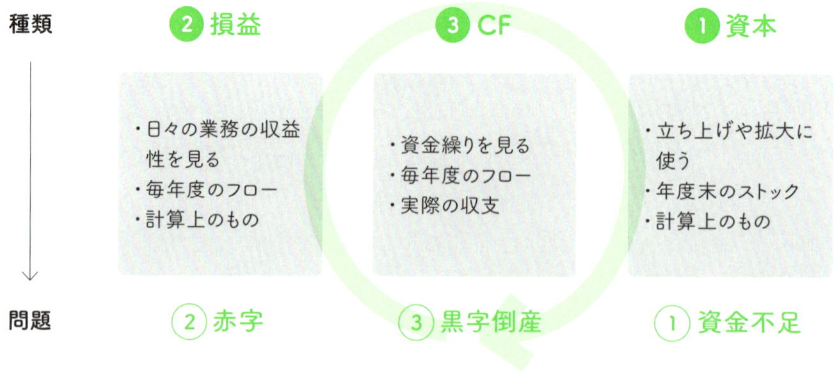

種類	❷ 損益	❸ CF	❶ 資本
	・日々の業務の収益性を見る ・毎年度のフロー ・計算上のもの	・資金繰りを見る ・毎年度のフロー ・実際の収支	・立ち上げや拡大に使う ・年度末のストック ・計算上のもの
問題	② 赤字	③ 黒字倒産	① 資金不足

実は同じお金でも、その種類や流れに3種類（資本、損益、キャッシュフロー：CF）あって、これらの問題はその各々が滞る（とどこお）ことによって起こっているのです。

❶資本｜銀行・投資家・自らが事業の立ち上げや拡大に使うお金。長期のものであり、利息や株の配当・売却でリターンを得る

❷損益｜ある期間（3ヶ月や1年）、そのビジネスが利益を生む状態なのかどうかを示す架空の数字。その期間の売上に相応する費用を計算して求める

❸キャッシュフロー（CF）｜ある期間、そのビジネスに関するお金の出入りを見るもの。赤字でも借入を増やすことができればキャッシュは回るので倒産しないが、黒字でも銀行が貸付を引き上げ（貸し剥（は）がし）たり、資本以上にお金を使い過ぎたりすると倒産する

▶ 組織を支え、監視・評価する会計の力

　こういった諸問題を避けるために編み出された手法が「会計・財務学（アカウンティング・ファイナンス）」であり、3つの基本技、「P/L」「B/S」「CF計算書」を駆使（くし）します（これらがピンと来ない人は、まず196頁コラム03を読んでください）。

　会計には税務会計、管理会計、財務会計というものがあり、各々対象や目的が違います。

税務会計｜組織は社会的存在として、利益が出れば法人税を、土地や建物・設備を持てば固定資産税を、大きな事業所を持てば事業所税を納めなくてはなりません。その税額計算のための会計を税務会計といい、必須のものですがやり方がちょっと特殊です。

管理会計｜ビジネスが左頁の①②③のようにならないよう、経営者がそこでのお金の流れを把握・理解し、評価・修正できるようにすることが、経営学としての会計であり、管理会計（management accounting）と呼ばれます。製品や部門別の原価や損益計算、損益分岐点分析（202頁参照）、キャッシュフロー分析、安全性・収益性などの経営分析、予算・予実管理[122]が主な仕事です。社内向けのもので、今年どうするのか、どうなっているのかがテーマです。

[122] 予算と実績の差異やその原因を明らかにするもの。

財務会計 | 株主や銀行・投資家、取引先にとっても①②③は心配です。**お金の状況を外部に伝えるために財務会計（financial accounting）は存在し**、P/L、B/S、CF計算書をつくります。1年毎や3ヶ月毎に過去データを集計して発表します。ただしそのつくり方にはルールがあり、国や地域で異なり都度変わったりもします。

　会計とは、経営者が内部を管理するための、そして外部の利害関係者がその経営者を監理監督・評価するための仕組みなのです。どんな会社にも経理担当がいて、それを外部から手伝う専門家、税理士・会計士が日本国内だけでも約11万人[123]います。逆にいえば、正しい会計がいかに難しかったか、ということでもあります。

　「7つの企業会計原則[124]」なども含め、経営者は会計の基礎を理解していなくてはなりません。そうでなければ、この章の本題である「収益モデル」など砂上の楼閣となってしまいます。

　この4章で扱う収益モデルとは、各ビジネスにおけるお金の回し方すべてを含むので、正確には「資本・損益（売上と費用）・CFモデル」とも呼ぶべきでしょう。**事業レベルの経営において、中心は損益**です。そのための手法でもっとも基本的なものが、前述の管理会計でいう「損益分岐点分析」です（202頁参照）。

[123] いち早く電子政府化を進めたエストニア（人口130万人）では、すべての行政サービスを電子化し、統合したことで税金は自動計算されるようになった。そのため税理士・会計士の仕事がほぼ消滅した。

[124] 1.真実性、2.正規の簿記、3.資本利益区分、4.明瞭性、5.継続性、6.保守主義、7.単一性、が一般原則。これに8.重要性の原則、を加える場合もある。

FIGURE 090 | 収益モデルの要素

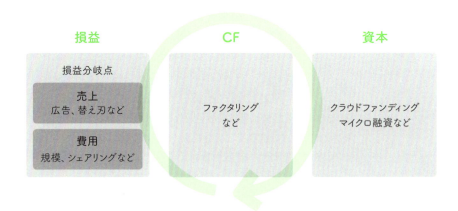

188　4章 | 収益モデル：どうお金を回す？

産業革命以降、企業が駆使しうるケイパビリティは急速な進歩を遂げ、それに伴って**ビジネスの売上、費用、資本調達のあり方**は大きく変わってきています。その限りなき革新の連鎖を、まずは費用の面から見てみましょう。

▶ 費用手法の進化：分業からシェアリングまで

費用はもちろん「安くする」ことが第一の目標です。

　そのためにテイラーは科学的管理法を編み出し、フォードは徹底的に分業化された、流れ作業での大量生産方式での低コスト化を完成させました。「分業」と「規模化」が安くするためのキーワードでした。

　1960年代にBCGが開発した「経験曲線」はそこに時間の概念を持ち込みました。低コスト化には、素早く規模を稼いだ方が有利だと主張したのです。累積された（生産や販売の）経験量が多い方が安くできるので、たとえ短期赤字になっても安売りして、早めに市場シェアを高めるべきなのです。当時の日本企業の戦略には、ちゃんと意味がありました。ダンピングと呼ばれて違法なのですが……。

　1970年代にはアメリカ中西部の片田舎から展開したディスカウントストア、ウォルマートがLCO（Low Cost Operation）ロー コスト オペレーションを手法として確立し、競合のKマートなどを駆逐します。LCOはただのコストカットではありません。**無駄なコストが発生しないようにオペレーション自体を変えること**なのです。

FIGURE 091 ｜ ウォルマートの特売なし宣言：EDLP

EDLP：Every Day Low Price

- 在庫ロスを下げたい←不良在庫になりやすいのは季節ものや特売もの←衣料品比率を下げる、特売を止める（Every Day Low Price）

　その代わり、粗利は低くなります（衣料品の粗利は高い）し特売による集客も期待できなくなります。**LCOはバリューの低下や売上・粗利の低下を覚悟したもの**でもあるのです。その覚悟が伴わなかったKマートは2002年に破綻、再建後も苦難の道を歩んでいます。

　1990年代に出現した**インターネットは、情報（デジタルコンテンツ）の流通コストをほぼゼロにし、その到達範囲を劇的に拡げました**。多くの人から少しずつお金を徴収したり、無料で商品を配ったりできるようになったので、この後の「フリーミアム」など売上の革新にもつながっていきました。

　費用の革新の最後が**シェアリング**や**サービス化**です。
　費用は「安くなる」のがうれしいのですが、ビジネスの継続性を望むなら、もうひとつ大切なのが「身軽にする」こと。いくら安くつくれるからといって大規模な工場やオフィスを建ててしまえば、いったん不況になったときにその運営費用を削りようがなく、あえなく倒産となってしまいます。それがイヤなら**なるべく所有しないこと、他者とシェアすること**、です。

　ITインフラやソフトを売り切りでなくサービス化することをXaaS[125]（ザース）と呼び、AWS（Amazon Web Service）やSalesforce（セールスフォース）などが有名です。必要なときに必要な量だけ使えます。

[125] aaSはas a Serviceの略で「サービスとして」という意味。IaaS（Infrastructure as a Service）、PaaS（Platform as a Service）などがある。

FIGURE 092 ｜ シェアリングサービスの例：ガイアックス

また、シェアリングは個人向けのみならず法人向けにも、そのオフィススペース（SPACEMARKETやShareDesk）、商用車（Timesやオリックス）、駐車場（akippa）、機械や設備（FLOOW2やEquipmentShare）を貸し借りできるサービスが、どんどん立ち上がっています。

▶ 売上手法の進化：広告からフリーミアムまで

どう売上をあげるのか、はビジネスの最大テーマです。そのためにターゲットとバリューを定め、それを提供するためのケイパビリティを構築してきました。でも実際に**お金を誰からどう受けとるかは別の話**。ユーザー自身からもらう必要だってないのです。

広告 | 無線電信技術がイタリア人グリエルモ・マルコーニによって開発されてから25年後の1920年、初めての商業ラジオ放送局KDKAが、米ウェスチングハウスの工場内に開設されました。副社長のハリー・デイヴィスが、自社のラジオ受信機拡販に役立つと思ったからです。彼の目論見は当たり、ラジオ受信機は飛ぶように売れました。当時のラジオ局の多くは、ラジオ受信機メーカーや販売店、大規模小売や新聞社、教育機関や教会らが運営していました。本業を支えるサービスとして。

しかしラジオ放送の本当の価値を見抜いたのは、タバコ会社の御曹司、ウィリアム・ペイリーでした。彼は**ナショナルブランドの広告こそがラジオ放送の収入源だと確信し、多数のラジオ局をネットワーク化**して1928年、CBSをつくり上げました。「広告モデル」の誕生です（31節参照）。今の消費者向けITサービスの多くがこれで支えられています。GoogleやFacebookも。

替え刃 | その少し前、1902年にはキング・ジレットが替え刃式のカミソリを売り出していました。それまでカミソリは、自身で研（と）がなくてはならない丈夫で高額な耐久財でしたが、ジレットはカミソリ刃を1週間だけ保つ消耗品に変えることで、市場を席捲（せっけん）しました。この、**本体は安くし消耗品で儲ける「替え刃モデル」**は、さまざまな商品分野で活用され、プリンターやネスプレッソなど今に続いています（30節参照）。

従量課金制 | 1940年代、苦境に陥っていたゼロックスを救ったのは社

長のジョセフ・ウィルソンでした。苦難の末に開発し59年に発売した普通紙複写機（PPC）914は画期的な商品ながら、価格が高いのが悩み。湿式複写機の競合他社は「替え刃モデル」を採用していました。本体は安く売り、その後の専用複写用紙で儲けています。でもPPCのウリは安価で退色しない普通紙にコピーができること。

　そこでウィルソンは<u>新しいリース方式「従量制課金モデル」</u>を考案します。基本料金[126]はありますが、<u>基本1枚当たり4セントを徴収する</u>、というものです。これなら湿式複写機に十分対抗できます。これによってゼロックスは複写機でなく「複写サービスを提供する企業」に変わりました。

[126] 月95ドルで2,000枚までは無料。月1万枚使う大企業であれば1枚当たりは4.15セントで湿式複写機と同程度。

サブスクリプション | 20世紀末から普及したインターネットは商品の「サービス化」を推し進め、数限りないXaaSが生まれました。もともと雑誌や新聞の「定期購読」の意味だったサブスクリプション（subscription）が、<u>ソフトウェアの「有限期間の使用許可」</u>という意味になり、音楽ソフトや衣服などあらゆる<u>コンテンツ利用の定額制サービス</u>が広まりました（33節参照）。

フリーミアム | インターネットが可能にしたもう一つの収益モデルが「フリーミアム」です。ネットゲームでの課金アイテム購入者やクックパッドでの有料ユーザーなど、<u>お金を払うのはごく一部の人だけでほとんどユーザーは無料でいい</u>というこの強烈な収益モデルも、多くのネット企業がトライしています（32節参照）。

FIGURE 093 | 収益モデルの進化：売上

広告	利用者でなく広告主が払う
替え刃	初期投資は低くして消耗品で長く稼ぐ
サービス化	使用した分だけ払ってもらう
サブスクリプション	使用量によらず期間定額にする
フリーミアム	一部の人だけが払う

▶ 調達手法の進化：銀行、株式からクラウドファンディングまで

　本書ではあまり掘り下げませんが、事業立ち上げや成長のための資金調達も、その手法は過去数世紀、進化を続けています。

株式公開｜個人的な<u>仲間内からの資金調達の限界を超えるため</u>に、オランダでは株式による調達とその取引所が整備されました（コラム03参照）。

銀行融資｜中世イタリアに始まった銀行が大きく進化を遂げたのは、産業革命下のイギリス。<u>鉄道事業を始めとした巨大な資金需要に銀行が応えました</u>。その流れを受け、明治維新下の日本でも両替商が銀行へと改組[127]し、事業融資を中心にしていきました。

ベンチャーキャピタル｜成功確率10分の1以下[128]のスタートアップ企業に資金供給を行ってきたのがベンチャーキャピタル（VC）です。初期のAmazonを支えたのは老舗VC クライナー・パーキンス(Kleiner Perkins)でした。パートナーのジョン・ドーアはベゾスに信頼を置き、ネットバブル崩壊（2001）のときも見捨てませんでした。

　そのクライナー・パーキンスとセコイア・キャピタルは99年にGoogleにも投資をしましたが、事業経験者をCEOに据えろと要求しました。創業者のラリー・ペイジとセルゲイ・ブリンは当初反対しましたが結局受け入れ、ベテラン経営者のエリック・シュミットが招聘されました。シュミットはその後17年間[129]、Googleの驚異的な成長を支えます。両VCの投資は1,000倍ものリターンを生みました。<u>スタートアップ企業への資金提供はVCが行うもの</u>でした。

エンジェル投資家｜それが21世紀に入って変わります。投資を受けたYahoo!、Google、eBay、AppleといったIT界の巨人たちが、今度は多くのスタートアップ企業を買収する側にまわり、そのため大金を握った多くの若き人材が世に輩出されることになりました。

　そして彼・彼女らは、<u>次のチャンスに自らの資金をかけたり、エンジェル投資家としてスタートアップの初期投資を担ったりする</u>ようになりました。2013年の米国のエンジェル投資家は約30万人、年間投資額は約300

---

[127] 三井・越後屋は明治維新後、日本初の銀行「第一国立銀行」設立に関わり、1876年（明治9年）には初の民間銀行「三井銀行」を開業した。

[128] 出資から株式公開への確率。投資家がレビューする1,000件でいえば、出資が60件、株式公開が6件とされる。

[129] シュミットは2011年4月までGoogleのCEO、17年12月まで親会社Alphabet（アルファベット）の会長を務めた。CEO退任時に「もう大人が日々の面倒を見る必要はなくなった」と語った。

億ドル[130]で、VC投資額に迫ります。

クラウドファンディング｜途中で建設資金の尽きた「自由の女神像」が、新聞出版者ジョゼフ・ピュリッツァーの呼びかけに応えた12万5,000人による10万ドルの寄付で救われました。日本でも、東塔しかまともに残っていなかった奈良 薬師寺の復興のために、管主の高田好胤が1人1,000円（現在は2,000円）の写経勧進を進め、これまでに870万巻（100億円超）を集めました。<u>ネットの力を借りて、これを行うのがクラウドファンディング</u>です。個別のミュージシャンや映画製作支援から始まりましたが、今ではさまざまなタイプのプラットフォームが利用可能になっています。

主なものを挙げると、

特典型｜Kickstarter（キックスターター）、Indiegogo（インディゴーゴー）、Campfire（キャンプファイヤー）、Makuake（マクアケ）
寄付型｜CrowdRise（クラウドライズ）、Readyfor（レディ・フォア）、Kiva（キヴァ）
貸付型｜LendingClub（レンディングクラブ）、maneo（マネオ）、AQUSH（アクシュ）
出資型｜Crowdcube（クラウドキューブ）、日本クラウド証券、セキュリテ

特典型は、資金提供者に対してお金ではなく「限定品」「早期割引」といった特典で報いるのが特長です。老舗（といっても2009年設立）で最大手

[130]｜経済産業省の委託調査より。同時期の日本ではエンジェル投資家が約1万人（30分の1）、投資額は200億円（165分の1）程度。

FIGURE 094｜薬師寺の納経蔵：復興された堂内で永代供養される

131 ｜ 最初に設定した目標金額に届かないと「失敗」となり、調達額はゼロとなる。All-or-Nothing方式という。一方、設定金額によらずすべて入金されるものをAll-In方式という。

132 ｜ そのうち9％程度が特典の提供に失敗する。個人的経験では過去20戦で15勝3敗2分程度である。引き分けは特典提供が1年以上遅れたもの。

のKickstarterでは設立10年で、延べ44万件のプロジェクトが資金調達に挑み、16万件が設定金額[131]に到達、計42億ドルを手にしました。プロジェクトの成功確率は37％、1件当り2.6万ドル[132]です。総支援者数は1,600万人で1件当りの支援額は平均80ドル（約9,000円）に過ぎません。

クラウドファンディングの利用は、大きなビジネスモデルの革新でもあります。「**消費者（の一部）を投資家・寄付者に変える**」「**埋もれた潜在ニーズを顕在化する**」**唯一の手段**なのです。2015年でのクラウドファンディング総支援額は、世界全体で344億ドルと推定されています。小さなビジネスのスタートが、群衆によって支えられる時代が来たのです。

▶ どんな組織にも収益モデルは必要

　株式会社であろうがNPOであろうが収益モデルは必要です。**違うのはその目標利益レベルの差だけ**。学校のPTAのような完全ボランティア組織ですら、活動自体にはお金が必須で、多くは会費によって賄われます。組織として儲ける必要はありませんが赤字が続けば存続できません。PTA会費の値上げができず会費収入では足りないなら、バザーをやるなどの増収策や、専用の印刷機を買い替えずにラクスルを利用するといったコスト削減策が必要でしょう。

　ビジネスでは収益モデルこそがその成否を決めます。ここからは基本的な収益モデルに続いて、「広告」「替え刃」「フリーミアム」「サブスクリプション」などを個別に見ていきます。

　ただその前に、会計学に馴染みのない人向けにその基礎をわずか6頁で解説します。P/L、B/S、キャッシュフローです。

コラム | 03

アカウンティングのP/LとB/S、キャッシュフローは覚えよう

▶ 友だち関係を超えるために会計（アカウンティング）は生まれた

　会計の基礎はイタリアで生まれました。海路による東方貿易を席捲した伊ヴェネツィアの商人たちの旅路は危険に満ちたものでした。船団を仕立てるには多額の資金が要りますが、東方からの香辛料などは高価で売れたので成功すれば大儲けです。さらにイタリア商人はフィレンツェを中心に欧州全土にその活躍の場を拡げます。それを助けたのがメディチ家などの銀行でした。お金の記録を残すことが重要になり、「簿記」[133]が発達します。

　その後発展したスペイン・ポルトガル、そしてイギリスを出し抜くために新興国のオランダがつくり上げたのが、国策株式会社 東インド会社（VOC）[134]でした。組織に対する資金の出し手は、組織自身（自らの利益から）、銀行、そして見知らぬ株主へと拡がったのです。VOCはその圧倒的な資金力で、強力な大型船団や現地でのオペレーション会社をつくり上げ、東方貿易支配に成功します。しかし見知らぬ株主（stranger）は親戚でも仲間でも何でもありません。組織の経営者は、託された資金に対して、収支（儲け）や資産状況（お金の使い途）の報告をしっかりしなくてはいけません。その「説明をする（account for）こと」が、会計（accounting）の語源です。

[133] | bookkeeping。組織による経済取引がすべて記帳されたもの。現代では単式（大福帳など）ではなく複式（ひとつの取引にはたとえば材料の増加と現金の減少という2側面があり、その両方を記帳すること）のものを指す。

[134] | Vereenigde Oost-Indische Compagnie。1602年に6支社の連合で設立。商業活動のみでなく、条約の締結権・軍隊の交戦権・植民地経営権など喜望峰以東における諸種の特権を与えられていた。

FIGURE 095 | 資本の出し手の進化

ヴェネツィア　フィレンツェ　オランダVOC
家族・親戚 ▶ 仲間・友人 ▶ 株主（stranger）

▶ P/L（損益計算書）はその年の損益を推定している

ワットによる高性能蒸気機関（168頁参照）は1776年以降、炭坑の排水ポンプに用いられ、英炭坑の産出量を跳ね上げました。燃料である石炭が豊富になった蒸気機関は巨大な工場を動かし始め、貿易国だったイギリスを世界一の工業先進国へと押し上げます。

それから数十年後、蒸気機関機関士として育ったジョージ・スティーブンソンは自走式の蒸気機関である機関車ロコモーション号を完成させます。1830年9月、世界初の都市間輸送鉄道リバプール・アンド・マンチェスター鉄道が開業しました。

鉄道は馬車や運河を駆逐し、一気に拡がりました（114頁参照）が、とにかく初期投資が大きいのが悩みの種でした。鉄路の開設には膨大な土地代や工事費（トンネル、架橋、駅舎）がかかります。鋼鉄製のレールや枕木、車両代もバカになりません。

一方、そのオペレーションにかかる日々のコストはそれほどでもなく、投資への配当を計算しようにも、年々の損益はデコボコになってしまいます。投資がない年は大儲け、投資がある年（路線の延長とか）は大赤字。<u>これでは本当に利益が出ているのかどうか、よくわかりません。</u>

そこで、「投資負担の平準化」のために「減価償却」という仕組みが使われるようになりました。10年使える（耐用年数10年）ものを買ったのなら、一括でその年の費用にしてしまうのではなく、10年の間、毎年その10分の1ずつを費用として計上しようというのです。

135｜どの蒸気機関車を使用するかは、97kmのレースによって決められた。息子のロバート・スティーブンソン設計のロケット号（最高速度47km/h）が優勝し、その後150年の蒸気機関車の原型となった。

FIGURE 096 ｜ 減価償却の仕組み

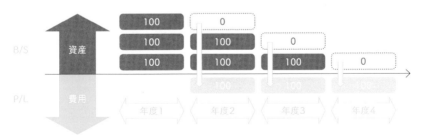

【仮定】・耐用年数が「3年」の減価償却資産を事業年度1の末に「300」購入。
　　　　・3年間にわたって利用するため、定額法に従って毎年100ずつ減価償却する。
【計上】・減価償却資産の「資産」としての帳簿価額が毎年100ずつ減る。
　　　　・「費用」としての減価償却費が毎年100ずつ計上される。

P/L (Profit & Loss Statement) では、その年実際にお金がどれだけ出入りしたか（収入と支出）ではなく、その年売れた商品の売上 (revenue)[136]からその商品販売にかかった費用 (expense) を引くことで損益（利益か損失）を計算します (FIGURE 097)。これを「**発生主義会計**」と呼びます。**支出（その年支払った現金など）と費用は違う**のです。

[136] 会計用語上は「収益」だが利益と紛らわしいので売上とする。

　たとえば自動車メーカーが昨年、20台の車を売り残したとしましょう。製造にかかったお金は1台100万円でした。今年は、1台110万円かけて90台つくりましたが、1台150万円で100台売れました。期初に2,000万円かけて倉庫（10年償却）も建てました。販売などにかかるコストは1台10万円、売れた100台の車のうち20台は昨年つくったものだとすると、今年の損益はいくらでしょう？

現金主義会計｜収支＝収入−支出＝150万円/台×100台−（110万円/台×100台＋10万円/台×100台＋2,000万円）＝1,000万円

発生主義会計｜損益＝売上−費用＝150万円/台×100台−（110万円/台×80台＋100万円/台×20台＋10万円/台×100台＋2,000万円/10）＝3,000万円

　なんと「利益」が3倍も違います。**現代のP/Lが採用する「発生主義」と「減価償却」という独特の仕組みは、初期投資の大きな鉄道会社の損益推定のために生み出された秘策だった**のです。

FIGURE 097 ｜ **P/L（損益計算書）図**

黒字の場合

売上　費用
　　利益

赤字の場合

売上
　　費用
損失

▶ B/S（貸借対照表 バランスシート）は資金の調達と運用先を示す

P/Lが家庭の毎年のやりくり結果（フロー）だとすると、<u>**B/Sはその家の全財産（ストック）を示したもの**</u>です（FIGURE 098）。親・祖父母から引き継いだものもあるでしょうし、自分で稼いだ分もあるでしょう。家や株、預貯金という資産もあれば、住宅ローンという借金もあるはず。それをすべて載せるのがB/Sなのです。

企業やビジネスをお金という面から見れば、お金をどう調達し、何に運用するのか、がすべてです。オランダVOC設立時までで大体の枠組みはできあがり、

調達（総資本）｜①資本（創業者や株主が出資）＋②利益剰余金（じょうよきん）（P/Lでの利益を積み上げる）＋③負債（ふさい）（銀行からの借入金・社債や買入債務・割引手形137など）

運用（総資産）｜固定資産（有形・無形）＋流動資産（在庫138や売上債権139、現預金など）

と示すようになりました。①＋②を純資産や自己資本といい、会社が破産するとほとんど戻ってこないリスクマネーです。その代わり企業が大成功すれば、その支配権を持つ株式の価値は何十倍にもなります。ハイリスク・ハイリターン。だからこその投資家なのです。

137｜材料を買っても取引先への支払いは後でとなると、その間、相手から借金をしているのと同じ。支払手形や買掛金という名の負債となる。

138｜棚卸（たなおろし）資産という。商品は売れるまではB/Sの資産、売れたらP/Lの費用となる。

139｜商品を売ったのに取引先からの支払いは後でとなると、その間、相手に貸付しているのと同じ。売掛金や未収金という名の流動資産となる。

FIGURE 098 ｜ B/S（バランスシート）図

運用（総資産）	調達（総資本）
流動資産（在庫や売上債権、現預金など）	負債 ③
固定資産（有形・無形）	自己資本 ①資本＋②利益剰余金

コラム｜03　アカウンティングのP/LとB/S、キャッシュフローは覚えよう

このフローを表すP/Lと、ストックを表すB/Sは、何ヶ所かでつながっています（FIGURE 099）。

- **P/Lの利益から税金と配当を除いたものが、B/Sの②利益剰余金に加えられ、自己資本となる**

利益率の高い企業があまり投資をしないと、B/Sの左（資産）が増えないのに、右下（自己資本）ばかりが大きくなって、結果として右上（借入金などの負債）が不要になって、総資本に占める自己資本の割合（自己資本比率）が異常に大きくなってしまいます。FA用センサーのキーエンス（93%）、自転車部品のシマノ（90%）、衣料小売のしまむら（89%）などが挙げられます。

- **B/Sの左、固定資産の一部は減価償却して費用化できる。つまり、P/Lの費用に減価償却費が載り、その分、固定資産が減少する**

実際には減価償却費は「支出」ではなく、P/L計算上の「費用」ですから本当の資金繰り（お金の回り方）は、B/SとP/Lだけ見ていてもわかりません。だから黒字倒産などという、おかしなことが起こるのです。
次のCFを見る必要があるのです。

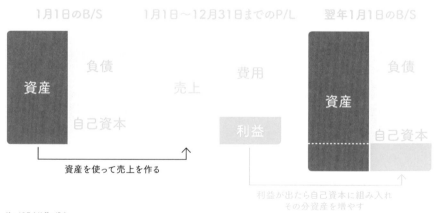

FIGURE 099 | B/SとP/Lは利益でつながる

▶ CF（キャッシュフロー）は在庫減でも生み出せる

　日本の会社の倒産（廃業は除く）の半分は黒字倒産です。会計上は黒字（利益が出ている）なのに、法人税を納税できなかったり銀行からの借入金を返せなかったりで倒産[140]します。そうならないための会計の仕組みがCF計算書です。
　CFには3種類あり、

①営業CF｜当期純利益＋減価償却費＋売上債権・棚卸資産（在庫など）の減少＋買入債務・割引手形の増加
→事業でどれだけキャッシュが増えたかを計算する。減価償却費は本当の支出ではないので、足し戻す。在庫は過去の支出でつくったものなので、減った分は丸々今期の収入になる

②投資CF｜固定資産の減少
→事業を維持するために費やされる資金を表す。工業を売却したりするとプラスになるが、固定資産を増やすとマイナスになる

　この①②2つを足してFCF（フリーキャッシュフロー）と呼び、これがプラスなら資金繰りはなんとかなり、追加の資金は必要ありません。
　でも**事業立ち上げや成長期には稼ぎ（①）の割に投資（②）が大きく、追加の資金調達が必要**です。それが3つ目の、

③財務CF｜借入金・社債・株式発行の増加＋利息・配当金支払い

です。FCFがマイナスのとき、P/L上は黒字でも、会社の将来性に疑問がつけば借入も増資（新たな株式の発行と売却）もできず、倒産の憂き目に遭うことも……。これが黒字倒産です。
　「勘定合って銭足らず」にならないために、P/LだけでなくCFにも気をつけましょう。**堅実経営のためには、在庫を増やさない、固定資産を増やしすぎない、手元資金（余剰キャッシュ）を十分に持つこと**です。もちろん、堅実さがすべてではありませんが。

[140] 明確な定義はないが、企業が不渡手形（支払期限が来ても払えなかった手形）などを出して銀行から取引停止を受け「倒産」となる場合が多い。

PROFIT MODEL 28 収益モデルの基本：損益＝売上－費用（固定費＋変動費）

▶「売上＝費用」となる損益分岐点はどの程度か

　もっとも基本的な収益モデルは、数量（売上個数など）と共に売上と費用が上がっていくものです。ただし、費用は数量と共に変わる部分（変動費：原材料費、販売手数料など）と変わらない部分（固定費：土地代、広告費など）に分かれます。

- 売上＝販売単価×数量
- 費用＝固定費＋変動費＝固定費＋仕入単価×数量[141]

141｜変動費を仕入れ代のみとした。

　この売上と費用を縦軸、売上を横軸としたグラフが**損益分岐点グラフ**で、**売上線と費用線のギャップ（売上－費用）が損益**です。売上がゼロなら変動費もゼロですが固定費は固定なので、損益＝▲固定費、となり大損です。そして**売上線と費用線が一致する点が損益分岐点（BEP）、損益ゼロの点**です。さらに売上が増えるとどんどん利益は増えていきます。

FIGURE 100 ｜ 損益分岐点グラフ

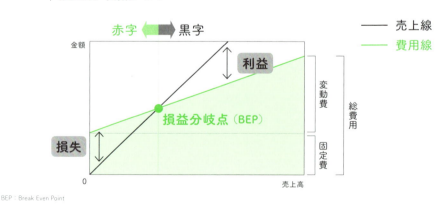

BEP：Break Even Point

さて問題は、現状の売上がどの程度かということです。もしBEPより遥かに低いのであれば、兎にも角にも売上を増やさないとどうしようもありません。人員削減や原材料のグレードダウンなどの生半可なコストダウンに走っても、逆に売上が減ってBEPに達するどころではなくなります。

BEP分析の目的は、まずはこの見極めです。どの程度、何を変えればBEPに達するのでしょうか。

ちなみに、売上＝販売単価×数量、なので売上を2倍にしたいと思ったら、数量を2倍にするのと販売単価を2倍に上げるのと、両方のやり方（もしくは同時：両方を$\sqrt{2}≒1.4$倍）があり得ます。ただ、費用を変えずに販売単価を上げるのはなかなかに難題[142]です。次の29節「売上アップの基本」を検討することからスタートしましょう。

142 | より高い商品をおとり用につくって、そのアンカリング効果（認知バイアスのひとつ）を利用する手もある。

▶「固定費≫変動費」のときは規模と稼働率管理が大切

費用の構造から見たときに、ビジネスにはさまざまなタイプがありますが、初期投資がとても大きく、規模（販売個数や使用者数）によらない<u>固定費が多い場合、問題になるのはその稼働率</u>[143]です。

143 | ホテルだとOCC（客室稼働率）、航空会社ではロードファクターと呼ぶ。

鉄道、航空、ホテル、電力、通信などのインフラ事業がその典型で、黒字化するには時間がかかりますが、いったんBEPを超えると大きく儲かります。こういった<u>固定費型事業は、とにかく規模を追え</u>ということです。

固定費型事業はそのためよく値下げに走ります。変動費が少ないので販売数量が増えてもコストが上がらないからです。でもやりすぎると全体の販売単価が下がって、ますますBEPが遠ざかったりします。

固定費型といいましたが、実は完全な固定費など存在しません。鉄道会社にとって通常、駅舎費や鉄道の敷設費、車輌費や人件費は固定費です。しかし電車があまりに混雑すれば、車輌や運転手・駅員を増やさなくてはいけませんし、駅の拡張や線路の複々線化など、膨大な投資をすることになります。<u>長期に見れば固定費も変動費化する</u>のです。

その場合、<u>利益の最大化のために大切なのは稼働率やイールドの管理</u>です。稼働率とは「最大キャパシティの何割埋まっているか」で、イールドとは「最大売上の何割とれているか」をいいます。

鉄道では稼働率[144]を100%に持って行くのはほぼ不可能です。特に通勤通学に使われる路線の場合、朝は下り方面がカラになり、夜はその逆になります。どちらかをギリギリまで詰め込んでも、上下線を平均すれば稼働率（乗車率）はその半分になってしまいます。

　これを私鉄で唯一打ち破っているのが東急電鉄。特に東横線は東京と横浜という2大都市間を結んでいるために両方向の流れがあるだけではなく、その中間には広大な慶應大学日吉キャンパスを擁しています。1929年に東急電鉄が24万㎡の土地を寄付して誘致したもので、通勤とは逆の流れを生むことに成功しました。

[144] 鉄道では通常、乗車効率＝旅客km÷客車定員km、や乗車率＝乗車人数÷乗車定員を用いる。定員とは席数と立席（吊り輪の数）であり1両当たり百数十名程度。

価格が柔軟に変えられる場合には、きめ細かなイールドマネジメントが売上アップに貢献します。

　同じ航空会社の同じ便の同じ席でも、人によって払いうる金額はバラバラです。どうしても今それに乗らなくてはならない出張客なら10万円でも出すでしょう。一方、1万円ならという貧乏旅行の若者もいるでしょう。10席に対し、払える上限が10万円から1万円までの10人がいたとしましょう。この10人に価格をひとつしか提示できないなら、売上のマックスは30万円[145]です。でももし、徐々に違う額を提示できる（ダイナミックプライシング）なら、55万円も手に入れることができます。

[145] 6万円なら5人、5万円なら6人で30万円。それ以外では、7万円か4万円だと28万円、8万円か3万円だと24万円、9万円か2万円だと18万円と減少する。

FIGURE 101 ｜ 航空機のイールドマネジメント

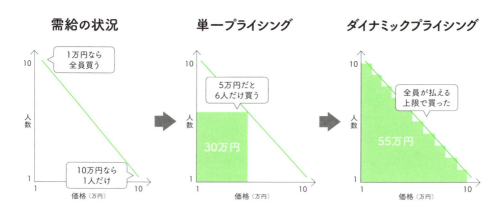

▶「固定費≪変動費」のときは粗利率アップとLCO

　一方、一般の小売や卸売業では仕入れ（＝変動費）が60〜90％を占めます。残りの経費でも固定費はほとんどありません。経費の多くを占める販売員も、多くはパートやアルバイト（＝変動費）だったりします。

　こういった状況で利益を増やすにはどうすればいいでしょうか。BEPは低目なので割と安心して事業を行えますが、逆にただ規模を追っても、売上当たりの限界利益（売上−変動費）が小さいので、利益が積み上がりません。しかも値下げをしたらすぐ赤字になってしまいます。なので**変動費を下げることが一番**です。ウォルマートは経費削減をLCOで実現しました（189頁参照）。小売や卸売業なら変動費の筆頭は仕入でしょうから、まずは仕入れ額を下げる、もしくは粗利（売上−仕入）を上げること。

　実は**仕入れ額を下げるための一番の方策が<u>規模拡大</u>**です。大量に仕入れることで、確実に仕入れ単価を下げることができます。スーパーマーケットもコンビニエンスストアも、規模を求めてどんどん集約し、大手流通グループ数社になってしまいました。そうするともう規模では差が付きません。そこで出てきたのが**粗利率を上げる**こと。独自のプライベートブランド（PB）商品を出すことに始まり、今ではそのプレミアム版（セブンプレミアムなど）を出すことで高価格・低仕入額（＝高粗利）を図っています。

FIGURE 102 ｜ 固定費型事業と変動費型事業

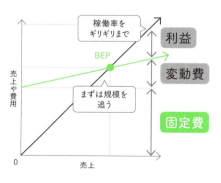

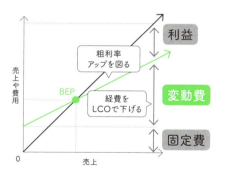

5度目の正直、セブンカフェ

COFFEE CASE 06

セブンカフェ、大成功！

2013年1月に導入されたセブンカフェは、9月にはセブン-イレブン全店(当時1万6,000店)にマシン設置を完了しました。普通サイズのコーヒーが100円、アイスコーヒーが150円です。

当初の販売目標は**日販**(=店舗当たり1日当たりの売上)60杯でしたが、1年後には100杯、**18年には130杯**に伸びました。年間10億杯です。ネスレ日本によれば、日本での年間コーヒー消費量は480億杯なので、セブンカフェは登場わずか1年でその1%弱、5年で2%強を占めたことになります。

他にもうれしいことがいくつかありました。セブンカフェは、

- **リピート購入率55%**：弁当は40%。顧客の固定化に貢献
- **女性比50%**：店舗利用客全体では女性比35%、缶コーヒーでは30%のみ。女性客開拓に貢献
- **併買率2割**：一緒にサンドイッチ、菓子パン、スイーツを購入
- **缶コーヒー販売は横ばい**：カニバラなかった[146]

店舗にとってセブンカフェは、マシン代、メンテ・販売人件費が1日2,000円、100円コーヒーの仕入単価が50円のもの。

店舗オーナーにとってセブンカフェは、日販約1万円、3,000円の

FIGURE 103 │ セブンカフェのBEP分析：100円コーヒー100杯だと

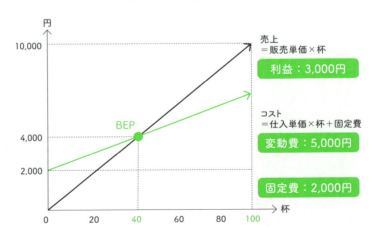

利益増をもたらしてくれる商材となりました。

全店だと初年度の売上見込みは500億円超。これはマクドナルドの総ドリンク売上の3分の1、スターバックスの総ドリンク売上の半分以上にあたります。

でもここまでは失敗の連続でした。

30年間の大失敗の歴史

まず最初が1980年代の「サイフォンつくり置き」です。1時間ごとにつくり替えるはずでしたが徹底できずに「まずいコーヒー」になってしまいました。次が88年の「淹れたてドリップ式」。マシンを開発し3,500店に展開しましたが焦げた香りが店内に漂うこととなりました。

ならばと90年代には「カートリッジ式」。挽き立てでなく味がイマイチでした。2000年代には「バリスターズカフェ」と銘打ってセルフ式のエスプレッソとカフェラテを提供しましたが日販25杯に留まり惨敗です。マシンも大きすぎて邪魔で、2,000店での展開に止まりました。

重ねた失敗はなんと4度。**セブンカフェは5度目の正直**、だったのです。

146│共食い現象。自社の製品間で競合し売上を食い合ってしまうこと。語源のcannibalは共食いをする動物（や人）のこと。

演習17 │ セブンカフェのBM図をFC本部の視点から描け

	セブンカフェ（FC本部として）	
ターゲット （顧客）	利用客	店舗オーナー
バリュー （提供価値）		
ケイパビリティ （オペレーション／リソース）		
収益モデル （プロフィット）		

PROFIT MODEL 29

売上アップの基本:水平展開か深掘り・囲い込みか

▶ 深掘りか展開か、短期か長期か

　売上の増やし方にはさまざまな方向性があります。「経営戦略論の真の父」と呼ばれるイゴール・アンゾフの貢献は数多いのですが(295頁参照)、その中でも企業の成長(増収)方向性を示した「**アンゾフ・マトリクス**」が有名です。これはもともと企業の多角化戦略を整理するためにつくられたものなので、本来はこの本の範疇ではありませんが、その**マトリクスの本質は「2つの軸のかけ算による成長の方向性の整理」なのであらゆるものに応用が利きます**。

　2軸をたとえば、ターゲット軸とバリュー軸にしてみましょう。「20代の女性(ターゲット)向けに、3,000円台の高感度ファッションを提供(バリュー)する」ビジネスでも構いません。アンゾフ・マトリクスでは、各々で2値(既存か新規か)を考え組み合わせます(FIGURE 104)。

①**市場浸透**｜同じターゲットに同じバリューでの浸透を図る
②**顧客開拓**｜同じバリューのものを別のターゲットに展開する

FIGURE 104 ｜ アンゾフ・マトリクスの応用：プロポジションマトリクス

③**商品開発** | 同じターゲットに別のバリューの商品を提供する
④**多角化** | 別のターゲットに別のバリューのものを提供する

　アンゾフは④を「狭義の多角化」、④に②③を加えて「広義の多角化」と定義しましたが、<u>「なんの強みも活かせない④をいきなりやると失敗するよ」がアンゾフの教え</u>でした。なのでまずは①②③を中心に考えましょう。以降、①②③での考え方と、③では特に「時間」を軸とした売上アップの方向性と事例を紹介します。
　まずは一番わかりやすい、②顧客開拓から。

▶ ②顧客開拓：地域展開と顧客層展開

　小売やサービス、飲食店のような店舗ビジネスからすれば、<u>一番わかりやすい増収策は地域展開</u>です。直営でもフランチャイズでも構いませんが、まずは数店舗を立ち上げ、その後、営業地域を拡げていくことで売上を倍々ゲームで増やすことができます。

　「女性だけの30分健康体操教室」カーブス（Curves）は、アメリカ本拠の簡易型フィットネスクラブです。日本でも2005年から展開を始め、13年間で全国1,900店へと拡大しました。会員数は85万人[147]に達しています。
　ユニクロも国内市場が飽和状態の中、成長を続けているのは海外です。1度は失敗した海外事業は現在復活し、1,241店（国内は827店）へと拡大しました。中心は中国ですが、他のアジア諸国や欧米も含め、店舗数は毎年150店以上増えています。ユニクロの海外売上は既に国内を抜いています。売っているものも顧客層も同じです。
　GUCCI（グッチ）を中核とする高級ブランドグループ、ケリング（Kering）は、イタリアの革製品ブランドBottega Veneta（ボッテガ・ヴェネタ）を2001年、傘下に収めました。以降、積極的なグローバル展開を進め、その売上を約18倍の1,400億円に引き上げました。地域展開力の成果です。

　一方、作業服・作業用品のフランチャイズ店を全国に831店展開するワークマンは、2018年9月、顧客層をプロ職人から一般消費者へと変えた新業態「WORKMAN Plus（ワークマン プラス）」をスタートさせました。ワークマンプラスが扱う商品は、ワークマンの商品1,700品目から、アウトドアウエアや

[147] 顧客は50代以上が88.5%。利用料は利用回数にかかわらず月6,700円（1年契約で月5,700円）プラス消費税。

レインスーツ、軽量シューズといった一般向け（にも使える）の商品を「切り出した」だけ。スポーツ用品などはありません。しかしプロ品質（耐久性など）のカジュアルウエアが激安価格で並んだ1号店 ららぽーと立川店には一般客が詰めかけ、大盛況となりました。一気に一般客を取り込むために、19年9月までに35店舗を出店（うち10店は既存店の改装）する計画です。

　同じ地域で同じ商品でも、打ち出し方を変えることでプロ職人から一般消費者への顧客層展開が可能でした。

▶ ①市場浸透：個客シェア向上と地域シェア向上

　意外とやり方次第なのが、①市場浸透です。
　同じ市場（顧客も商品も同じ）の内では、もうこれ以上シェアは上げられないと感じているかもしれません。しかし**個々の顧客（＝個客）毎や、細かい地域毎での自社シェアがもしわかれば話は別**です。

- **市場シェア**＝市場での自社売上÷市場規模
- **個客シェア**＝個々の顧客毎の自社売上÷同 購入総額
- **地域シェア**＝細かい地域毎での自社売上÷同 地域市場規模

FIGURE 105 ｜ 個客シェアで市場を見ると

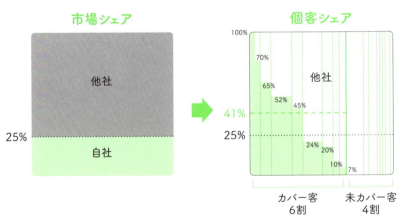

注：横幅はその個客の購入総額を示す

市場シェアはあくまで平均値に過ぎません。顧客毎や地域毎に見れば、大きな凸凹があります(FIGURE 105)。平均よりシェアが低いところを底上げするもいいですし、平均よりシェアが高いところに学んで全体を引き上げるのもいいでしょう。

　ある商品・サービスについて、特定の顧客がどれだけ自社のものを購入してくれているのか捉えるのは、簡単ではありません。ましてや、他社のものも含めた購入総額となると至難のわざ。だからこそ価値があります。

　細かい地域毎の自社売上や市場規模も同じです。それを入手・活用できれば大きな力となります。TSUTAYAを運営するカルチャー・コンビニエンス・クラブ(CCC)やエディオン(131頁参照)は、それを実現している企業です。自社の顧客データや、Tポイントカードによる商圏情報を組み合わせることで、自社店舗周辺の細かいエリア毎でのシェアが把握できます。そうすれば、どこにどんなチラシを撒くかといったプロモーション戦略や、そもそもどこに店を出すべきかといった出店戦略を立てられます。そしてその効果や成否も。

▶ ③商品開発：長期囲い込みと短期圧縮

　顧客が特定の商品・サービスに対して一生の間で支払う(であろう)金額を「**顧客生涯価値**(LTV)」と呼びます。それを逃さず確実に取り込もうとすることを「囲い込み」や「ロックイン」といいます。

　新規顧客開拓は広告も販促もとにかく確率が低く無駄ばかり。1人獲得するのに何万円もかかります。故に**どんな事業も既存客の囲い込みに必死**です。そのために開発された収益モデルが、替え刃モデルだったり、サブスクリプションモデル(231頁参照)だったりします。

　フィットネスクラブの国内市場規模は約4,000億円。ここ10数年横ばいです。そこではコナミ、ルネサンス、セントラルなど大手がM&Aなどで規模を競っていました。そこに割り込んだのが前述のカーブスなど新興勢力です。従来のプールもトレーニングジムもあるような総合サービス型のビジネスではなく、ターゲットやバリューを絞り込んだ、一点集中型のビジネスモデルを構築しています。

- 簡易サーキットトレーニング：カーブス（シニア女性）
- 24時間営業：エニタイムフィットネス（若年男女）
- ホットヨガ：LAVA（ラバ）（若年女性）
- パーソナルトレーニング：ライザップ（20-40代男女）

　いずれもビルの一角でスタートできる固定資産投資の少なさが魅力です。カーブスに続いてLAVAもその店舗数を急激に増加させています。

　ただ、収益モデルそのものまで変えたのがライザップです。**それまでフィットネス業界で基本だった「長期囲い込み」を「短期集中」に転換**しました。2012年にスタートしたライザップは、完全個室のプライベートジムで、利用者の目的はシェイプアップ（のみ）。会社側がその達成にコミットしての短期集中型の2ヶ月プログラムは、料金35万円です。大手フィットネスクラブに支払う3年分の金額を、たった2ヶ月で使い切らせる作戦です。

　顧客は3分の2が女性。年齢層は20〜40代が8割弱を占め、50代以上が5割を超える大手フィットネスクラブとは大きく異なっています。利用目的の8割はダイエットで「自分の意思では限界」と感じる層が顧客になっています。

　トレーナーがマンツーマンでの筋トレから、普段の食生活まで徹底サポートします。<u>トレーナーの質がすべてなので、厳選して採用し192時間もの独自研修</u>[148]を行います。

[148]「コミュニケーションスキルアップ研修」「カウンセラーによる指導」等、「対人対話能力を磨く練習」に力点を置いている。

FIGURE 106 ｜ ライザップ

重いプールも無いので普通のビルに個室をつくれば開業でき、機材は最小限で十分です。結果、大手フィットネスクラブでは売上の30%に達する地代・家賃や水道光熱費が、ライザップでは5%に過ぎません。**完全予約制にしているので人員配置のムダもなく、もっとも大きなコストである人件費率も大手フィットネスクラブ以下**に収まっています。極めて高収益な事業といえるでしょう。

だからこそ、顧客に対して<u>2ヶ月間での目標達成にコミットし、「30日間全額返金保証制度」を設けられます</u>。高収益だからリスクが取れ[149]、それを広告できるのです。

大量のテレビCM投下による新規顧客獲得が功を奏し、開始3年で売上は100億円を6年で超えました。期待していなかったリピート客も5割あり、利用者1人当たり売上は90万円に達します。2019年、ライザップのボディメイク事業は136店舗[150]、トレーナー約900人のビジネスにまで成長。さらなる展開を狙っています。

さて次からは近年の収益モデルである「替え刃」「広告」「フリーミアム」「サブスクリプション」を見ていきましょう。

[149] 顧客の約5%が全額返金保証かリバウンド保険（2ヶ月の延長が無料）を使用した。

[150] ボディメイクのみ。他にゴルフ（29店舗）、調理（2店舗）などがある。

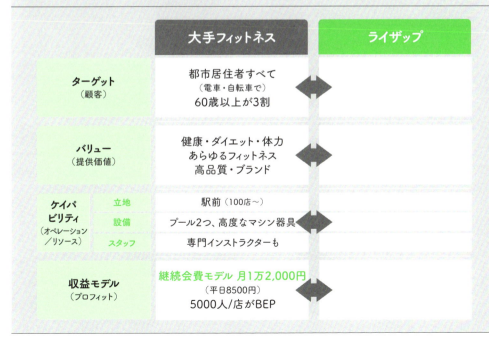

演習18 ｜ ライザップのBM図を描け

PROFIT MODEL 30

替え刃モデルの誕生と真実

▶ **耐久品を消耗品に変えて儲けたジレットのアイデアと執念**

　1901年、キング・ジレット（1855～1932）が「使い捨ての替え刃型の安全剃刀」を特許申請し、1902年に商品化します。これこそ**20世紀に起きた最初の収益モデル革新**でした。

　発明一家の子どもとして育ったジレットは、行商人として働きながらもいろいろな工夫をして、特許をとるような人物でした。王冠栓メーカー（クラウン・コルク＆シール[151]）で営業担当として働いていたとき、ジレットは、自分が営業する商品が、一瞬だけ使われて捨てられていくさまを見て思いました。「使い捨てだからこそ、顧客はまた買ってくれるのだ」と。

　王冠栓を発明したのは、まさにその会社の社長であるウィリアム・ペインター（1838～1906）でした。彼はジレットにアドバイスします。「**君も、一度使ったら捨てられてしまうものを発明しろ。そうすれば売上が安定するぞ**」

　ジレットは四六時中、そのことを考え続けます。

　1895年、出張先のホテルで剃刀を研いでいたジレットの頭に、ついに天啓が訪れます。「なんでこんな厚い刃にして、いつも研いでなきゃい

[151] 現在はCrown Holdings。ペインターは1891年に王冠栓を発明して特許を取り、翌年会社を立ち上げ、コカ・コーラなどに納めた。

FIGURE 107 ｜ 王冠栓と使い捨てカミソリ刃

発明者　　　ペインター　　　　　　ジレット

152 | 研ぎ革。刃物を研磨する目的で、革に非常に細かい研磨剤を塗り込んだもの。

153 | 当時の日給は高くて1ドル。5ドルは現在の5万円以上。ちなみに床屋での髭剃りは10セント（1,000円強）だった。

けないんだ？ 刃を薄い鋼鉄にして安くすれば、使い捨てにできる！」

当時、カミソリは鈍ってくれば研ぎ直したり、革砥[152]で磨いたりして使うものでした。刃は厚く、研ぎ直しに耐えるものでなくてはなりませんでした。高価（当時5ドル[153]＝現在の5万円以上）でかつ手間がかかるものでした。

この使い捨てカミソリのアイデアに40歳のジレットは有頂天になり、鏡の前で踊り出す勢いでした。ところがその実現には6年を要しました。鋼鉄をそれほど薄く延ばせる技術がどこにもなかったからです。彼は協力者を探し出し、苦難の末に薄い鋼鉄の刃を手に入れました。

ようやく実現にこぎ着けた「替え刃式T型カミソリ」でしたが、発売初年度（1902）には本体セット51個、替え刃168枚しか売れませんでした。本体が替え刃12枚とセットで5ドル、替え刃が12枚で1ドル（1枚は6〜7回使える）、は庶民には少し高すぎました。しかしめげずに米欧の男性向け雑誌や新聞で宣伝キャンペーンを打ち、本体を飲料のおまけ景品として無料配布し、そしてさらには「2枚刃」のアイデアを加えたことで、1904年には本体9万本、替え刃12万枚を売り上げます。

1914年に始まった第一次世界大戦では、従軍兵士向けに米政府が本体350万本、替え刃3,600万枚を発注し、**以降ジレットはアメリカ男性の「常識」となりました**。

1918年の売上はなんと、本体1,000万本、替え刃1億2,000万枚に達します。ジレットは1913年に本体と替え刃セットを3.8ドルに、21年

FIGURE 108 ｜ ジレットを3年使うと……

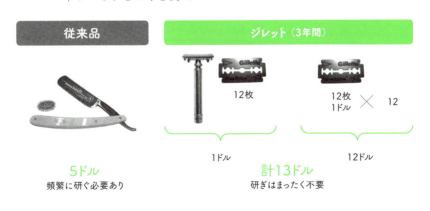

には1ドルに値下げし、事実上本体を無料にしました。**ジレットはついに、消耗品（替え刃）で儲けるビジネスモデルを実現した**のです。

　その収益性は圧倒的で、替え刃1枚の製造コストは1セントに満たず、12枚1ドルのジレットの替え刃は「造幣局より儲かる」といわれていました。

▶ 特許がイノベーションを加速する

　会社の売上が伸びたあと、ジレットを待っていたのは特許紛争でした。ジレットの偽物や、質の悪い類似品が市場に溢れ、ジレットの特許への対抗がなされました。ジレットは辛抱強く戦い、もしくは相手企業を買収して黙らせました。同時に**「2枚刃」に代表される発明を続け、特許申請をし続けました。それこそが競争力を維持する道**だと信じて。

　本格的な特許制度が生まれたのは17世紀のイギリスでした。イギリス議会は「専売条例 Statute of Monopolies」を制定し、発明や新規事業に対し最長14年の独占権を認めました。それまで、国王が恣意的に与えていた不安定なものから安定的制度に変わったことで、イノベーションに向けた多くの投資がなされ、「産業革命」につながりました。

　ワットによる蒸気機関の発明（1769）も、スティーブンソンの蒸気機関車の実用化（1814）も、**特許がとれたからこそ技術の完成・実用化に向け**

FIGURE 109 ｜ ジレットの最初の特許（一部）

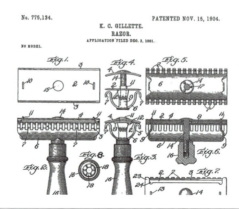

た投資が継続されたのです。特許制度こそがイノベーションを加速させるのです。

▶ 替え刃モデルを真に守ったもの、知財

替え刃モデルの収益源はちょっと高めの替え刃ですが、それこそがこの収益モデルの最大の弱点となっています。**他社に替え刃だけを安売りされたら終わり**だからです。実際、ジレットは「替え刃式カミソリ」の特許失効に備えて、「3つの穴の替え刃」という特許を取得していました。これで「ジレットのカミソリにはジレット社の替え刃しか使えない」はずでした。

しかし競合のオートストロップはそれをくぐり抜け「自社にもジレットにも使える安い替え刃」を売り出します。特許訴訟にも行き詰まり苦境に陥ったジレットは、自社より遥かに小さなオートストロップの合併提案を受け入れます。

その後も会社としてジレットは技術開発に邁進しましたが、特に力を入れたのは、本体と刃の接合部分です。ここを特殊なものにして、そこで特許や意匠権がとれれば、他社の安い替え刃がジョイントすることを防げます。

事実、5＋1枚刃[154]のフュージョンシリーズでは、替え刃を本体にはめ

154 | ヒゲを剃る刃が5枚、裏にピンポイントトリマーが1枚。

FIGURE 110 | 歴代のジレットカミソリ

1900　1920　1957　1965　1998　2002　2010　2014

◯ ＝ 本体と替え刃のジョイント部分

込む方法が特許で押さえられていたので、純正品以外のカートリッジを本体につけることはできません。
　<u>替え刃モデルを守り切るには、他社の安い替え刃を使えなくするための技術・知財戦略こそがカギ</u>なのです。

▶ 替え刃モデルを採用した商品と逆替え刃モデル

　本体を安く売り、その後の消耗品やサービスで長く（大きく）稼ぐこの<u>「替え刃（Razor and blades）モデル」は、のちに多くの商品で採用される</u>ことになります。

- インクジェットプリンターとインク／レーザープリンターとトナー（HP・キヤノン）
- 携帯電話・スマートフォンと通話・データ通信料
- インスタントカメラと専用フィルム（コダック）
- 電動歯ブラシと替えヘッド（ブラウン）
- 家庭用ゲーム機とゲームソフト（任天堂 66頁参照）
- コーヒーマシーンとコーヒーポッド（ネスレ 220頁参照）

　もしくは、B2Bでも

- 情報システムと保守サービス
- エレベーターと保守サービス

　などが、そうでした。
　逆に**本体は高くして、サービスを安くする**のが、「<u>逆替え刃（Inverted razor and blades）モデル</u>」です。昔ながらの高級品商売がみなそう（商品は高いがアフターサービスはタダ）でしたが、AppleのiPodやiPhone、iPad、Mac PCなども同様です。

- 初代iPodは本体価格が399ドル（容量5GB）で競合製品の価格の倍以上だったが、iTunesでの音楽ソフトの値段は100円前後とそれまでの半額以下とした
- iPhone用のiOS向け主要アプリ（地図やナビゲーション[155]など）は、独自開

[155] | iOS6（2012）リリース時、AppleはGoogleマップの代わりにAppleマップをデフォルトにしたが、非常に不出来で大問題となった。CEOが謝罪文を出した他、担当役員が辞任した。

発して無償提供
- Mac用OSであるOS Xと主力アプリケーションであるiWorkを無料化[156]した（2013年）

[156] 従前はiWorkのPages、Numbers、Keynote、そしてOS Xが各々2,000円だった。

業界みなが替え刃モデルに傾倒する中、ジョブズはここでも独自路線を貫きました。

替え刃式カミソリの発明と事業化で大金持ちになったジレットでしたが、競合との合併直後に会社を追われ、その後理想郷の建設を目指して挫折し、さらには世界恐慌や特許紛争の荒波の中で資産を失い、1932年、失意の中で他界します。

しかし**会社自体は、その後も技術開発と特許出願を続け、替え刃モデルの成功例であり続けています**。替え刃をカートリッジ式にし、刃の数も2枚から3枚となり、ついには5枚プラス裏側にトリマーつきという……。しかしその「フュージョン5＋1」はその刃の数を揶揄されながらも、大いに売れ、かつ多くの特許に守られ高収益を謳歌しています。

2005年、ジレットの売上は1兆円超、利益率は25％に達しました。

演習19 | ジレットのBM図を描け（初期）

	旧来のカミソリ	ジレット
ターゲット（顧客）	一般男性個人	
バリュー（提供価値）	耐久性	
ケイパビリティ（オペレーション／リソース）	大量生産・販売力	
収益モデル（プロフィット）	一体まるごと買替え　高価	

07 COFFEE CASE

カプセルで儲けるネスプレッソ

コーヒーの王者が挑んだ会員制の直販ビジネス

インスタントコーヒーを世界中の家庭に広げることで大成功したネスレも、1980年代以降はそのブランド力の低下に悩みます。『トレードオフ』(2010) で論じられているように、「手軽さ（安い・どこでも買える）」と「上質さ」はなかなか両立しないのです。

1986年、ネスレは画期的な新商品ネスプレッソを発売します。挽き立てのコーヒーを特殊なカプセルに封入し、超小型のエスプレッソマシンでそれを抽出することで、本場イタリアのカフェ（バール）の味を再現しようとしたのです。でもこのビジネスの最初の敵は社内でした。

起案者であるエリック・ファーブルに対して上司たちは冷たく「ネスカフェとカニバリする」と開発許可すら与えませんでした。ファーブルは密かに開発を続け、ついに発売に漕ぎ着けます。発案から11年が経っていました。

次の壁が初期投資の壁でした。開発されたマシンはコーヒーの種類やブレンドに合わせて11〜15気圧をかけられる高性能のものでしたが、3万円もします。さすがにそれではなかなか売れません。ここで替え刃モデルの登場です。

FIGURE 111 ｜ ネスプレッソを3年使うと……

1日3杯を3年間

0円
（本来は3万円）

55円/個※ × 3,285個

約18万円

※個人向けアンバサダープログラムでは6箱以上で2割引＆送料無料

ネスレは、ジョージ・クルーニーのCMを打つだけでなく、**ネスプレッソを法人相手の直販の会員制にして「マシンは無料で貸与。その後の純正カプセル（1個60円）で儲ける」**ことにしました。高級ホテルやオフィスがターゲットです。これが高級イメージを手軽に出したかった法人客にうけました。

ジレット同様、ネスレも1,700件の特許でマシンとカプセルを守り、非純正の互換カプセルの排除にも勤しみましたが、2012年の基本特許切れ以降は訴訟での苦戦が続いています。

ただその後日本で、個人客への展開にも成功し、ネスプレッソは売上5,000億円、シェア50%の高収益ビジネスとなりました。

環境問題は垂直統合モデルで切り抜ける

大成功したネスプレッソでしたが、それ故の問題が起きました。**使用済みカプセルのゴミ問題**です。埋め立てるしかない特殊なカプセルが大量に廃棄されることに業を煮やしたドイツ政府は、16年「公共施設からネスプレッソ等を追放せよ」との指令を出しました。大ピンチです。

しかしネスレはこれに対処します。使用済みカプセルを自社で回収・処理することにしたのです。配達時に顧客先から回収し、専用の処理工場で処理します。**ネスレはコーヒー豆の栽培、調達、生産から販売・回収処理までの垂直統合モデル**をつくり上げました。

特許問題はブランド買収で突破か

17年9月、ネスレはあのブルーボトルコーヒーを傘下に収めます。株式の68%を、4億ドル強で買収してのことでした。ブランドの高級化を図るネスレ、ブルーボトルコーヒーの世界展開を目指す創業者フリーマン、資金回収を望んだ投資家たちにとって、それがベストの選択だったのでしょう。

ネスレはさらに18年には、**スターバックスの商品販売権を8,000億円で取得し、ネスプレッソ向けカプセルなどを世界展開**しています。スターバックスの**ブランド価値**を取り込むために。

さてその成否やいかに。

PROFIT MODEL 31

広告モデルの誕生と威力
〔CBS、Yahoo!〕

▼ タバコ会社の御曹司ペイリー ラジオ放送ネットワークを構築す

　この時代に起きたもうひとつの「収益の仕組み」の革新は、**広告モデル**の誕生です。

　CMなどのメディア広告には商品売上増の力があり、メディア（テレビ・ラジオ放送局）はその広告料だけで十分やっていける、と証明したのは、タバコ会社の御曹司 ウイリアム・ペイリーでした。

　消費者は1円も払うことなく、かつ商品を買う義務も負わず、自由にメディアコンテンツを楽しむことができる。そんな夢のような仕組みが、この世に出現したのです。

　ペンシルバニア大学ウォートンスクール（MBA）を出たペイリーは、父親らが興した大手タバコ会社の副社長となり、広告宣伝キャンペーンで大成功を収めます。なかでも彼が注目したのは、ラジオ広告の効果でした。

　それもあって、ペイリーの父親らは1927年、フィラデルフィアの小さな経営難のラジオ局CBSを買収します。しかしそれが御曹司ペイリーの人生を変えました。彼はタバコでなく、放送ビジネスにのめり込んでいったのです。

　ペイリーは即座にラジオ放送の将来性を理解します。**その鍵は「番組の質」と「広告主」**でした。当時、多くのラジオ局は独立で、番組を主要局から買い付けては流す、まるで地方新聞[157]のような存在でした。

　これでは、**ナショナルブランド**を擁する大手の広告主にとって、魅力がありません。まずはそこを変えようと、ペイリーは他のラジオ局にこう持ちかけました。

　「うちの自主制作番組はタダで使っていいですよ」「その代わり、広告主がついているスポンサー番組は、指定時刻に必ず流してもらいますからね」と。

[157] 日本と異なり、アメリカには新聞の全国紙がほとんど存在しない。一般紙ではUSA Todayのみで、創刊は1982年。

この条件に地方ラジオ局は飛びつき、加盟局は飛躍的に増大します。1928年に16局によってスタートしたCBSは、大恐慌をものともせず、37年には114局の加盟局を擁する大ネットワークと飛躍しました。このおかげでCBSは「全国一斉(いっせい)に広告を打ちたいナショナルブランド（コカ・コーラなど）」を顧客とすることができたのです。

▶「大衆向けコンテンツ」と「細切れ広告枠」がスポンサーを惹きつけた

　"I'm dreaming of a white Christmas /Just like the ones I used to know" に始まる「ホワイト・クリスマス」でも有名な**ビング・クロスビーこそは、ペイリーのCBSが生んだ大ヒット商品**でした。クロスビーはマイクとスピーカーを通じたラジオには従来の歌唱法が適さないことを見抜き、声を張り上げず滑らかに発声する歌唱法「クルーナー・スタイル[158]」を確立した歌手でもありました。CBSラジオで1931年に放送された「ビング・クロスビー・ショー」は圧倒的人気を博し、多くのスポンサーを惹きつけ、この頃から**飲料、せっけんや薬品、ビール**（1933 禁酒法解禁）**、そして自動車会社が**ラジオの「コメディショー」「ミュージックショー」の番組に**スポンサーとしてつくように**なりました。

158 | クルーニング唱法ともいう。croonは囁く・呟くという意味。

FIGURE 112 | CBSはリスナーと地方局を惹きつけて広告収入を伸ばした

・自主制作番組はタダで使ってOK
・その代わりスポンサー番組を指定時刻に必ず流してもらう

加盟局は飛躍的に増大、ナショナルブランドを顧客に

1928年
16局

1937年
114局

31 | 広告モデルの誕生と威力〔CBS、Yahoo!〕

<u>ニュース番組をスポンサーのつく商品にしたのもペイリー</u>でした。それまではどの放送局も、AP通信などから買ったニュースを流すだけだったのでなんの差別性もありませんでした。ペイリーはAP通信と仲違いしたのをきっかけに、独自の報道部隊を1930年に立ち上げます。

　第二次世界大戦へと進む暗い世相の中で、人々は楽しみとニュースに飢えていました。1935年、ドイツ軍によるロンドン大空襲の実況ニュース[159]は、CBSの大スクープとなりました。ペイリーはCBSを「エンターテインメントと報道の牙城」にします。

　ペイリーは「大衆は何を望んでいるか」を見抜く天才でした。

　同時にペイリーは<u>広告主のニーズ</u>にも敏感でした。1940年代にはラジオの放送枠をそれまでの30分か60分刻みではなく、5〜15分、20分刻みでも売るようになり、多くのスポンサー獲得に成功します。テレビ時代に移ってからは、これを30秒や10秒刻みでも売るようになります。

　<u>このスポットCMの仕組みはCBSの収益基盤を強固なものにし、全米3大ネットワークの一角を占めるまでに成長させました</u>。そして、そのCMの力を最大限に発揮して「計画的陳腐化」を推し進めたのが、まさにGMでした（55頁参照）。

　彼は最高の人材を獲得することに心を砕きました。それこそが、コンテンツの質を高める唯一の方法だとわかっていたからです。

　残念だったのは彼自身について、それを徹底できなかったことでしょう。彼は内規を無視して会長の座に留まり続け、晩年、CBSを迷走させることになります。

159 | レポートしたのは、当時ロンドンのCBSラジオ支局長だったエド・マロー。至近爆撃の音にも負けずに報道した彼の声は、多くの市民や軍人たちを勇気づけたといわれる。

▶ セコイアとロイター、孫正義が加速した　Yahoo!の爆発的成長

　広告モデルはその後、テレビや新聞、雑誌など多くのメディアで花開きます。そしてそれは1990年代に始まったインターネットの世界においてより顕著でした。

　1995年、爆発的成長を始めた<u>ネットの電話帳として、Yahoo!</u>がスタンフォード大学博士課程の学生2人によって立ち上げられました。

数社のベンチャー・キャピタル（VC）が興味を示し、最終的にセコイア・キャピタルから100万ドルの出資を受けることにしました。そこからの1年間は、スピードと体力勝負の<u>スケールアウト競争</u>でした。

「これも運命だ」「これから世界中の叡智はインターネットに集まってくるが、その情報に辿り着けなければ意味がない」「これは人類のためにやるのだ」と、2人は大学休学を決意します。

同じ94〜95年には、主な検索サイトが一斉に立ち上げられています。Excite、Infoseek、Lycos、AltaVista……。でも商圏が無限に広いネット上では、この世に同じサービスは2つ要りません。そしてその「<u>ネットワーク効果</u>」により、同じ機能なら大きいプレイヤーが、勝ちます。**敵よりユーザーのアクセス数を多く稼いで、一刻も早く大きくなること（スケールアウト）が必須**でした。

最初の10ヶ月でYahoo!には150万ドルの収入がありましたが、214万ドル使っていたので、64万ドルの大赤字でした。セコイアはさらに200万ドルを集めましたが、早くも運転資金が尽きかけていました。

しかし、ニュース配信会社のロイターが救いの神となりました。ロイターの最新ニュースを流せるようになったことで、アクセスが増えて企業80社の広告がとれて黒字化したのです。

そのときソフトバンク社長の孫正義（1957〜）がヤンたちに、ヤフー・ジャパンの設立と5％の出資を持ちかけます。孫はその直前、アメリカで電子ビジネス展示会最大手のコムデックス買収に800億円、PC出版最大手のジフ・デイビス買収に2,300億円もの投資を行ったばかりでした。彼は、ジフ・デイビス出版部門の社長から「Yahoo!が有望」と聞き、井上雅博（後のヤフー・ジャパン社長、1957〜2017）と乗り込んだのです。Yahoo!の社員はまだ、6人足らずでした。

▶ ディレクトリ型検索＋無料サービス、とバナー広告によるポータル・モデル

さらに孫は翌年4月、100億円（株29％分）もの出資をさせて欲しいと迫ります。ヤンたちが創業からたった1年でのIPOを成功させる直前のことでした。ヤンたちは当初難色を示しましたが、孫の「コムデックスとジフ・デイビスが全面的にYahoo!を支援する」との言葉で、受け入れを

決めました。

　その資金も使って**Yahoo!は、メールやファイナンスといったサービスを統合し続け、その後の熱狂的な「ポータル**[160]**戦争」に勝利しました。**

[160] 玄関。すべてのインターネットサービスの入り口、という意味。

- 多数のウェブサイトを人手でカテゴリー別に整理したディレクトリと、その中を検索する「ディレクトリ型検索」が中核
- メール、チャット、ゲーム、ショッピングガイド、カレンダー、ファイナンスなど多くのサービスを無料で提供することで差別化・囲い込み・訪問回数や滞在時間を伸ばす（トラフィック）
- サイトを訪れる人に対する「バナー広告」が収入源（9割）

　圧倒的なトラフィックを集めるポータルの価値は非常に高く評価され、99年末にはYahoo!の時価総額は1,090億ドル（当時で11兆円）にも達します。

　2001年のネットバブル崩壊時には時価総額は20分の1の50億ドルまで下がりましたが、ナンバーワンポータルとしてなんとか生き延びました。

FIGURE 113 ｜ Yahoo!がつくったポータル・モデル

	Yahoo!	
ターゲット（顧客）	一般ネットユーザー	B2C企業
バリュー（提供価値）	ディレクトリとその検索　各種サービスの無料提供	テレビを見ない層へのマス・アプローチ
ケイパビリティ（オペレーション／リソース）	人手によるディレクトリ作成　広告営業力、サービス開発・買収力	
収益モデル（プロフィット）	関連するサイトへのバナー広告（掲載期間保証型、ページビュー数保証型、クリック保証型、アクション保証型）	

しかしそのポータルとしての価値をYahoo!から奪ったのは、皮肉なことにインターネット自体の爆発的拡大と、同じスタンフォード大学の、同じく学生2人組がつくったGoogleでした。

▶ 広告効果が下がったバナー広告から、キーワード広告へ

Yahoo!を始めとしたネット企業は、さまざまな「バナー広告」のバリエーションを生み出していきました。掲載期間保証型、ページビュー数保証型、クリック保証型[161]、アクション保証型（資料請求・商品購入などが保証された回数分行われるまで広告出稿が続く）……。

クリック保証型やアクション保証型などは、CBSのペイリーらが生んだマス広告モデルでは決して実現し得なかった画期的な手法であり、広告主たちは喜びました。

巨大な企業広告費がインターネット業界に押し寄せ始め、2000年、アメリカでのネット広告費は80億ドル（全体の3%強）を超えました。Yahoo!やその競合たちは、それに目が眩みます。

しかし、その**広告効率は徐々に落ちていきました。情報のインフレーションが起きたから**です。90年代初頭には数万程度だったウェブサイトの数が、数年後には数十億というレベルに増加しました。人手によるディレクトリに頼る、ディレクトリ型検索エンジンではそれらが拾いきれず、Infoseekのような自動のロボット型検索エンジンが、伸び始めました。しかしまだ検索の精度が低く、有用とは言い難いものでした。

その検索精度を格段に上げたのが、98年創業のGoogle（現Alphabet）でした。**Googleは後発ながら、2つの技術革新**[162]**により非常に優れた検索サービスを提供します**。02年にはアメリカでもっとも使われる検索エンジンとなり、人々の情報収集能力を格段に引き上げました。

そしてこれにピッタリだった広告モデルの一種が、同じ頃「発明」された「**検索キーワード連動型広告（キーワード広告）**」でした。検索ワードに対する検索結果リストの脇に、自社の広告を載せる形の広告なのですが、その値段は広告主による入札で決めるという方式です。

[161] 1998年に米バリュークリックが始めた。

[162] ①クラスタリング（結合）技術による分散処理の低コスト化、②ページランク・テクノロジーの開発によるヒット率の向上。

スコット・バニスターがそのアイデアを96年に思いつき、Idealabのビル・グロスたちに売り込みました。グロスは98年には会社（後のオーバーチュア）を立ち上げ、その効果を実証し、それは多くのサーチエンジン事業者たちへの福音となりました。**検索サービスを「お金にする」（マネタイズ、などといわれる）ための唯一有力な方法**とわかったからです。

　そしてそれは、高額なバナー広告（画面上で面積をとるから）を使えない、多くの中小事業者にも、ネットでの広告の門を開くものでした。

▶ ビジネスモデルの変革に腰が重かったYahoo!とマイクロソフト。一気に資源集中したGoogle

　キーワード広告が急成長していたにもかかわらず、Yahoo!やマイクロソフト（のポータルMSN）は、その全面的導入に消極的でした。すでに「ポータルサービスによる多くのトラフィック（ユーザーの訪問）」とそれに対する「高額なバナー広告」で十分儲けられていたので、その必要を感じなかったのです。

　マイクロソフトはキーワード広告企業のリンク・エクスチェンジを98年末に2.7億ドルも出して買収しておきながら、MSNにそれを搭載したのは2000年のことでした[163]。Yahoo!も同様でキーワード広告を導入したのは01年、オーバーチュアを使ってのものでした。

　その間隙をGoogleは突きました。99年当時すでに「驚異的な検索エンジン」との評価を得、30億円以上の投資を集めていたGoogleでしたが、収入はほぼゼロ。そんな**Googleにとって、このキーワード広告こそが、探し求めていた飛躍への翼**でした。しかし、先行するオーバーチュアやリンク・エクスチェンジを買収することもままならず、自社開発のAdWords（アドワーズ）を00年10月にリリースします。

　Yahoo!はここで3つの大失策を犯しました。

- Yahoo!のサーチエンジンとしてGoogleを00年6月〜04年2月、採用し、その利用を後押し[164]してしまった
- オーバーチュアを（16億ドルで）買収したが03年と遅かった
- GoogleのAdWordsを特許侵害で訴えたが04年、（たった）Google株260万株（当時の株価で2.6億ドル）で和解してしまった

[163] MSNは結局数ヶ月後、キーワード広告を停止した。

[164] 02年にはGoogleが検索エンジンシェアのトップに。

強烈な事業スピードでネットの覇者となり、ポータル・モデルをつくり出したYahoo!でしたが、ロボット型検索エンジンとキーワード広告への転換に遅れ、4年後輩のGoogleに抜かれることになりました。

04年に株式公開（IPO）したGoogleは、翌年には時価総額1,000億ドルを超え、Yahoo!の2倍となりました。一方Yahoo!は、業績悪化に伴って創業者のヤンが08年CEOを退任、その後迷走を続けます。

17年には通信大手のベライゾンがYahoo!の中核事業（ポータルなど）を45億ドルで買収し、AOLに統合してしまいました。同時期、Googleの時価総額は6,500億ドルに達します。

演習20 | GoogleのBM図を描け（初期）

	Google	
ターゲット（顧客）	一般ネットユーザー	B2C/B2B企業
バリュー（提供価値）		
ケイパビリティ（オペレーション／リソース）		
収益モデル（プロフィット）		

PROFIT MODEL 32 | フリーミアムモデルはイバラの道〔クックパッド〕

▶ 何を無料にして、何で儲けるのか

ネットマガジンWIRED（ワイアード）の編集長だった**クリス・アンダーソン**が『ロングテール』（2006）に続いて書いた『フリー』（2009）は、無料（フリー）という「値段」のインパクトと、それを軸に何で利益を上げうるのかを洞察したものでした。

それらは、**①内部補助型**、**②第三者補助型**、**③一部利用者負担型**、**④ボランティア型**に分類できます。それぞれいくつか例を挙げましょう。

① 来店を促すために街頭でティッシュをタダで配る（多数）、配送料をタダにして売上増で儲ける（Amazon）
② コンテンツやサービスはタダにしてその広告で儲ける（民放、Google）
③ 閲覧側はタダにして作成側のソフトで儲ける（Adobe PDF）、買い手側はタダにして売り手側の手数料で儲ける（クレジットカード、PayPal）、ゲーム自体はタダにしてアイテム課金で儲ける（グリー、LINE（ライン））、基本サービスはタダにして一部の有料会員で儲ける（Evernote（エバーノート）、Dropbox（ドロップボックス）、クックパッド）

FIGURE 114 | 無料が絡む収益モデル4種

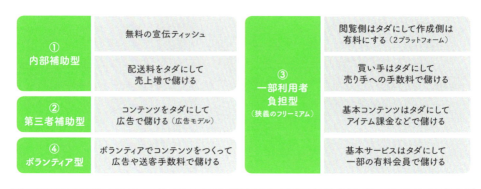

230　4章｜収益モデル：どうお金を回す？

④ボランティアによる評価や記事をタダで公開し、価値を高めてトラフィック広告や送客手数料で儲ける（価格コム、食べログ）

　もともと③は、ベンチャー投資家のフレッド・ウィルソンが定義し、名称を公募したものでした。free（無料）とpremium（有料）を合成した言葉「フリーミアム」と呼ばれることになり、それがアンダーソンによって広められました。
　これは、デジタルコンテンツやサービスの提供コスト（正確には限界費用）が、ほとんどゼロだからこそ成り立つ収益モデルです。
　アンダーソン自身も、それ（③）を実践して見せました。最初に『フリー』の全文を期間限定でネット閲覧可能にしたのです。30万部が無料ダウンロードされましたが、それが呼び水となって、有料の本自体も大ベストセラーとなりました。

▶ 有料会員化なんてムリ、の常識を覆したクックパッド

　料理レシピ検索のクックパッドは、日本の20〜40代女性の96％が認知し、30代女性の4割以上が「週に1回以上利用する」サービスです。
　2018年末での投稿レシピ数は305万品、月間述べ利用者数は5,500万人[165]。そのトラフィックやタイアップで稼ぐ広告収入もありますが、プレミアム（有料）会員200万人が払う月280円が、収入のなんと6〜7割を支えています。

[165] 海外展開は70ヶ国、25言語。海外サイトのレシピ数は212万品、月間利用者数は4,000万人超。

FIGURE 115 ｜ クックパッド

しかしここに至るまでは苦難の連続でした。佐野陽光(あきみつ)がクックパッドの前身を創業したのは、大学卒業直後の1997年でした。スマートフォンどころかADSL[166]もない時代です。**オリジナルレシピの投稿サイトというアイデアは秀逸(しゅういつ)で、検索サイト経由でどんどんユーザー数は増えていきました**が、サーバー代が嵩(かさ)むばかりで収入がほとんどありませんでした。でも04年、広告に詳しい社員が入って広告収入が大きく伸びました。人気ユーザーを起用した「モニター使用レポート」で、パナソニックの電気圧力鍋が26倍[167]売れたり、「メニューコンテスト」で食酢や焼肉のタレの売上が伸びたり……。食品関係の企業が広告・販促費を投じてくれるようになり、クックパッドはようやく立ち上がりました。

　08年 佐野たちは、**一度は失敗した有料会員サービスに再チャレンジ**します。IT業界の誰もが「ゲームのアイテム課金以外、有料化はムリ」「広告モデルしか成功しない」と言う中での決断でした。しかし、その年の11月に、ドコモの公式サービスとなったことで有料会員が爆発的に増え始め、12年からはスマートフォンユーザーの有料会員化に成功しました。今や全ユーザーの4%弱が有料ユーザーとなっています。

　アメリカ、スペイン、インドネシア。クックパッドが狙うのは世界[168]です。

[166] 2000年代前半に普及した電話線による高速通信（ブロードバンド）技術。2001年、Yahoo!BBによる価格破壊とモデム無料配布などにより急速に広まった。

[167] 前年2,000台だったものが5万2,000台売れた。

[168] 29言語、77ヶ国に展開（2019年3月末）。

演習21 ｜ クックパッドのBM図を描け

	無料ユーザー	有料ユーザー	広告主
ターゲット（顧客）			
バリュー（提供価値）			
ケイパビリティ（オペレーション／リソース）			
収益モデル（プロフィット）			

▶ フリーミアムが成功するとは限らない。時間と資金が必要

設立から4年後、EvernoteのCEOフィル・リービン (1972〜) は、「**フリーミアムが機能するまでには、時間を必要とする**」と語りました。事実、同社の無償ノート・アプリを使い始めたユーザーが、1ヶ月以内に有償ユーザーになる確率はたった1%以下でしたが、2年以上の利用者になると、それが12%に跳ね上がっていたのです。利用者の9人に1人が、エバーノート・プレミアム版に月5ドル（もしくは年間45ドル）払うようになるまでには、2年もの時間が必要でした。

請求書発行サービスの**チャージファイ (Chargify) (2009〜) はフリーミアムに失敗**しました。当初は、「月50件の請求書までは無料で、月51件以上の場合は月49ドル」というフリーミアム・モデルでスタートしましたが、有料プラン顧客の獲得が進まず、1年後には資金不足で倒産寸前となります。

チャージファイはフリーミアム・モデルを断念し、無料プランを全廃、全ユーザー月65ドルとしたのです。無料プラン顧客の多くが離脱しましたが、一部が有料プランに移行してくれました。大量の無料プラン顧客をサポートする必要もなくなり、2012年ついに黒字化しました。現在は30名が働く会社になっています。

有料ユーザーを獲得するのには時間がかかります。なので初期は赤字を覚悟するしかありません。しかも無料プランを便利にしすぎると、有料プランにはなかなか移ってくれません。かといって、無料プランを十分魅力的にしなければ、そもそもフリーミアムの特長である口コミや、コミュニティ、会員ベースの拡大が効かなくなってしまいます。

多くのスタートアップ企業が「フリーミアムモデル」を掲げますが、ゲーム以外ではほとんどが失敗しています。フリーミアムは、決して簡単な収益モデルでは、ないのです。

PROFIT MODEL 33

サブスクリプションモデルの インパクト〔Netflix、Spotify、Adobe〕

▶ リアルから始まったサブスクリプションモデル

　モノ（ハードウェアやソフトウェア）は購入し所有すれば、その機能は使い放題。でも大抵高く付くので、所有せず使った分だけお金を払うのが「サービス化」です。ゼロックス（コピー枚数に応じて料金を払う）の**従量制課金**が生まれたのは1960年頃でした。そこにさらに、所有ならではの「使い放題」を付け加えたのが**サブスクリプションモデル**です。

　1997年創業のNetflixはもともとオンラインでのDVDレンタル会社[169]です。「1週間4ドル、送料2ドル、延滞1ドル」の郵送レンタルです。登場したばかりのDVDがVHSカセットと異なり、薄くて軽いことに目を付けた無店舗事業でした。

　<u>99年には料金体系を「月15ドルで使い放題」のサブスクリプション型に変えました。</u>期間中はDVDを本数制限なしにレンタルでき、延滞料金、送料・手数料が全て無料という画期的なサービスでした。2000年に導入したレコメンド機能[170]も成功し、05年には会員数が420万人を超え、作品数は3.5万タイトル、毎日100万枚のDVDを貸し出す規模[171]になりました。しかし2007年にNetflixはその戦略を大きく転換します。

[169] 共同創業者のリード・ヘイスティングスがビデオレンタル店で『アポロ13』をレンタルした際、返却期限に間に合わず40ドルもの延滞料金を支払った経験から思い付いた。

[170] ユーザーの利用履歴をもとに個別にコンテンツを推奨する機能。

[171] 会員1人当たりでは平均月7.2枚レンタル。

FIGURE 116 │ サブスクリプションモデルの位置づけ

	所有する	所有せず
使い放題	売り切り（販売）マンガ本販売	サブスクリプション（期間定額）漫画喫茶
使っただけ	共同所有（権利分割販売）	サービス化（従量制課金）マンガ貸本

▶ 音楽・動画コンテンツのサブスクリプション化が進む

インターネットの普及と高速化によって、映画を始めとした動画コンテンツのストリーミング[172]配信が可能になりました。Netflixはいち早くそちらに舵を切ります。2007年1月、**自らの中核事業をDVDレンタルからストリーミング配信サービスに移行し、大成功**を収めました。

Netflixは映画やテレビ番組といったコンテンツ獲得とともに、オリジナル作品の作成にも巨額の資金を投入しています。2013年には、制作費に1億ドルを投じた『ハウス・オブ・カード 野望の階段』をリリース（13話同時配信）。空前のヒットとなりました。Netflixの2018年売上は158億ドル。時価総額は1,600億ドル（約18兆円）を超え、ケーブルテレビ最大手Comcast（コムキャスト）やディズニーを抜き、最大のメディア企業となりました。

音楽コンテンツではSpotify（スポティファイ）、Apple Music、Amazon Music Unlimited（アンリミテッド）、YouTube Musicなど強豪（きょうごう）がひしめきます。AppleはiTunesで1曲100円とし、デジタル音楽を普及させました。そこに**フリーミアム＆サブスクリプションモデルで2006年に参入したのがSpotify**（本社スウェーデン ストックホルム）でした。基本無料のSpotify Freeでは「シャッフル再生しかできない」「広告が頻繁（ひんぱん）に入る」「ダウンロードはできない」など不便が多いのですが、すべての音楽が聴けるので若者の支持を集めました。最近は月980円の有料会員が伸び、今や全利用者2億人、うち4割強の8,700万人が有料ユーザーです。

[172] streaming。コンテンツファイルをダウンロードしながら、同時に再生をする方式。

FIGURE 117 | 音楽配信サービス比較

	料金（月、税込）	曲数（万曲）	無料プラン	特長
Spotify Premium	980	4000	あり	世界最大
Apple Music	980	4500	なし	iPhoneとの親和性
Amazon Music Unlimited	980	4000	なし	Amazon Prime会員は780円
YouTube Music Premium	980	1億？	あり	動画と統合 推奨機能が強力
LINE MUSIC	960	4700	なし	LINE、ソニー、Avex共同

Appleは2015年、Apple Music[173]をスタートさせました。iTunesの音楽コンテンツのほとんどを、月980円で聴き放題にしたのです。2019年6月の有料ユーザー数は6,000万人、**Appleのサービス部門売上（2019年1〜3月期で114億ドル）の柱**となっています。陰りを見せたiPhoneの逆替え刃型ビジネス（本体を高くして他はタダ）を補うのは、サブスクリプション型のサービス事業群なのかもしれません。

[173] ビートルズが設立した英Appleは1978年、米Appleを商標権侵害で訴えた。わずか8万ドルで和解したがその条件は「米Appleは音楽事業に参入しない」だった。

▶ 法人向けソフトのサブスクリプション化で成功したAdobe

　PDFを開発・普及させたAdobeの主力商品は、2003年に投入したCreative Suite (CS) でした。それまでのプロ向けグラフィックデザイン、動画編集、画像編集、ウェブデザインといった個別商品[174]をひとまとめにした統合ソフトパッケージです。

　Adobeは12年にそののサブスクリプション版として、Creative Cloud (CC)[175]をリリースしました。月5,000円（年間プラン）で常に最新版の機能を使え、複数の端末で同期しながら作業できます。そして翌年6月、**CCへの全面移行を実施**します。もうCSの新バージョンは開発せず、CSの箱売りもやりません。既存ユーザーからは賛否両論が渦巻きましたが、結果としてはAdobeに大きな売上・利益の伸びをもたらしました。

　多くのプロユーザーが、数年に1回の数十万円の出費よりも月数千円の支払いを望みました。Adobeとしても**商品が1バージョンだけになり開発もサポートも格段に楽**になりました。**顧客の離脱率が下がり、売上が積み上がるようになる**中で、18年度の売上は12年度の倍以上の90億ドル、営業利益率は31%を記録しました。

[174] Photoshop、Illustrator、InDesign、Dreamweaver、Flash Professional、Edge Animateなど。

[175] CS6 (Creative Suiteのバージョン6) が対象。

▶ ふたたびリアルへ！アパレルで挑戦するストライプ

　ソフトウェアや音楽、動画、教育教材といった**デジタルコンテンツのみならず、サブスクリプションモデルはファッション、カフェ、エステ、乗用車などさまざまな拡がり**を見せています。

　女性向けアパレルでの先駆けは、2015年2月にサービスを開始したairClosetです。月6,800円でプロのスタイリストが選んだ3アイテム入りの専用のボックスが届きます。利用者がアイテムを選ぶことはできませ

んが、ボックスの交換回数に制限はなく、同時に3アイテムまでレンタルできます。これを猛追するのが同9月にスタートした「**メチャカリ**MECHAKARI」です。人気ブランド earth music&ecologyなどを擁するストライプインターナショナルが運営し、50ブランド3万アイテムの中から利用者が好みのものを選べます。同時に3アイテムまでという制限は同じですが、**すべて新品が届き、気に入れば購入もできますが、60日借り続けると返却不要**、そのまま貰えます。また、交換時には返却配送料に380円かかりますが、月5,800円で安めです。

　なぜこんな「新品のみ」ということができるかといえば、返却品を自社の古着サイトで売っているからです。定価に対し2割分をレンタルで回収し、返却品を中古として販売することでさらに5割、計7割を回収できます。SPA（製造小売業）であるストライプインターナショナルは、定価の3割強で商品をつくれるので、7割回収できているなら、その他の経費を除いても定価の1〜2割分が手元に残るのです。2018年11月での有料会員数は1万2,000人。2年で2.5倍になりました。未だ広告などの先行投資で赤字ですが、それを除けば黒字レベルとか。目指すは会員20万人です。

　サブスクリプションモデルは先行投資が大きく、当初は大赤字。あのZOZOもAOKIも短期で撤退[176]しました。それに耐え、最後の栄冠をつかむのは誰なのでしょうか。

[176] アパレルのサブスクリプション型事業から、AOKIは6ヶ月、ZOZOは13ヶ月で撤退した。

FIGURE 118 ｜ **メチャカリの仕組み**

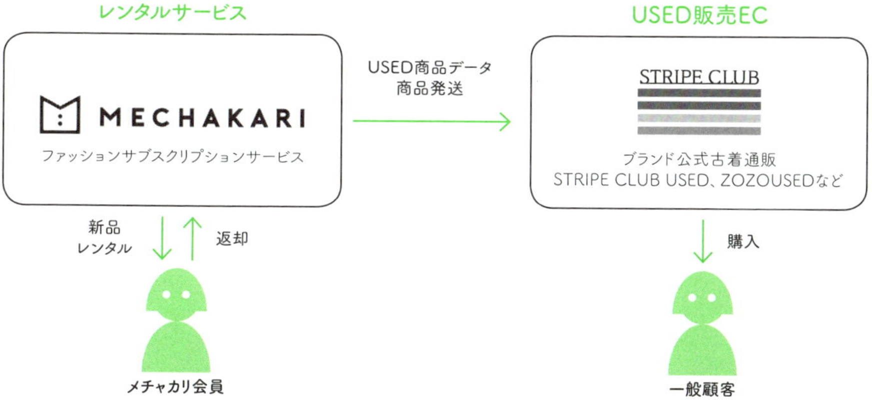

レンタルサービス　　　　　　　　　　　　　USED販売EC

MECHAKARI
ファッションサブスクリプションサービス

→ USED商品データ 商品発送 →

STRIPE CLUB
ブランド公式古着通販
STRIPE CLUB USED、ZOZOUSEDなど

新品レンタル ↓　↑ 返却　　　　　　　　　↓ 購入

メチャカリ会員　　　　　　　　　　　　　　一般顧客

PROFIT MODEL 34

収益モデル変革は破壊的自己革新の道

▶ 蛍光灯のサービス化に挑んだパナソニック

　大企業にとってそれまでのビジネスモデル、特に収益モデルを変えることは大変です。ここでは2つ、その成功事例を紹介しましょう。2社はどうやって社内外の壁を乗り越えたのでしょうか。

　2002年4月、パナソニック（当時は松下電器）は「あかり安心サービス」をスタートさせました。蛍光灯を従来のように単品売りするのではなく、事業所向けにリースし、回収・再処理する定額サービスです。サービス自体は、顧客（事業所）が困っていた「産業廃棄物の排出者責任」がなくなり、グリーン購入法にも対応する画期的なものでした。でも、困ったのは販売です。この商品、誰にどう売るのかが難しいのです。

　パナソニックもその販売代理店も、「サービス」なんて売ったことがありません。売ったら終わりの「モノ」が中心177で、せいぜいアフターサービスがあるくらい。サービスは、まるで未知の世界です。それに潜在的な顧客は全事業所600万。数はありますが蛍光灯の交換頻度は低く、一気に入れ換えるサービスの導入提案は簡単ではありません。

177｜主な取扱商品は住宅設備機器（キッチン・バス・洗面・トイレ・給湯・収納等）と照明機器。

FIGURE 119 ｜ パナソニックのあかり安心サービスの仕組み

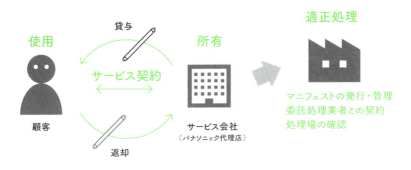

つまり、まわりみんなが（潜在）客なのに、滅多に買ってもらえない商品だったわけです。

提案型でもあり営業には手間がかかります。闇雲（やみくも）に営業活動をするわけにはいきません。蛍光灯を低コストで大量に、かつ廃棄物処理リスク無く取り替えたいと思っている企業や事業所を、うまく見つけるにはどうすればいいのでしょう。

▶ 全国600万事業所から潜在顧客を見つけるには？

まずはタイミング型です。蛍光灯（＝照明）を一気に導入するのに最適なのは、もちろん新たに工場やオフィスが建築されるタイミングを狙うことです。建物のタイプに関係なく、必ずそこには巨大な需要が存在します。しかしそこに入り込むにはあまりに手間や時間がかかります。他に、良いタイミングは無いでしょうか。

幸いなことに、蛍光灯には「寿命」があります。初回がダメなら、次を狙いましょう。日本製の蛍光灯の寿命はだいたい1万2,000時間。この時間で半分が切れてしまうのが「定格寿命」の定義です。普通はその3分の2の時間で1割が切れ、残り3分の1で4割が切れる、という特性を持っています。なので1日12時間点けている事業所なら、竣工から670日目くらいに営業に行くのが、ちょうどいいタイミングでしょう。そこから急に、蛍光灯が切れ始めていくので、総務部は排出者責任のマニフェスト[178]の作成と管理で大わらわのはず。そして情報源は新聞記事で十分。工場やビルの竣工情報をスクラップするだけで良いのです。そのまま600日ほど寝かせておきましょう。

次が経営視点型。顧客の現場の視点から見れば、蛍光灯は「手間のかかるもの」くらいの存在ですが、経営者から見れば「経営リスク」といえる存在です。

青森と岩手の県境で発覚した産業廃棄物の不法投棄82万m^{3}は、全国1万2,000社を巻きこむ大事件となりました。日立物流、タカラのように排出事業者として会社名を公表された企業もあり、世の経営者に「環境リスク」の大きさと扱いの難しさを知らしめた事件でした。故に、環境経営を謳う企業、官庁や自治体を顧客に持つ企業が狙えます。中期経営計画やビジョンで環境経営を掲げる企業（リコーなど）や、「環境会計」を導入する企業、官を相手に商売する企業にとって、「あかり安心

[178] manifest。産業廃棄物管理票のこと。排出事業者はこれを用いて運搬や処理が誰によって何時なされたかを管理することが義務づけられている。選挙公約manifestoとは異なるが、語源は同じで「はっきり示す声明や文章」のこと。

サービス」は福音となるはずです。だって、廃棄物もリスクも、ゼロにできるのですから。ISO14001対応上もばっちりです。

　情報源はやっぱり新聞記事で十分。「環境経営」や「SDGs」、「ISO14001取得」でネット上を検索してもいいかもしれません。新たに謳い始めた企業や組織を見つけたら、今度はすぐに片っ端から営業すればいいのです。

　もっと強力なのは**「相手に来てもらう」プル型**です。Push（プッシュ）でなくPull（プル）。これこそマーケティングの神髄（しんずい）です。パナソニックの事業推進リーダーであった部長の宮木正俊たちもそう考えました。**社内外の反対意見**[179]**も多い中、あえて新商品の記者発表を行った**のです。

　メディアの反応は強く、各社が大きく扱いました。そして、それが会社と代理店を動かすことになりました。パナソニックには取材申し込みが殺到し、代理店にも潜在顧客からの問い合わせが多く来たのです。

　損保ジャパンでの第1号契約に始まって7年後の2009年度、ユーザー数は6,800事業所となりました。いや、もちろんこれでもまだ、日本にある600万事業所の0.1％強に過ぎません。まだまだ現場での発想の余地は広大[180]です。

[179] | 曰く「採算が合わない」「販売店がついてこない」「ランプはリサイクル法の対象ではない」「一社だけが突出すると混乱する」「先走って失敗したらどうするのか」等々。『モノでないものを売った男』参照。

[180] | パナソニックは2009年9月、蛍光灯だけでなく照明器具全体を含めた新しいリースサービス『あかりEサポート』をスタートさせた。省エネやCO2削減を保証する。

演習22 ｜ あかり安心サービスのBM図を描け

		蛍光灯販売	あかり安心サービス
ターゲット（顧客）		全事業所	
バリュー（提供価値）		長寿命 低価格	
ケイパビリティ（オペレーション／リソース）	営業	既存小売に流すだけ	
	処理施設	なし	
収益モデル（プロフィット）		売り切り	

▶ 替え刃モデルを捨てたエプソンのインクタンク方式

次の収益モデル革新事例はセイコーエプソンです。**インクジェットプリンター世界3強の一角を占めるエプソンは、アジア新興国市場**[181]**で低収益**に頭を悩ませていました。

181 | 中国、インド、インドネシアなど。

まずは、収益源である替えインクの8割が非純正品で、純正品が売れません。さらには、業務用ユーザーが大量印刷するために家庭用のエプソン機（約8,400円）に改造キット（大型のインクタンクを外部に取り付けてチューブでプリンタヘッドに供給：約2,800円）を取り付けて使用していました（FIGURE 120）。当然、替え刃モデルは崩壊状態です。その対策に困り果てたエプソンは、ついに逆転の発想に至ります。「**大容量のインクタンク方式に需要があるなら、いっそそれを純正品として出してしまおう**」

問題は価格設定でした。替えインクカートリッジで数年かけて稼ぐはずだった分をカバーするには、本体が従来品の2倍もの値段（約1万5,900円）になってしまいます。インク代は1枚当たり20分の1（4.2円→0.2円）にしましたが、それでも単価は互換インクの数倍です。本当にこれで売れるのでしょうか。販売の決定はしたものの、既存の現地販売店たちは消極的で、40社中10社しかその販売に手を挙げませんでした。

しかし2010年、インドネシアで投入されたインクタンク機は成功を納めます。従来品を販売停止にしたため総販売台数は半分以下に下がりましたが、販売単価は倍になって売上は維持されました。もちろん収益性も上々です。

FIGURE 120 | 改造インクタンク機の例（インドネシア）

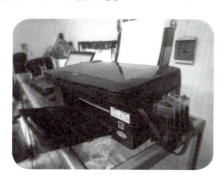

この純正インクタンク機は、実はターゲットユーザーらの潜在ニーズに合っていました。改造品は故障が多く、互換インクもよく目詰まりなどの問題を起こしていました。月1,000枚以上を印刷するビジネスユーザーにとっては致命傷です。

　印刷品質にもこだわる銀行がまず導入し、徐々に拡がりました。インクタンク機ではインクの非純正品との価格差も縮まり、プリンター、インクとも純正品の使用率が高まりました。11年には30ヶ国、12年には90ヶ国、14年からは先進国市場にも販路を広げました。

　先行したために「インクタンク機ならエプソン」というブランドが新興国市場でもできあがり、インクタンク市場でのシェアは圧倒的です。18年度の販売台数1,550万台の内、55％が大容量タンクになり、収益性も大きく改善しています。

　これはビジャイ・ゴビンダラジャンが提唱した『リバース・イノベーション』(2012)の好例でしょう。新興国市場で生まれたイノベーションが、先進国市場にも展開したのです。

　エプソンは新興国市場で自らの従来型収益モデルが崩壊していたからこそ、大きな転換（イノベーション）に打って出ることができました。でも**その道標（みちしるべ）となったのは、既にあった現地での工夫（違法改造品）**でした。

　それをそのまま、収益モデルの確立した（替えインクで儲けられる）先進国市場に導入することは大きな危険をはらんでいましたが、エプソンはその先行優位を活かす道を選びました。

FIGURE 121 | エプソンの逆替え刃モデル

	エプソン従来機	改造機	エプソン インクタンク機
本体価格	8,400円	8,400円	15,900円
改造キット代	-	2,800円	-
1万枚分のインク代	42,000円	500円	2,000円
合計金額	50,400円	11,700円	17,900円
業務上の問題	頻繁なインク交換	故障や汚れが多い	安定稼動で問題なし

出所：「日系企業の新興国市場における事業革新 ―エプソン「インクタンク」の導入過程―」（松井、2017）より三谷作成

▶ 大物ミュージシャンは曲売りでなくライブで稼ぐ

収益モデル変革の最後に、**デジタル対リアル**のお話を。

テイラー・スウィフトは2015年、「世界でもっとも稼いだ女性ミュージシャン」に輝きました。その収入は1.7億ドルと推定[182]されています。その内訳を見てみましょう。

アルバム300万枚相当の楽曲売上からの印税収入、コカ・コーラやAppleからの広告契約料も巨大でしたが、収入の多くはツアー公演での興行収入から来ています。85公演で208万人を動員した『1989ツアー』の興行収入は2.5億ドル。彼女の分け前が3割として0.75億ドル（約83億円）です。

日本国内でも、この10年でCD市場が半分[183]になった一方、音楽ライブ市場は3.2倍（入場者数は24倍）の3,300億円[184]に増えています。楽曲やPVはツアー広告と位置づけて、タダかサブスクリプションで流します。**ツアーでの「得がたい体験」にひとり1〜2万円払ってもらう、が大物ミュージシャンたちの新しい収益モデル**なのです。

その先鞭を付けたのは、マドンナです。49歳のマドンナが、デビュー以来25年間在籍したワーナーレコードから移籍したのは、他のレコード会社ではなくライブ制作・興業企業のLive Nation（ライブ ネイション）[185]でした。2007年、1.2億ドルの契約金で10年間の包括契約[186]を結びました。翌年の『STICKY & SWEET TOUR』は32ヶ国で350万人を動員、4億ドルの興行収入を挙げ、ソロアーティスト史上もっとも成功したツアーとなりました。

スウィフト、レディ・ガガ、ビヨンセ、ケイティ……。マドンナの後輩たちが彼女を抜くのはいつでしょう。

それはきっと、新しい収益モデルとともに。

ここまでの1〜4章で、経営学の基礎6科目をビジネス視点別に見てきました。5章では事業経営に必要なあと3つの要素を学びます。皆にゴールを示す「事業目標」、ケイパビリティの基礎となる「共通言語」、そして事業の成否を分ける「IT・AI」です。

---

[182] 2014年6月1日から15年6月1日までの税引き前の推定所得。

[183] 世界全体では近年、ストリーミング配信サービスの伸びが大きく、2017年の楽曲市場は173億ドルで08年レベルまで回復した。

[184] 一般社団法人 コンサートプロモーターズ協会の67社調べ。2017年の数字。

[185] 2017年のライブ動員数は8,600万人、売上は103億ドル、営業利益は9,140万ドル。

[186] 契約内容はライブ・ツアーのプロモート権の他、スタジオ・アルバム3枚の権利、商標権など。

4章のまとめ(前半)

27 お金を巡る3つの問題とその解決策の進化

キーワード
資金不足、赤字、黒字倒産
資本、損益、CF、税務/管理/財務会計
7つの企業会計原則、損益分岐点
費用:分業/規模化/LCO/シェアリング/サービス化(Xaas)/経験曲線
売上:広告/替え刃/従量制課金/フリーミアム/サブスクリプション
調達:株式公開/銀行融資/VC/エンジェル投資家/クラウドファンディング

企業・事業・商品
BCG
ウォルマート
AWS、Salesforce
CBSラジオ
ジレット
ゼロックス

Top 03 アカウンティングのP/LとB/S、キャッシュフローは覚えよう

キーワード
ヴェネツィア商人、簿記、株主(stranger)
減価償却、現金/発生主義会計、P/L、B/S、調達と運用、フローとストック、営業/投資/財務CF、資金繰り

企業・事業・商品
東方貿易、VOC、キーエンス、シマノ、しまむら、鉄道事業

28 収益モデルの基本:損益=売上-費用(固定費+変動費)

キーワード
損益分岐点(BEP)グラフ、
固定費型事業、変動費型事業、規模拡大、稼働率管理、イールドマネジメント、ダイナミック・プライシング、粗利率、PB商品

企業・事業・商品
鉄道事業、東急電鉄
航空事業
小売業、ウォルマート

主な参考書籍

会計の世界史
——イタリア、イギリス、アメリカ——500年の物語
田中靖浩

武器としての会計思考力——会社の数字をどのように戦略に活用するか?
矢部謙介

29 売上アップの基本:水平展開か深掘り・囲い込みか

→ 次頁

キーワード
アンゾフ・マトリクス（市場浸透、顧客開拓、商品開発、多角化）、狭義/広義の多角化、個客シェア、地域シェア、顧客生涯価値（LTV）、囲い込み/ロックイン、短期集中、全額返金保証

企業・事業・商品
カーブス、ユニクロ、ケリング、ワークマン、ワークマンプラス、CCC、エディオン、ライザップ

---

06 5度目の正直、セブンカフェ

キーワード
日販
損益分岐点
リピート購入率
併買率

企業・事業・商品
セブン-イレブン
セブンカフェ

アンゾフ戦略経営論〔新訳〕
H.イゴール・アンゾフ

4章のまとめ（後半）

30 替え刃モデルの誕生と真実

キーワード
王冠栓、消耗品（使い捨て）
替え刃モデル、特許制度
ジョイント
逆替え刃モデル

企業・事業・商品
ジレット、オートストロップ
フュージョン
Apple iPodなど

31 広告モデルの誕生と威力〔CBS、Yahoo!〕

キーワード
ラジオ局、番組の質と広告主、ナショナルブランド、スポットCM、ニュース番組、計画的陳腐化
スケールアウト、競争ネットワーク効果、ポータル・モデル（ディレクトリ型検索＋無料サービス、バナー広告）、キーワード広告、マネタイズ

企業・事業・商品
タバコ会社、CBS、GM
Yahoo!
セコイア・キャピタル、
Google

32 フリーミアムモデルはイバラの道〔クックパッド〕

キーワード
フリーミアム（内部補助型、第三者補助型、一部利用者負担型、ボランティア型）
有料会員、アイテム課金

企業・事業・商品
クックパッド
Evernote
チャージファイ

主な参考書籍

ビジネスモデル全史
三谷宏治

フリー —〈無料〉からお金を生みだす新戦略
クリス・アンダーソン

33 サブスクリプションモデルのインパクト〔Netflix、Spotify、Adobe〕

キーワード
サブスクリプションモデル、所有せず&使い放題、オリジナル作品
統合パッケージ
新品レンタル

企業・事業・商品
ゼロックス、Netflix、Spotify、Apple Music、Adobe CC
airCloset、メチャカリ、ストライプインターナショナル

34 収益モデル変革は破壊的自己革新の道

キーワード
廃棄物処理のリスク移転
潜在顧客への営業法（タイミング型、経営視点型、プル型）
互換インク、改造キット
リバース・イノベーション
興行収入

企業・事業・商品
パナソニック、あかり安心サービス
エプソン、インクタンク機、リバース・イノベーション
スウィフト、マドンナ
Live Nation

07 カプセルで儲けるネスプレッソ

キーワード
トレードオフ、手軽さと上質さ
エスプレッソマシンと特殊純正カプセル、特許、互換カプセル
環境問題、垂直統合モデル、ブランド価値・買収

企業・事業・商品
ネスレ、ネスプレッソ
ブルーボトルコーヒー
スターバックス

選択の科学
シーナ・アイエンガー

トレードオフ
—上質をとるか、手軽をとるか
ケビン・メイニー

リバース・イノベーション
ビジャイ・ゴビンダラジャン＋クリス・トリンブル

5章
GOAL, LANGUAGE, IT & AI

あと3つ：事業目標、共通言語、IT・AI

GOAL, LANGUAGE, IT & AI
35 事業目標：事業にはビジョンと達成目標が必要

▶ 事業経営とは「事業目標を立てその実現を図ること」

　事業を経営するとは、事業で達成すべき目標を立て、それを実現するために仕掛けを準備し回していくことです。それは中世イタリアの船乗りたちが、一攫千金(いっかくせんきん)の航海に挑んだときと変わりありません。

　後半の仕掛け部分がここまで述べてきたビジネスモデルですが、前半も必要です。それが、ビジョンを含む事業目標なのです。

● 事業経営＝事業目標×ビジネスモデル

　この事業目標には抽象（ソフト）・具体（ハード）の2種類があり、

ソフト｜**ビジョン**や**ミッション**、**バリューズ**など抽象的な「将来ありたい姿」「成すべき使命」「持つべき価値観」。時間軸は5〜10年単位
ハード｜売上や利益、シェアや顧客数など、その事業においてクリティカルな要素の定量・定性的な**達成目標**。時間軸は1年刻みで3〜5年程度

FIGURE 122 ｜ 事業経営と事業目標

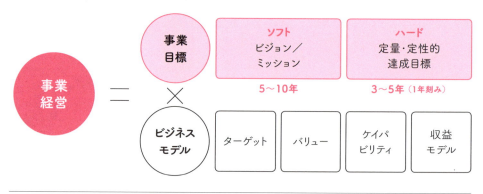

最近の大企業は、なぜかビジョンもみな似たり寄ったりで「社会の発展向上に貢献する」みたいになっていますが、それでは意味がありません。**ビジョンはその事業体が辿りつきたいと切に思う憧憬[187]の地でなくてはなりません**（『感じるマネジメント』高津、2007）。

　味の素もグループ全体では「グローバル健康貢献企業グループを目指す」という曖昧なビジョンになってしまっていますが、3つの事業分野の各々では、よりハッキリしたものになっています。たとえば**バイオファイン[188]分野**では、「**世界No.1のアミノ酸技術で人類に貢献するグローバルアミノサイエンス企業グループへ**」がビジョンです。ここには、さまざまな制約がついています。

A）「アミノ酸技術で」：技術中心で事業を回す。技術はアミノ酸で
B）「世界No.1の」：世界一の技術レベルを維持する
C）「人類」「グローバル」：世界中のあらゆるヒトがターゲット。一部地域や顧客層に偏らない

　こういった戦略的な制約が大切なのです。これに基づいて、味の素のバイオファイン分野では、医療用や飼料用のアミノ酸、バイオサイクル、食品や化粧品向け機能素材、電子材料などを展開していくことになります。広く見えますがA、B、Cの枠から外れることはありません。それがビジョンの役割だから。

[187] 1900年頃、高山樗牛（たかやまちょぎゅう）が姉崎嘲風（あねざきちょうふう）とつくった和製漢語。憧も憬も「あこがれる」ことを意味する。

[188] おそらく「機能性や付加価値が高いバイオテクノロジー製品」という意味。類似の言葉にファイン・ケミカル（精密化学）がある。

FIGURE 123 ｜ 味の素 バイオファイン分野での事業展開

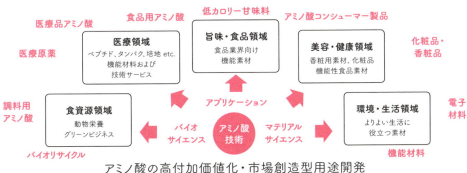

▶ 達成目標は仮のもの。まずは顧客視点で立てる

　よいビジョンは事業の大まかな領域や目的を決めてくれますが、それだけでは事業目標になりません。**ビジネスをその憧憬の地に導くための道標となる、具体的な達成目標が必要です**。定量的な目標は、どうせ10年分つくっても変更ばかりになるので、短中期のもので構いません。

　もちろん新規事業やスタートアップ企業の場合、資金調達のためにも最大限の成功時にいくら稼げるのかを示すことは必須です。でもそれは一種の理論的限界値であって、目標ではありません。そんなものを目標にしたら、すぐお金を使い果たして破綻します。

　逆に当初想定した最大値が、小さすぎることだってあります。GoogleやFacebookだって当初、こんなに大きくなるとは誰ひとり思っていませんでした。急成長するために必要なら、当初の目標なんて無視して、お金を集め続けなくてはいけません。新規事業やスタートアップ企業にとっての定量目標なんてそんなものです。**仮でつくって、どんどん修正していくことの方が大切**です。

　売上と利益の達成目標を数年分つくるとして、その立て方はさまざまです。**売上目標の一番単純な立て方は「市場×シェア」**です。その事業の数年後の市場規模を予想して、そこにエイヤッで目標の自社シェアを設定して掛け算します。

　でも、ここまでのビジネスモデル（1〜4章）を思い出してみましょう。売上や利益は、どうやって生み出されるものだったでしょうか。

FIGURE 124 ｜ **定量的目標の位置づけ（イメージ）**

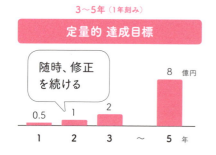
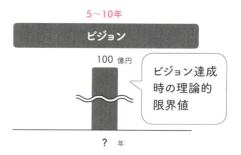

売上は「ターゲット（対象顧客層）」と「バリュー（顧客への提供価値）」で決まり、利益はその売上と「ケイパビリティ」実現のためのコスト、つまり「収益モデル」で決まるはずでした。であれば、**売上目標もビジネスモデルに沿った顧客視点で立てましょう**。そうでなければその目標から外れたときに、ビジネスモデルの何が悪かったのか、良かったのかがわかりません。わからなければ修正も利きません。

顧客視点での売上目標の立て方とは、たとえば、

● **売上＝全潜在顧客数×顧客数シェア×顧客単価**

などです。顧客単価はさらに、商品単価×顧客当たり購入数、とできるでしょう。そういった数値目標を、いつ黒字に転換するのかや、成長の組織的限界を見極めながら、ビジネスモデルと行ったり来たりしながら決めていきましょう。

決して、「売上＝商品販売数×商品単価」だけで売上目標を立ててはいけません。そこには顧客の視点がカケラもないからです。

そしてもう一つ気を付けるべきは、**株主価値**（株主にとっての企業の財務的価値）**を目標にすることの危うさ**です。

▶ 1970年代後半のアメリカから始まった株主価値偏重

企業はいったい誰のものなのでしょうか。株式会社であれば、株主に（通常は）総会での議決権があり、その意思に沿って会社は経営されていくことになります。「**経営者は株主の意思を体現する代理人（エージェント）**」[189]というわけです。では株主は企業に何を望むのでしょうか。株価の上昇でしょうか、高配当でしょうか。それは短期のものでしょうか、長期のものでしょうか。

アメリカでは70年代後半以降、いわゆる機関投資家[190]が、企業の株式を握るようになりました。そして、短期の株価上昇・利益創出を強く要求するようになりました。それに従って経営者への報酬も現金でなく自社株で払われるようになり[191]、利益やROE（自己資本利益率）、ROA（総資産利益率）、PER（株価収益率）といった財務指標だけが、経営者の行動原理となっていきました。必死に新しい戦略を立てて難しいケイパビリティ変革を成し遂げるよりも、**人減らしをやって短期的に収益を上げた**

189｜エージェンシー理論、と呼ばれる。

190｜年金基金や保険会社、投資銀行、証券会社、投資・ヘッジファンドなど。

191｜株価が上がれば株主も経営者もハッピー。

り、有望事業を売却したりしてキャッシュにした方が、簡単に（株価が上がって）報酬が上がるのだから当然です。アメリカ企業でのCEOの報酬は、一般従業員のそれの数百倍[192]に跳ね上がりました。

その行き着く先は、粉飾決算で空中分解した時代の寵児エンロンやワールドコムであり、サブプライムローン問題によるリーマンショック（2008）でしたが、その前から「株主価値、財務価値偏重」をどうにかしようとする努力がありました。

[192] エクイラーの調査によれば、2017年のペイレシオ（CEO報酬÷従業員報酬中央値）は140倍だった。日本では30倍前後と推定される。

▶ すべてをつないで測れるようにした「バランスト・スコアカード」

ノーラン・ノートン研究所のデビッド・ノートンは「これまでの財務指標による業績管理方法は過去の情報に頼るもので、環境変化の激しい21世紀の経営には向いていない」という問題意識をずっと持っていました。

彼は「将来の企業における業績評価」というプロジェクトを立ち上げ、ロバート・キャプランとともに研究を続けます。2年後の1992年に発表されたのがバランスト・スコアカード（BSC）でした。BSCは「財務の視点（過去）」だけでなく、「顧客の視点（外部）」「内部業務プロセスの視点（内部）」「イノベーションと学習の視点（将来）」の4つの視点で企業の経営を評価しようとする枠組みです。

FIGURE 125 | バランスト・スコアカードの例

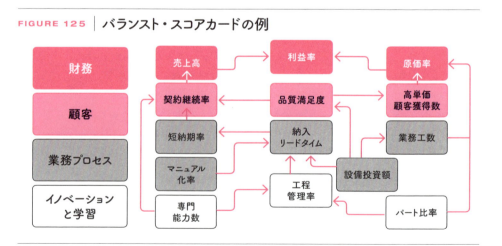

まずは戦略に沿って（つまり経営戦略は所与）、その4つの視点での活動項目を、互いに連関するように組み上げます（戦略マップの作成）。そして各々に数値目標や評価指標を設定して、それをモニタリングしつつ社内のプロセス改善や各個人のスキルアップを促して、企業変革を推進するという仕組みです。

財務指標一辺倒になりかかっていた1990年代のアメリカでも、「財務偏重の経営を変える」「長期の戦略と今の活動をつなげる」ことを目指したキャプランたちの努力は評価され、**97年には調査対象の64％の企業が、BSCのような「多面的な業績評価ツール」を採用している**、と答えるまでになりました。

その後もさまざまな改良・修正がなされ、今日でも使われています。

▶ 目標未達のときどうするのか

目標はその達成を目指すからこそ目標です。達成を目指さない目標や、目指せない（高すぎる）目標に価値はありません。でも、もし目標に届かなかったら？

ただ部下を叱責しても、お酒で憂さ晴らしをしても、ちっとも業績はよくなりません。そのときこそ目標をどう立てたのか、の差が出ます。**気合いや根性ではなく、論理的かつ定量的に立てたのであれば、計画時の予想と実際の状況とのズレがわかる**でしょう。そのズレがなぜ生じたのかを分析し、正すべきものは正し、改善すべきものは直せばいいのです。

ただし、新規事業や起業時には最初の目標や計画にあまり拘泥しないこと。経験のない未知のものにチャレンジしているのだから、目標なんて精度高くは立てられなくて当たり前です。

コビンダラジャンはその著書『ストラテジック・イノベーション』(2005)で言っています。「既存事業の**必達文化**が新規事業を殺す」と。新規事業では目標との**細かいズレの原因ではなく、学びを整理して目標の立て方自体を見直し、そして次の目標に挑みましょう**。

GOAL, LANGUAGE, IT & AI
36 | 共通言語：ビジネスを高速に回すベース

▶ バベルの塔はなぜ崩れたか

　昔、ヒトはただ1種類の言語を話し、全能に近かったといいます。自らの力に酔ったヒトは増長し、天に届く塔を造り始めました。天に住む神がみに挑戦するために。それが「バベルの塔」です。

　神は怒り、その業によって塔は崩れました。

　その塔を壊したのはしかし、雷でもなんでもありません。聖書に曰く、神はただ、「言葉を乱した」のです。ヒトの言語を今のようにバラバラにしました。出身国によって地方によって立場によって、異なる言葉を使うようになりました。すぐに塔の建設作業は滞ります。柱にズレが出て、床は歪み、塔はまもなく自壊したのです[193]。

　言葉が揃わなくては、みなで力を合わせて何かを成し遂げることはできません。ただ自壊するのを待つのみです。

　この「バベルの塔」の寓話で聖書は、今の世界の困難の原因を「言葉がズレているから」と断じています。

　組織がシステムとして自律的に動くようにするために、必要な2つ目のパーツは「共通言語」です。**組織の成員が同じ考えのフレームワークを使いこなさなくては、コミュニケーションはムダになり、ビジョンも事業目標もビジネスモデルも力を発揮できません**。

　使いこなすべき共通言語として、ここでは「デザイン思考」と「論理思考」を挙げましょう。

▶ 高速試行錯誤のためのデザイン思考

　1991年、3社が合併してデザインファーム IDEOは生まれました。中心はスタンフォード大学教授でもあったデヴィッド・ケリー、弟のトム・ケリー、そしてティム・ブラウンでした。彼らが1980年代につくり出した

[193] 旧約聖書「創世記」11章より。塔が崩れたとの記述はないが、「その建設を邪魔するために神はヒトの言葉を乱した」となっている。

製品開発手法「**デザイン思考（Design Thinking）**」の特長は、その「高速循環プロセス」にあります。

「よい解決策はユーザーを中心とした試行錯誤からしか生まれない」という割り切り（哲学）のもとに、T型（深い専門性と幅広い見識・コミュニケーション力）やπ型（パイ）（T型にもうひとつの専門性を足したタイプ）の人材を集めて、どんどん試作品をつくって試してみる、試行錯誤を中核としたアプローチです。だからプロセスといっても直線型の一方通行ではなく、柔軟な繰り返し型のものです。

IDEOはデザイン思考の実行プロセスとして5つの循環的ステップ（EDIPT）を定めています。①Empathy：理解・共感、②Define：問題定義、③Ideate：アイデア出し、④Prototype：試作、⑤Test：テスト、です。そしてこれを、良い解決策にたどり着くまで迅速に回し続けるのです。

まずはターゲットとなるユーザーを選んで、深いインタビューや観察をします。知りたいのはその人のパーソナルストーリーや実際の行動です。ひとつの商品を買う（使う）にも、さまざまな要因があり、それに自らが①共感・理解できない限り良いアイデア（解決策案）など出ないと考えるからです。そして、②問題を定義し、それを解決するために③アイデアを出していきます。ブレインストーミングや「オズボーンの73質問」[194]、逆ブレインストーミング[195]などがその中心です。

[194] いずれも広告代理店の役員だったオズボーンが考案したもの。ブレインストーミングは参加者がその場でアイデアを出すための手法。73質問は「転用」「拡大」「置換」などの問いに答えることでのアイデア創出法。ただ実際には71しかない。

[195] コロンビア大学のウィリアム・ダガンが提唱。予めテーマを与えて会議まで考え続けてもらうことでのアイデア創出法。

FIGURE 126 ｜「デザイン思考」の循環的プロセス：EDIPT

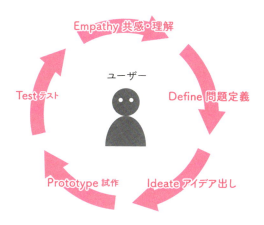

そして、④試作とそれを使っての⑤テスト。**特に試作は、どこのステップでも利用する、最強の「思考」ツールです。**

デザイン思考では、試作品を使って理解し、アイデアを出していき、そして絞り込みます。アンケートなどでなくユーザーに直接経験してもらうのです。これならどうか、と実物（の試作品）で。

▶「尋ねる」でなく「観察」が発想のスタート

「無印良品（MUJI）」で知られる良品計画での新商品開発は、商品部、デザイン室、品質保証部の三位一体で行われます。テーマが決まるとデザイン室から提供される情報のひとつが「写真」です。あらゆる類似品・競合品の写真、ロングセラーの写真、そして、**ターゲットユーザー数百軒分の家の中の写真**、が提供されます。**みなでそれをじっくり観察して、考えます。何が問題であり、何が答えかと。**

ある収納プロジェクトで「イス兼収納のチェスト家具」を考えていましたが、ターゲットである若者たちからは「収納は欲しい！」「でももう置く場所なんてない！」という声が。

確かにユーザー宅内の写真を見ても、今さら新しい家具を置く場所などありません。いやでも1ヶ所だけ、空いている場所がありました。それが、壁でした。ユーザー宅内写真のどれを見ても、和室の長押（なげし）は「収納家具」として使われていました。ハンガーが掛けられ洋服が、フックが掛けられ小物たちが、そして傘まで……。

FIGURE 127 │ 良品計画の収納家具プロジェクト

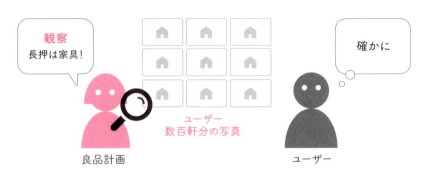

そこから大ヒットシリーズ『壁に付けられる家具』が生まれました。

人の行動の8割方は無意識のものです。それについて「どうしているのか」「何が不便か」と尋ねられてもわかるわけがありません。それより実際の行動を写真でもビデオでも実地でも、まずは観察することなのです。

こういったデザイン思考が、メンバー全員の共通の枠組みになることが、現代の高速試行錯誤のためには必須です。石橋を叩いて渡るヒマはありません。

▶ すべてのベースとしての論理思考〔重要思考〕

日本企業にアンケートを採ると、**新卒社員に求める能力の1位は常に「論理的な思考能力（ロジカルシンキング）」**です。理系でも文系でもそうです。

これはきっと「業務遂行上重要」なのに「足りないから」なのでしょう。重要でなければどうでもいいはずですし、充足しているなら今さら求めなくてもいいでしょう。

ロジカルは**ロジック（論理）**の形容詞。でも本来はどういう意味なのでしょう。この言葉はギリシャ語の**ロゴス**に由来します。**この世を支配する真理を指し、理性的な論証の言葉**でもあります。ロゴスに対比されるのが**ミュトス**。神話や寓話、悲喜劇など、ヒトが語り伝えた物語のことを指します。愛憎あふれる、豊かな世界です。でも、そこには理性的な真理はない、とギリシャの賢人たちは考えました。

ロゴスから生まれた論理学は、数学の一部ともなり、今やあらゆるコンピュータや電子部品の基本原理となっています。厳密に、そして理性的に。一方、**ミュトスに代表されるように、ヒトの思考回路はかなり曖昧かつ非理性的**です。いろいろなバイアスがかかりますし、自分では気がつかない潜在意識（無意識）なんてものもあるので、実は「意識的・理性的に考えてモノゴトを決める！」なんて1日に何回もないのです。

ではロジカルであるとはどういうことでしょう。ロジカルシンキングの教科書には大抵こうあります。

- 論理的に考えるとは命題をはっきりさせピラミッド状（上が結論、下が理由や証拠）に組み立て、ブロックを隙間なく埋めること
- ピラミッドのつくり方は上から（演繹法）と下から（帰納法）があり、そのためのツールがイシュー・ツリーやMECE[196]

196 | Mutually Exclusive and Collectively Exhaustiveの略。さらっと言えたら、外資系コンサルタント！？

う〜むむ。エジプトの王さまではないので、こんな精巧緻密なピラミッドを、会話するたびにいちいちつくっていたら、日が暮れてしまいます。かつ、これらを頭の中で高速処理できるようなら、苦労しません。

日常におけるロジカルの超基本とは、もっと単純です。それは**一番「重み」のあるところ（ダイジなこと）に集中し、そこで「差」を生むことから考えること**。それだけです。ダイジなことにフォーカスするので、私はこれを「**重要思考**」(FocusThinking) と名付けました。

▶ 全社コストダウンの議論をどう進める？

たとえば全社コストダウンの議論をしているとしましょう。

「うちの電力利用効率は他社の2倍だ！」と誇らしげに叫ぶ役員がいるかもしれません。でも、そのビジネスの全コストのうち、電気代の「重み」はどうなのでしょう。もし全コストの1％しか占めない（＝「重み」がない）としたらそれはあまり、ダイジではありません。

冷たい言い方ですが、**ダイジでないなら、どうでもいい**のです。

全体の1％の部分で電力効率が2倍であろうが3倍であろうが、いや、たとえ10倍であろうがコスト全体にとってほとんどインパクトはありません。

FIGURE 128 | ダイジかそうでないかを見極める重要思考

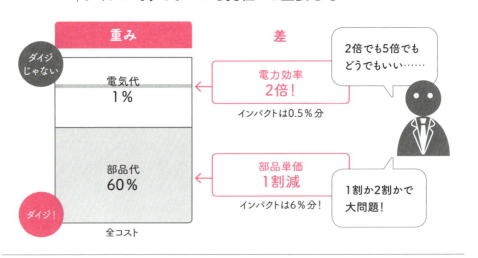

260　5章｜あと3つ：事業目標、共通言語、IT・AI

「うちの部品調達コストは他社より1割安い」としましょう。たった1割です。でも、そのビジネスの全コストのうち、部品代の占める「重み」はどうでしょう。もし6割あるとしたら、それはとてもダイジです。「差」が1割でも、結果的に、敵に6ポイント（6割の1割だから）のコスト差をつけられるのですから。もし2割なら12ポイントです。それなら部品コストを徹底的に調べ、議論する価値は十分にあるでしょう。

▶ 重要思考で伝えればヒトは動く

議論もそうですが、大体話はすれ違います。自分が言いたいことを言っているだけだからです。**もし本当に相手にちゃんと伝えたいなら、そして何か行動を起こして欲しいなら、なぜその行動がダイジなのかをまずは相手に伝えましょう。**

「至急書類を提出せよ」ではなく、まずはなぜのその書類が大切かを簡潔（かんけつ）に、明瞭（めいりょう）に（FIGURE 129）。

これらができるようになれば、組織内のコミュニケーションや意思決定効率は格段に上がります。何よりちゃんと決まるようになります。それは高速試行錯誤の時代を生きる企業にとって、必須の基礎能力のハズ。

FIGURE 129 | 重要思考でコミュニケーション

有給取得率が低い部署は休暇計画表を至急提出せよ！

でなく、ダイジ！ これもダイジ！ をまず伝える

わが社では有給取得率の低さが内定辞退や離職理由の第1位で、人材確保の最大の障害となっています

取りづらさの一番の原因は担当の調整がつかないからであり、促進には部署内での休暇計画づくりが最も有効

なので、有給休暇取得率が低い部署は休暇計画表を……

コラム | 04

みんな大好きSWOT分析だが

▶ SWOTマトリクスは整理ツールに過ぎない

　スタンフォード研究所(S R I)のアルバート・ハンフリーは、企業の中長期計画がなぜ失敗したかを分析する枠組みとしてまず「SOFT分析」なるものを考案し、後にその軸と中身が多少変わって「SWOTマトリクス(スウォット)」となりました。

　それを広めたのがHBSの看板教授 ケネス・アンドルーズでした。彼の最大の功績は、それまで曖昧だった「企業・事業戦略レベルでのプランニング手法」を明らかにしたことです。プロセス自体はそんなに複雑なものではなく、基本は「外部環境分析」「内部環境（人・組織）分析」「戦略構築」「実行プラン」といったもの。

　しかし、各ステップでの作業を、トップマネジメント（とその手下）たちが実践できるように詳細化・具体化しました。そしてそこで用いた分析ツールのひとつがSWOT分析だったのです。大変人気があり、最近の調査でも企業での利用率が7割を超える[197]とか。

[197] | The Global Benchmarking Networkによる22ヶ国450社・団体に対する2008年調査によればSWOT分析の使用率は72%で2位。使用率1位は「顧客サーベイ」（77%）。

FIGURE 130 | SWOTマトリクス

SWOTマトリクスでは、内部（組織）要因で自社の目的達成にポジティブな要素を「強み」Strengths、ネガティブな要素を「弱み」Weaknesses、外部（環境）要因でポジティブな要素を「機会」Opportunities、ネガティブな要素を「脅威」Threatsと整理します（FIGURE 130）。

企業戦略とは、外部環境における「機会」と内部環境における「強み」を組み合わせることにある、とバーナード（294頁参照）らは示しました。まさにその考えを、具現化するための分析ツールがこのSWOTマトリクスだったのです。

SWOTの発音はアメリカ英語ではスワットに近く、SWAT（スワット：Special Weapons And Tactics 米警察の特殊部隊）と同じ発音。でも、これ自体では実は大した「武器」ではありません。

SWOTマトリクスはただ整理するだけのツールです。SWOTの表を埋めたからといって、そこから直接にはなんの結論も出ませんし、論理思考プロセス上、何かが拡がるわけでも絞れるわけでもありません。つまり**SWOTマトリクスとは「分析」ではなく、ただの整理図**なのです。それ以上でもそれ以下でもありません。

私の知る中堅企業でも、何年か前、勉強熱心な社長さんが嘆（なげ）いていました。「会議に出てくる企画書や稟議書（りんぎしょ）があんまりバラバラだから、『必ずSWOT分析をつけろ！』って言ったんだよ」「社内で勉強会もやってさ」「そうしたら、みんなSWOTの図を1枚だけつけて、いきなり結論を書くようになった」「みんな、前よりもっと考えなくなっちゃったよ……」

SWOT「分析」は、それほどに危険な思考停止ツールなのです。決して分析と思わず整理ツールと割り切ること。

▶ **TOWS分析はいろんなことのオプション出しに使える！**

でも、SWOTの応用である**TOWS分析**（トウズ）[199]は使えます。サンフランシスコ大学教授のハインツ・ワイリックが1982年の論文「The TOWS matrix: A tool for situational analysis」で提唱しました。

やることは単純で、SWOTで出した機会・脅威ひとつひとつに、強み・弱みをかけ合わせていくのです（FIGURE 131）。

---

[198] オリジナルでは横軸は「目的達成にHelpfulかHarmfulか」である。

[199] オリジナルは縦軸が「機会・脅威」、横軸が「強み・弱み」だが、日本で紹介されているものは「クロスSWOT分析」と名付けられ、ほとんどが縦横逆になっている。理由は不明。

全部を組み合わせてみることで、打つべき策の「案」がいろいろ出てきます。

- 機会と強みを組み合わせれば「**積極攻勢**」策のアイデア
- 機会と弱みを組み合わせれば「**弱点強化**」策のアイデア
- 脅威と強みを組み合わせれば「**差別化**」策のアイデア
- 脅威と弱みを組み合わせれば「**防衛/撤退**」策のアイデア

　たとえば、強み・弱み・機会・脅威が各々5つ定義できていたとしたら、各象限には5×5の組合せが入りうるので、全部で100（25×4）個もの「案」が、生み出されることになります（*インタラクション・マトリクス*）。

　もちろん無意味な組合せもあるでしょう。それを除いたとしても、さまざまな「策」のアイデアが残ります。

　でもやっぱり、ここから答え（打つべき施策やそれをまとめた戦略）は出てきません。**施策のアイデアが出てくるだけ**です。**なぜならそこには、「重み」もトレードオフも、ないから**です。

　いきなり「これらTOWS分析の結果、これこれを積極展開するべきなのです！」などと、決して叫ばないこと。TOWSマトリクスは、あくまで、事業要素を組み合わせて、施策の案を「少し」拡げるためのツールなのですから。

FIGURE 131 │ **TOWSマトリクス**

	内部	
	強み Strengths	弱み Weaknesses
外部 機会 Opportunities	強み×機会 →積極攻勢策	弱み×機会 →弱点強化策
脅威 Threats	強み×脅威 →差別化策	弱み×脅威 →防衛/撤退

▶ SWOT分析、リコールの時期か？

　1997年、「SWOT分析：もう製品回収(リコール)のとき」という衝撃的な論文が発表されました。

　著者たち (Terry Hill, Roy Westbrook) が調べたSWOT分析利用の20社において、「1社としてSWOT分析の結果を、戦略策定には使っていなかった」というのです。「SWOT分析は、ただのロングリストをつくり、一般的な (つまり無意味な) 解釈がされ、優先順位も付けられず、問題点の検証もされていなかった」「だからもう、リコールしましょうよ」という内容でした。

　きっと、ハンフリーやアンドルーズとしては心外な結果でしょう。すべてのフレームワークや、ツールにはもともとの使用目的があり、位置づけがあります。SWOTマトリクスはもともとが整理のためのツールです。そこから問題点の検証をして、絞り込んで、優先順位をつけるのは、使う側がやるべきこと。

　でもこれは、SWOT分析が万能に思われて無闇に使われがち、ということでもあります。あまりにわかりやすいから。

　SWOTマトリクスは、TOWS分析と組み合わせれば、十分使えます。ただしそれは、策の案(オプション)を拡げることが目的です。それ以上でもそれ以下でもないことを、気をつけて。

FIGURE 132 ｜ インタラクション・マトリクス（機会×強み）

強み Strengths

機会 Opportunities

	S1	S2	S3	S4
O1	—	—	S3O1	—
O2	S1O2	—	S3O2	—
O3	—	S2O3	—	S4O3
O4	—	—	—	S4O4

GOAL, LANGUAGE, IT & AI
37 ITとAI：その進化と真の意味

▶ IT／AI活用能力が事業の成否を分ける

　ネットワークやコンピュータといったIT（情報技術）の進歩は止まることがなく、ついには<u>第3世代AI</u>が、それまでの壁を次々破っています。機械学習や深層学習（deep learning）といった手法によって、画像認識や文章理解だけでなく、<u>ヒトの知能のさまざまな側面を代替（だいたい）</u>しています。

<u>トレーダー</u>｜投資銀行大手の<u>ゴールドマン・サックス証券は、本社にいたトレーダー600人を2人に減らし</u>ました。システムエンジニア200人がつくり運用するプログラム（AI）がその業務をヒトの数百万倍のスピードで担っている

<u>溶接工</u>｜溶接工はこの20年、中国での花形の職業だった。高度な技術と熟練を必要とし、数百万人がそれで高給を得ていたが、<u>AIが組み込まれた溶接ロボットに、この数年でその職を奪われた</u>。大型船の部材をつくる溶接工場に人影はなく、溶接工たちの宿舎は無人

<u>自動車運転</u>｜Google（会社名はAlphabet）が先頭を走る<u>自動車の自動運転技術は</u>、すでに「1000km走ってもヒトが介入する必要は1回以下」「事故は走行537万kmに1度」のレベルに到達している。<u>すでにヒトの運転手よりはるかに安全</u>といえる

　AIはそれほどの能力を持ち、その活用範囲はほぼ無限です。その活用が今後の社会や経営を左右することは論を待ちませんが、そのためにAI技術者をただ増やしても、おそらくレッド・オーシャン（310頁参照）の中で藻掻く（もがく）だけになるでしょう。
　でも、<u>過去のIT革新の歴史から、いくつかの教訓が学べる</u>かもしれません。まずはモールス電信機のお話から。

▶ 教訓1：イノベイティブな顧客をつかむ（鉄道会社）

　サミュエル・モールスとアルフレッド・ヴェイルによる**モールス電信機**は、1844年にその決定的な転機を迎えます。

　欧州で画業を学んだアメリカ人モールスは、ある日電気通信システムの話を聞いて興味を持ち、美術を教える傍ら、電信機の開発に没頭します。その発明を改良し実用レベルに引き上げたがヴェイルでした。

　先行する競合の妨害もあって英仏での特許取得に失敗したモールスたちは、1842年にようやくボルチモア・アンド・オハイオ鉄道の沿線64km（ワシントン・ボルチモア間）に電信線を敷設する許可と予算を得ました。<u>当時、列車の安全な運行管理に頭を悩ませていた鉄道会社は、電信線の「遠方との素速い情報伝達」ケイパビリティに期待したのです</u>。そして44年、たまたまボルチモアで開催された民主党大統領選候補選挙の結果を首都ワシントンにどの新聞社よりも早く伝えることに彼らは成功し、モールス電信機の威力を見せつけます。

　その数ヶ月後、正式に開業した電信線でモールスがヴェイルに送った最初の電文は「これは神の御業なり（What hath God wrought）」でした。10年後の1854年[200]、アメリカでの電信線の総距離は約1,000倍の6万kmに達します。58年には海底ケーブルによって欧州とアメリカが結ばれ、65年には英印間が、70年には英中間が、そして71年には日中間が電信線でつながりました。

[200] 前年7月に浦賀に来航したマシュー・ペリーは、1854年2月に再び来航し幕府に開国を迫った。その際幕府に献上した140点の中には、蒸気機関車の4分の1モデルの他、モールス電信機があった。

FIGURE 133　モールス符号はトン・ツー・空白でできている

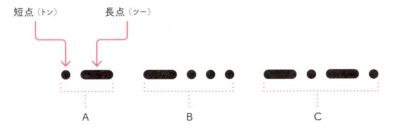

短点（トン）　長点（ツー）

A　B　C

- 短点（トン）と長点（ツー）で言葉を表現する
- 短点ひとつ分の長さを最小単位とする
- 長点は3トン分
- 各点の間は1トン分あけること
- 文字の間は3トン分あけること

▶ 教訓2：リスクに立ち向かう（海底ケーブル）

　1851年、世界最初の電信海底ケーブルが英ドーバーと仏カレーを結びます。翌年にはアイルランド、ベルギー、デンマークが海を越えて英本島と結ばれました。それから30年後の1881年、世界をつなぐ電信海底ケーブルの総延長は21万kmを超しましたが、なんとその7割はイギリス資本の会社によるものでした。

　海底ケーブル製造に必要な<u>高い技術力、敷設に必要なノウハウや輸送のための巨大な専用船、リスクの高い事業に立ち向かう企業家精神</u>。それらが備わっていたのは当時イギリスだけだったのです。

　世界を覆う情報ネットワークを自前で築き上げたイギリスは、重要な情報を欧州の他国より2〜3時間も早く入手することが可能でした。この見えざる武器こそが、ヴィクトリア朝時代の大英帝国を支えた[201]のです。

[201] 『インヴィジブル・ウェポン』ダニエル・ヘッドリクより。

　もともとが民間資本によって始まった電信を、いち早く活用したのが新聞社であり、ロイターなどの通信社でした。事件や事故だけでなく、時刻や天気予報などの情報も伝え、社会のあり方や人々の生活を徐々に変えていきます。

　しかし本当に人々の生活を変えたのは、専門家（モールス電信士）を必要としない電話でした。

▶ 教訓3：やってみなくちゃわからない（電話）

　グラハム・ベルの特許取得（1876）に始まる電話システムは、それから数年で急激な進化を果たしました。

　1877年4月にベルが最初に獲得した顧客は電器店の店主たち。「専用線」で自宅と店を結び、料金は年40ドル（現在価値で約120万円）でした。秋までに600件の加入がありましたがその程度でした。専用線は1日数十分使われるだけでガラガラですし、他人にかけることもままなりません。

　しかし電話同士をつなぐ「交換機」が使われるようになって回線の効率も、他人へのかけやすさも劇的に上がりました。

　加入者を紹介する「電話帳」がつくられ、増えた加入者を識別するた

めの「電話番号」が割り振られました。

ビジネス用の「専用線」事業のはずだった電話に、その予想外の人気から「交換機」「電話帳」「電話番号」が数年の内に付け加えられて、今の電話システムが生まれました。ベルを始め誰ひとりとして、電話がこんなものに進化するとは思っていませんでした。電話というネットワークはその強烈な**外部性**（他の加入者が多いほど参加者への価値が高まる）を発揮し始めます。

ベルは競合との特許戦争に打ち勝って、1878年6月に1万余りだった加入者を81年初頭には13.3万台と、爆発的に伸ばしました。民間企業が自由に戦ったアメリカでの電話普及率は圧倒的で、19世紀末、世界の電話機の75％はアメリカにありました。

ベルなどの電話事業者はさまざまなサービスやコンテンツ（電話での劇場中継や音楽配信など）を提供しましたが、**結局、人々を惹きつけたのはただの「友だちとのおしゃべり」でした**。電話事業者たちは長くそれを邪魔者扱いしましたが、一般の人々にとって、電話の最強の価値は（内容的にはほぼ無意味な）「おしゃべり」だったのです。

インターネットの行き着いた先も、ほぼ同じといえるでしょう。人々がもっとも時間を割いているのは、おしゃべり（SNS）であり、ヒマつぶし（ゲームや動画）なのですから。

FIGURE 134　ネットワークの種類

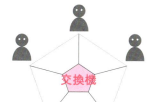
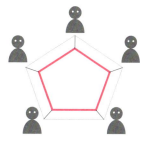

フルコネクト型　／　スター型　／　高速道路型

専用線が10本必要　10人だと55本　／　5本でOK。10人でも10本（電話）　／　交換機不要（インターネット）

▶ 教訓4：でも技術の可能性には仮説を持とう（蓄音機）

電話の発明・開発・事業化でベルに惨敗を喫したトマス・エジソンでしたが、その中で「音を記録する電話」の着想を得、さらに**蓄音機**のアイデアに辿りつきます。

数年後の1877年、錫箔シリンダー型の蓄音機が完成します。精巧な造りで録音再生ができる世界で初めての機械でしたが、録音時間が短くエジソン自身、その用途を定めかねていました。

蓄音機の用途に関して、彼は10の可能性を挙げました。①手紙や速記の代替、②視覚障害者向けの本、③話し方の教授、④音楽の再生、⑤想い出や遺言の記録、などです。

結果的にはこの4番目の用途仮説が当たったわけですが、**最初から決め打ちをしていたわけではなく、多くの可能性を探った結果といえる**でしょう。

エジソンのシリンダー型蓄音機はしかし、ベルと共に働いていた技師であったエミール・ベルリナーの**円盤形蓄音機**「**グラモフォン**」に敗れ去ります。円盤形であったために、原板をつくってプレスによる大量生産が容易で、音楽の再生専用ディスク（つまりレコード）に向いていたのです。エジソンは敗れましたが、その用途仮説は生きました。ただ④にもっと早く集中していたら、シリンダー型を捨てる決断がついたのかも。

ベルリナーが立ち上げたグラモフォン社は、今のビクターや英EMIに続いています。

FIGURE 135 | ベルリナー式蓄音機「グラモフォン」

▶ 教訓5：トップやミドル自らが新技術活用の基礎知識をつける

　第二次世界大戦後の日本を救ったのは日本の製造業でした。その元となったのが**全員参加**による「**カイゼン**」であり、それを支えたのが統計学でした。**デミングによる統計的プロセス管理手法**[202]**こそが、それまで不可能だった「高品質と低価格の両立」を可能にした**のです（117頁参照）。

　実はデミングの薫陶（くんとう）をまず受けたのは、経営者や管理職たちでした。1950年6〜8月に彼が日本で開催した「品質の統計的管理8日間コース」には、延べ数百名の技術者・管理者・学者たちが参加しましたが、特に箱根で行われた「経営者のための品質管理講習会1日コース」には、日本の主要製造業のトップら45名が参加しました。彼らに向かってデミングは言います。「きっとキミたちは5年以内に西洋に十分対抗できるようになる」

　3ヶ月後、これら講習にトップが参加していた会社のひとつから、「生産性が30％向上した」との報告が入ります。それから数ヶ月内には他の企業からも。デミングは後に「日本人は2年でその水準に達した」と驚いたそうです。

　製造現場に眠っていた膨大なプロセス情報、品質情報を活用するためのカギは統計学であり、統計的な品質管理の考え方、でした。そしてそれは**トップやミドル自らがまず学んだからこそ、迅速に組織に拡がっていきました**。

> 202｜製造工程で少数の標本を頻繁に採取・検査し、製品の品質を維持する品質管理の手法。完成品の全数検査よりも効率がよい。

FIGURE 136 ｜ デミングの師匠、シューハートによる品質管理手法（例）

▶ 教訓6：AI活用は小組織で社内課題解決から

　ではこのAI大活用時代に、組織としてはどう備えればよいのでしょうか。1848～55年、米カリフォルニアで起こったゴールドラッシュのとき、一番儲けたのは金を掘り当てた人ではなく、押し寄せた数十万人に作業用の丈夫なワークパンツを提供したリーバイス[203]でした。
　PCでも一番儲けたのはその製造企業ではなく、OSソフトの「Windows」と汎用アプリケーション「Office」を供給したマイクロソフトでした。AIでも同じことが起きるでしょう。
　しかし、ほとんどの組織にとってAIは自ら開発するものではなく、道具として活用するものです。必要なのは、今後IoTによって爆発的に増えるであろう社内外データとAIを、うまく組合せて課題解決にあたれるケイパビリティに他なりません。

　ソフトバンクすらその専門部隊（AI/プラットフォーム統括部）をつくったのは2015年であり、最初はたった数名でした。その部隊のもともとのミッションは「IBMのAI Watson[204]を使っての新規事業開発」でしたが、集めた人材はAI専門家だけでなく、ビジネス課題解決やシステム開発のプロでした。それも外部人材でなく社内人材を中心に。そしてまずは社内の課題解決にあたることで、AIが得意な問題の理解と解決策のノウハウ構築を図りました。何より大切なのは人材育成です。「実践の場を数多く与え、繰り返し手を動かさなければスキルにならない」からです。社外に打って出るのはその後です。

[203] リーヴァイ・ストラウス（Levi Strauss）が雑貨店・生地商「リーバイ・ストラウス社」を1853年に設立。幌や帆の材料であるキャンバス地で労働者向けの作業用パンツを製造・販売した。

[204] もともとAI（人工知能）でなくrecognition（認識）をウリにしていた。自然言語の認識が得意。

FIGURE 137 ｜ 金鉱労働者向けのワークパンツだったリーバイス

1850年代、リーバイ・ストラウスは金鉱労働者の不満からキャンバス地を使った丈夫なワークパンツを商品化。後に素材はデニムに変更され色もインディゴ・ブルーが採用された。1873年、取引先の仕立屋ヤコブ・デイビスがリベットで補強するアイデアを思いつき共同で特許を取得。今の「ジーンズ」が誕生した。

出所：リーバイ・ストラウス ジャパンHPより作成

▶ 教訓7：AI人材が育つ会社に自ら変われ

　AI人材と一般のIT人材は同じではありません。IT人材には主に情報収集や管理のためのシステム構築スキルが求められますが、<u>AI人材はその情報から新しい発見をしたり、AIツールで問題を解決する人たち</u>です。細かい技術理解より、柔軟な応用力や素早い試行錯誤能力が求められます。ツール自身の進化も速く、経験より実践の量がものを言い、まさに若者向けの領域です。

　空調機大手のダイキン工業は、AI人材を新卒教育で自らつくり上げることにしました。2017年末に「ダイキン情報技術大学」を開講し、18年度新卒採用のうちの100人を送り込みました。2年間教育のみでその間の仕事はありません。前年283人だった新卒採用者を430人に増やし、その増加分約150人の3分の2を投入したわけです。毎年の教育投資は10億円を下りませんが、グループ売上2兆円、従業員数7万人（本体だけでも7,000人）からすれば大きなものではありません。むしろ問題はその人材が活躍できる場を整えられるかどうか、です。

　昔、日本企業の管理職達がデミングに学んだように、現代の管理職たちが学ぶべきは、まさにそれでしょう。必要なのはAI技術知識ではありません。<u>AIやIoTに何ができてできないのか、どうAI活用プロジェクトを回すのか、AI人材をどう扱うのか、の知識でありその理由</u>です。そしてそれを自部門にどう適応するか考えること。

　若きAI人材たちが育ち活躍できる組織に変わっていかなければ、今後の企業に発展はないのです。そしてそれはトップやミドルの覚悟と勉強から。

　ここまでで、この本のメインパートは終わりです。お疲れさまでした。楽しく学べましたか？　演習はやってみましたか？　同じフレームワークを使うことで、それに沿って情報を整理する力だけでなく、何が足りないかを見抜く力が身に付きます。そして、足りないものを自ら調べる姿勢と力も。

　さて、次の補章では、近年その実用性を上げてきた「ミクロ経済学」と、ポジショニング派とケイパビリティ派の100年戦争でもある「経営戦略全史」を解説します。

　経営学の教養を深めたい人は是非どうぞ。

5章のまとめ

35 事業目標：事業にはビジョンと達成目標が必要

キーワード
事業経営＝事業目標×ビジネスモデル、ソフト（ビジョン、ミッション、バリューズ）ハード（達成目標、憧憬の地、戦略的な制約、顧客視点の売上目標、株主価値偏重、リーマンショック、バランスト・スコアカード（BSC）
必達文化が新規事業を殺す

企業・事業・商品
味の素、バイオファイン分野

36 共通言語：ビジネスを高速に回すベース

キーワード
バベルの塔、共通言語
デザイン思考、ユーザー中心の試行錯誤、EDIPT、オズボーンの73質問、逆ブレーンストーミング、観察
論理思考、重要思考、重みと差

企業・事業・商品
IDEO
良品計画（無印良品）、壁に付けられる家具

コラム04 みんな大好きSWOT分析だが

キーワード
SOFT分析、SWOTマトリクス・分析、強みと弱み/機会と脅威、TOWSマトリクス・分析、インタラクション・マトリクス、オプション出し

企業・事業・商品
スタンフォード研究所、HBS

主な参考書籍

感じるマネジメント
リクルートHCソリューショングループ

ストラテジック・イノベーション ―戦略的イノベーターに捧げる10の提言
ビジャイ・ゴビンダラジャン＋クリス・トリンブル

37 ITとAI：その進化と真の意味

キーワード
第3世代AI、機械/深層学習、自動運転
モールス符号、おしゃべり、蓄音機、ネットワーク外部性
カイゼン、統計的管理手法、経営者のための品質管理講習会
人材育成、ダイキン情報技術大学

企業・事業・商品
ゴールドマン・サックス証券、Google
鉄道会社、海底ケーブル、
ベル、グラモフォン、
リーバイス、ソフトバンク、
ダイキン工業

発想する会社！―世界最高のデザイン・ファームIDEOに学ぶイノベーションの技法
トム・ケリー＋ジョナサン・リットマン

一瞬で大切なことを伝える技術
三谷宏治

IT全史―情報技術の250年を読む
中野明

補章

COMPLEMENT

ミクロ経済学基礎と経営戦略史

COMPLEMENT 38 ミクロ経済学の基礎用語

▶ 経済学が実用的になってきた！

トーマス・マンの『外国貿易によるイングランドの財宝』(1630頃)、アダム・スミスの『国富論』(1776)に始まる経済学は、その名の通り経済活動を研究する学問です。しかし長らく「役に立たない」との批判を受けてきました。「難解な数式の羅列」であり「実験や反証ができない」似而非科学だという訳です[205]。

でも**近年、経済学（の手法）は結構世の中の役に立つ、と見直されてきています**。それは「ゲーム理論」（とそこから派生した「マッチング理論」）と「行動経済学」のお陰なのですが、まずは、古典的な経済学のおさらいから始めましょう。ただしここでは、国レベルの話を扱うマクロ経済学ではなく、市場レベルのテーマを扱うミクロ経済学を対象に解説します。

最初は「需要と供給」「不完全競争」「比較優位」から。

[205] 最近では「レーガノミクス」や「アベノミクス」などと、政治家がエコノミクス（経済学）に自分の名前をつけたりするものだからさらに胡散臭く感じる。

▶ 需要と供給①：均衡点

経済学において需要は消費側、供給は生産側のことを語り、**基本は価格と数量だけを論じます**。

マクロ経済学では商品も価格も国単位なので「物価」や「GDP」[206]ですが、ミクロ経済学では商品やサービス市場ごとなので「価格」や「販売・生産量、取引量」となります。

市場においてある商品が使用価値（86頁参照）が高く品切れ続出で、価格（交換価値）がずいぶん高くなったとしましょう。高く売れそうならと出荷量は増えます（**供給曲線**）が、あまりに価格が高いと消費意欲は下がって売れる数は減ってしまい（**需要曲線**）ます。価格が下がるので供給量が下がりますが、そうすると需要が回復して価格が上がり……。

その繰り返しでそのうちどこかで釣り合うことになります。これが、需

[206] Gross Domestic Product 国内総生産。国内で産み出された付加価値の総額。家計、企業、政府の3部門に分かれる。分配面で見れば、その3分の2は労働者に、3分の1は株主・地主など資本家に配分される（先進国の場合）。

要と供給における均衡点（均衡価格、均衡数量）の概念です（FIGURE 138）。**使用価値と交換価値が釣り合った状態**ともいえるでしょう。

為政者が余計なお節介（価格の統制や需要刺激のための商品券）などせず放っておいても、市場のメカニズムが働いて、需要と供給はある価格と数量で落ち着くというのです。これをスミスは「**見えざる手（Invisible Hand）**」[207]と呼びました。

いやいやそんな簡単にはいかないよ、というのが次の「不完全競争」なのですが、その前に限界費用と限界利益、損益分岐点（BEP）について説明します。

[207] 一般に「神の見えざる手」と呼ばれるがもともとは「神の」という意味はない。

▶ 需要と供給②：限界費用・利益、損益分岐点

企業がある商品を供給するためのコストは、大きく固定費と変動費の2つに分けられます。**供給量が増えても減っても変わらないのが固定費で、比例して増減するのが変動費**です。

セブン-イレブンのお店がコーヒーを50円で仕入れて100円で売るとしましょう。売れ残りなどを考えなければ変動費は1杯当たり50円で、ある1日の販売量をQ杯とすれば100Q円が売上で、50Q円がその日の変動費です。ただ、販売するためにはコーヒーサーバーを本部からレンタルしなくてはなりません。そのレンタル費が1日1台当たり2,000円かかります。他には何もかからない（人件費など）とすると、何杯売れてもサーバー代は同じなので固定費は1日2,000円です。

FIGURE 138 | 需要と供給の均衡点

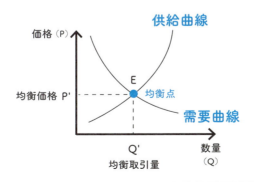

この前提で1日当たりの利益を計算してみましょう。1日1杯も売れなかったら固定費2,000円分が丸々赤字。1杯当たり50円の粗利（販売価格ー仕入れ費）が入るので40杯売れればトントンです。これを**損益分岐点**と呼び、**これを超えればあとはどんどん黒字が増えていきます**（202頁参照）。

しかし、固定費はいつまでも固定費ではありません。コーヒーサーバーのキャパシティは無限ではなく、1日に100杯が限界だとしましょう。101杯売りたければもう1台レンタルしなくてはなりません。これでもう1日200杯まで大丈夫。でも、101杯目のコーヒーは、いったいいくらの利益増をお店にもたらしてくれるのでしょうか？（FIGURE 139）

あと1個余計に売れたときに増える利益のことを**限界利益**[208]と呼びます。このケースでは、総利益は99杯販売で2,950円、100杯で3,000円、101杯で1,050円（コストが2,000円＋50円増えるから）、140杯で3,000円、200杯で6,000円。つまり100杯目の限界利益は50円ですが、101杯目はなんと▲1,950円。100杯での利益水準3,000円を超えるには141杯まで達しなくてはなりません。

もしその自信がなければ、コーヒーサーバーは1台だけにしましょう。**限界利益の計算は、そういった意思決定の手伝いをしてくれます。**

[208] marginal cost、marginal profitの直訳。marginalは一番端っこという意味。

FIGURE 139 | **コーヒー販売の損益分岐点と限界利益**

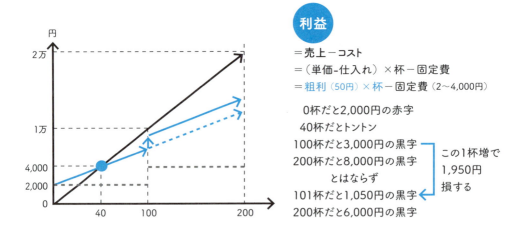

▶ 寡占と規模の効果：現実の市場の多くは「不完全」

前述の需給の均衡は、市場に競合がいっぱいいて、かつ価格情報などもみなが知っている「<u>完全競争</u>」状態でのお話です。みなギリギリまで戦うので利益はまったく出ません。でも**実際の市場は往々にして「<u>不完全競争</u>」状態なので、ちゃんと利益が出ます**。

たとえば完全競争に近ければ潰れる会社がどんどん出ますが、その業界に<u>規模の効果</u>[209]が働けば、そのうち大手の数社だけが残って安定します。これが<u>寡占</u>状態です。

もし**市場に1社しか残らない<u>独占</u>状態になると、その市場における価格支配力が異常に高まり、買い手はそれを受け入れざるを得ません**。故に為政者は独占禁止法などを通じてそれを防ごうとします。しかし、規模や<u>密度の効果</u>[210]が非常に高い事業だと、独占を認めた方が安く済むのでそれを認め、代わりに公共サービスとして強い規制下に置いたりします。かつての鉄道、通信や郵便がそうでした。結局、管理がうまくいかず分割、民営化に進みましたが。

寡占状態では後に述べるゲーム理論が働き、さまざまな行動（権謀術策（けんぼうじゅっさく））が繰り広げられますが、小規模のプレイヤーがまったく生き残れない状態なので、その裏には強い規模の効果が潜んでいるはずです。巨額でハイリスクなR&D投資を必要とするような場合が多く、半導体関連、特にCPU、メモリーや液晶パネル、有機パネルがそうです。日本企業はこれらの市場で先行しながら韓国企業との投資合戦に負けました。

ただ、**現実社会で実際によくあるのは独占でも寡占でもなく、<u>寡占"的"市場</u>です**。上位数社で市場の過半を占めますが、残りは数十〜数万社が取り合っているような市場です。

なぜ大手が強いかといえば、規模の効果が効いているからです。同時になぜ中小プレイヤーが生き残っているかといえば、規模が効かない領域が市場の中に数多く存在するからです。もしくは、大手も低コストで優位なわけ（コストリーダーシップ）ではなく、大手だからこそ生み出せる価値（差別化）があるのかもしれません（104頁参照）。**それらのメカニズムを深く考察することで、その事業の本質や未来が見えてきます**。

---

[209] 競合より生産・販売規模が大きい方がコストが低くなること。一般に規模が2倍になると2割コストが下がることが多い。

[210] 密度の効果とはある地域内での規模のこと。コンビニエンスストア事業などは数十店舗がある地域内に密集することで宣伝効果が高まると同時に物流コストが下がるので密度を高める戦略を採る。ドミナント戦略といわれる。

▶ 比較優位：なぜ自分でもできるのに外注するのか

　デヴィッド・リカード[211]が1817年に提唱した「**比較優位**」という概念は、常識を覆すものでした。
　それまでは、絶対的に生産性[212]の高い者（国）が常に貿易において優位にあると考えられていました。でも現実には、先進国と途上国との間で双方向の貿易が成り立っています。
　それは、たとえ先進国の生産性がすべての商品で高くとも、その中でも一番生産性の高い（比較優位な）商品に特化しそれを輸出した方が、より稼ぐことができるから。先進国は**途上国よりも生産性が高いからといって、ヒトやカネを低生産性の産業に割いてはいけない**のです。

　これはミクロな場合、つまり会社や個人でも同じです。ポール・サミュエルソン[213]曰く、「弁護士が秘書を雇うのは、秘書が弁護士よりタイピングに優れているからではない。それが劣っているとしても、自分がタイピングより本来業務に特化した方が全体として儲かるとわかっているからだ」。
　企業のアウトソーシングも、共働き家庭における家事の外注もまったく同じです。**自分がもっとも得意なところに集中する方が儲かる**。それが比較優位の考え方なのです。

211 | 宗教上の問題からケンブリッジ大学を中退したが株の仲買人として成功。スミス、マルクス、ケインズと並ぶ経済学黎明期の泰斗とされ「近代経済学の創始者」とも呼ばれる。

212 | 生産性＝アウトプット÷インプット

213 | 1970年に第2回ノーベル経済学賞を受賞。受賞理由は「経済理論の発展に対する業績」。経済学に対してそれほど幅広い貢献をしたといわれる。

▶ ゲーム理論：囚人のジレンマ

　ゲーム理論は**意思決定をテーマにしています**。ミクロな経済活動にはすべて、市場があり、なんらかのルールがあり、敵がいて自分がいます。その場合にどんな意思決定が行われるのか、どうするのが最善なのか。それを考えるためのフレームワークが1944年、稀代の数学者ジョン・フォン・ノイマンと経済学者オスカー・モルゲンシュテルンの共著書『ゲームの理論と経済行動』によって世に示されました。

　ゲーム理論の例としてもっとも有名なのが「**囚人のジレンマ**」（FIGURE 141）です。**個々人の合理的で最適な意思決定の果てが、全体としては最悪の結果に至る**というもの。悲しいお話です。

囚人（まだ刑が確定していないので本当は容疑者）AとBがいたとしましょう。本当は2人が共犯なのですが、証拠が弱くあとは自白次第です。
　仮に、囚人たちの利得（ペイオフ）は、次の3パターンのみとします。

①両方自白すれば両方懲役7年
②両方黙秘すれば証拠不充分で両方懲役2年
③片方のみ自白ならその者は放免され、黙秘者のみ懲役10年

　そうすると、AとBはいったいどのような行動を取るでしょうか？各々感情的でなく合理的な判断を下すとします。ただ残念ながら相談はできず互いの信頼関係もイマイチです。
　こういうとき、ゲーム理論ではよく「**ペイオフマトリクス**」を使います（FIGURE 140）。**どんな場合にどんな利得が各人にあるのかを示しています**。
　囚人のジレンマの場合、利得は懲役なのでマイナス、協調が黙秘で非協調が自白です。このときAはきっとこう考えるでしょう。
　「Bが黙秘ならオレは自白した方が得（懲役が2年減る）。Bが自白ならもちろんオレも自白すべき（懲役が3年減る）。なんだ、Bがどうするにせよオレは自白した方が得じゃん！（下図の右下）」
　お互いがそう考えるので**結局、両方が自白することになります**。

FIGURE 140 | ゲーム理論のペイオフマトリクス

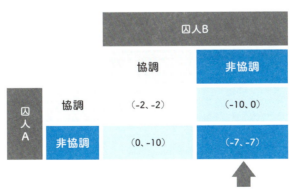

ペイオフマトリクスにおいて各々が得る利得にはいろんなパターンがあるので一概にはいえませんが、多くの場合こういった「**合理的な判断に基づく均衡点**（もうそこから動かない場所）」があり、それが「ナッシュ均衡」[214]と呼ばれます。

一方、全体を考えた最適な状態が「パレート最適」と呼ばれ、これがナッシュ均衡と一致すれば最高です。自然にみなハッピーになれます。でも囚人のジレンマではそうはいきませんでした。パレート最適は「両方が協調し合い黙秘すること」でしたが、ナッシュ均衡は「互いに非協調な自白合戦」でした（FIGURE 142）。

こういう状態を「非協力ゲーム」といい、**一般社会でも全員が勝者となれない場合はほとんどがそうなります。受験、就活、そして市場での商品販売や入札など……**。

たとえば公共事業案件の入札（上限と下限あり）にまじめに参加すれば、落とせるのは1社だけなのでみなギリギリの価格（下限前後）で入札しま

[214] ジョン・ナッシュ（John Forbes Nash, Jr.）が大学院生時代に発表したもの。ただし数学者である彼にとっては「つまらないもの」だったとか。

FIGURE 141 | 囚人のジレンマ

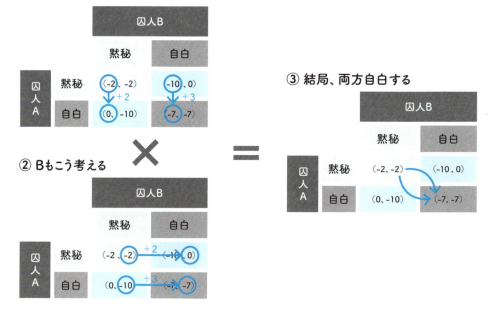

284　補章 | ミクロ経済学基礎と経営戦略史

す。パレート最適であれば入札者のみなが協調しているので、発注者が受け容れる上限金額ギリギリで入札するでしょう。でもこれは非協力ゲームなので「囚人のジレンマ」が働き、ナッシュ均衡は下限価格に落ち着くでしょう。つまり儲かりません。

　それを打ち破る（ナッシュ均衡をパレート最適に近づける）には、事前の情報共有と交渉、互いの信頼が必須です。それがあれば1社が上限額で入札し、他社はそれ以上、もしくはそれ以下で入札します。そして次回の入札では別会社が上限額で……。完璧です。ただ残念ながら、これは「談合」と呼ばれる犯罪ですが。

　このように**互いが事前に交渉し、約束に強制力があればゲームは「協力ゲーム」**となり、**パレート最適が実現できます**。ゲーム理論はこういった「囚人」や「談合」というヤバいテーマ[215]だけでなく、いろいろな実社会問題に応用できます。

　たとえば出版業界の未来戦略なんてどうでしょう。雑誌書籍の販売冊数が半分になったのに、新刊の出版点数が減らないのはなぜでしょう？　乱造するより企画を厳選して原稿や装丁（そうてい）をつくりこみ、しっかり販促した方が今より絶対売れるはずです。でもできません。それは各出版社が囚人のジレンマに陥っているからです。であれば、どうすればそこから抜け出せるでしょう？

215 ｜『ヤバい経済学』(2007) では数々のヤバいテーマについての経済学的分析・解説がなされている。八百長、教師のズル、ヤクの売人、出会い系サイト自己紹介、犯罪発生率と死刑制度、中絶合法化などなど。

FIGURE 142 ｜ 非協力ゲームにおけるパレート最適とナッシュ均衡

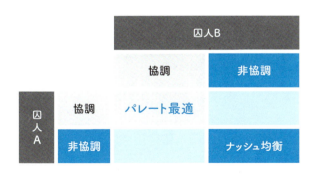

▶ マッチング理論：社会制度をデザインする

　社会的テーマに数学的・経済学的手法である「ゲーム理論」を持ち込んだのが、ハーバード大学のアルビン・ロスとUCLAのロイド・シャプレーでした。数学者であったシャプレーは、男女の結婚をめぐる問題を「数学の問題」と設定して、男女間の「安定的なマッチング」を求める数学的手順（アルゴリズム）を発見しました。1960年代初めのことです。

　その20年後、アルビン・ロスは試行錯誤の末につくられていた「全国研修医マッチングプログラム」（FIGURE 143）の仕組みがシャプレーのアルゴリズムと本質的に同じであることを見つけて（1984）驚きます。

　ロスがこの「病院と研修医のマッチングを助けるプログラム」を改良したお陰で、93年以降、全米での採用が加速され、双方の不満が減ることとなりました。ロスは「ゲーム理論によるマッチング」を社会のさまざまなテーマに応用し、実際、公立学校の選択システムや、腎臓提供のマッチングに使われるようになりました。

　2012年にシャプレーとロスは「マッチング理論の進展と仕組みづくりへの応用」においてノーベル経済学賞を受賞しました。2人は、それまで「需要と供給の概念を使って、大ざっぱな理解をして警鐘を鳴らすだけ」だった経済学を、「現実世界で役立つ新たな仕組みを、デザインし提案する」学問へと、変えたのです。

FIGURE 143 ｜ 研修医マッチングプログラム

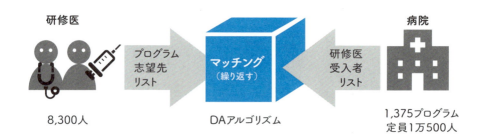

注：数字は日本での2013年度実数。DAはDeferred Acceptance

▶ 行動経済学：人の不合理性を逆手に取る戦略

行動経済学とは経済学的手法を、消費者や企業の意思決定（行動）の分析に応用した学問です。もともと古典的経済学（需要と供給とか）への批判として提起されました。人々や企業の意思決定は決して合理的ではなく、単純な曲線1本（需要曲線とか）で表されるものではなかった[216]のです。ハーバート・サイモンらにより切り拓かれたこの分野は、90年代以降急速に発展しました。

行動経済学者であり『予想どおりに不合理』(2008) の著者ダン・アリエリーはある日、奇妙な広告を見つけました[217]。ビジネス誌『エコノミスト』のウェブ版が59ドルで、印刷版が125ドル、そして印刷版とウェブ版のセットが125ドル、というものです。

これは変な話です。セットで125ドルなのに、同価格のバラ（印刷版のみ）を選ぶ人がいるはずがありません。この存在そのものが無用であり、矛盾です。でもアリエリーが実験で調べてみると、人はとても不合理でした（FIGURE 144）。

- 「ウェブ版が59ドル」「印刷版とウェブ版のセットが125ドル」の2択に対しては、セットを選ぶのは38％のみで6割強は「ウェブ版で十分だ」と判断する

216 | その主な原因が認知心理学でいうところの各種の認知バイアス（ヒューリスティック、後知恵など）である。

217 | 詳しくは『予想どおりに不合理（Predictably Irrational）』1章参照。

FIGURE 144 | 選択肢の違いによるセット版の選択率

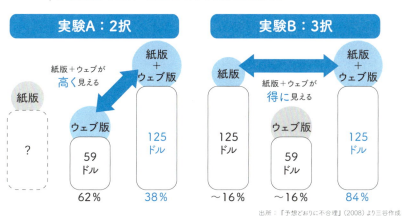

出所：『予想どおりに不合理』(2008) より三谷作成

- そこに「印刷版だけなら125ドル」を混ぜ3択にすると、セットを選ぶ者が84％に跳ね上がる

「単体で125ドルだがセットでも125ドル！」と言われると、単体よりもセットのほうが絶対に得だ、と人は感じます。この「単体125ドル」という奇妙な選択肢のせいで、セットの魅力度がぐんと上がるのです。これが行動経済学でいうところの相対性問題のひとつ、「おとり効果」です。

人は絶対的価値を判断できません。大抵は相対的に判断します。給与も、レストランの質も、ニュースの価値も。だから、**わざわざ「劣った比較対象（おとり）」を横に並べてあげることで、人はその商品の価値を高く錯覚します**。本当は要りもしないのにセット商品を買ってしまう[218]のです。

明らかに劣る選択肢（セットと同じ値段のバラ商品）の存在の陰に、人の本質（この場合はおとり効果という経済的不合理性）が見出せたわけです。何でこんな商品があるんだ、こんな店がよく生き残れるな、このブランドって誰を狙ってるんだか全然わかんない……。

よく気がつきました。それはあなた自身の貴重な「発見」です。でもそこで止まらないこと。**その矛盾の陰に、本質が眠っているかもしれません**。一見無価値・不合理なのに存在しているもの。それを発見し、その理由を探究しましょう。

▶ でも人や企業の不合理性は合理的に説明できる

行動経済学とはそういった人や企業の不合理な判断を、経済学的な合理性で説明しようとする学問でもあります。

経済学者のティム・ハーフォードは『人は意外と合理的』(2008) で、**人のすべての愚かな行動の原因は、そのインセンティブのあり方に起因する。そのインセンティブに従い合理的に行動した結果が愚かなだけだ**、と分析して見せました。

たとえばそれは、アメリカで無闇に高いCEOの報酬です。マイケル・アイズナーはディズニーのCEOとして20年で1,000億円以上の収入を得ました。この額は一見まったく不合理[219]です。インセンティブがこの半分でも、いや10分の1でも、彼から最大限の努力を引き出せたでしょう。

しかし、ハーフォードはこれが企業経営上は完全に合理的だと看破します (FIGURE 145)。

218 | だからマクドナルドの単品は、ほとんどの人が買わなくとも値段が高いままメニューに載っている。

219 | アイズナーはなんにでもトップダウンで口を出すマイクロマネジメント派で全事業の業績回復に寄与したが、創業者一族とは激しく対立した。またクリエイターとしての資質はなくアニメ映画の質を凋落させ、最終的には業績悪化で株主の不信任投票により辞任に追い込まれた。

- 企業の人事体系は勝ち残り型のトーナメント式であり、多くの従業員は昇進をインセンティブにして努力する
- 一方、人事評定は努力ではなくその者のパフォーマンス(成果)や能力に応じて成されるが、能力の正確な測定は難しい。成果は比較的測定しやすいが実際には運に左右される面が大きい。つまり昇進するかどうかは9割方、運次第である
- それでも優秀な者を惹きつけ全従業員に努力を促すには、昇進時に給料を大きく上げるしかない。故にCEOの高給は副社長以下には大きなインセンティブになる

だからCEOが高給取りであることは価値があるのです。**全従業員から最大限の努力を引き出すために**。ただしCEOの高給は、CEO自身の努力は促しません。たとえそれが会社業績連動のものであっても……。なかなかシニカルな分析です。

経済学は社会のあらゆる分野に進出し、そのデザインに関わろうとしています。そのひとつが経営なのです。

さて次頁からは経営戦略論の歴史を3節にわたって解説します。その確立(39節)、日本企業の躍進(40節)、そして近年の戦略論(41節)です。

FIGURE 145 | なぜ米CEOの報酬は無闇に高いのか？

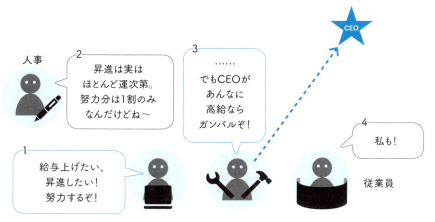

出所:『人は意外と合理的』(2008)より三谷作成

COMPLEMENT 39 | 経営戦略論の確立：1970年代まで

▶ テイラーは工場を管理し、生産性と賃金を上げた

　19世紀の中頃アメリカに生まれた**フレデリック・テイラー**は産業革命のただ中を生きました。蒸気機関による動力の革命が、大規模な工場や工事・採掘現場を生み出しました。<u>でもその工場の中は「怠業」と「不信」「恐怖」にあふれていました</u>。単純な出来高払いの給与体系だったので働くだけ給与は上がるはずでしたが、給与の支払いが増えすぎると管理者側が賃率[220]を下げたので手取りは変わりません。「働くだけムダ」と組織的怠業が蔓延し、「頑張るヤツは迷惑」という同調圧力[221]までかかる始末。管理者（親方）はそれに対して「精進と奨励」を（叱責や解雇という形で）説くだけでした。

　若き日のテイラーは、現場でそれを目の当たりにしたのです。なんとかしたい、と思いました。これでは誰も幸せになれない、と。

　テイラーは現場の生産性向上のためにさまざまな実験・研究をします。ストップウォッチを使って作業の時間分析をしたり、メジャーを使って移動距離を調べたり。それまでの「目分量方式[222]」の作業割り振りではなく、ちゃんと計算して作業を配分したり。

[220] 時間あたりの給与。時給。

[221] peer pressure。特定の仲間集団（peer group）内で多数者の意見に強引に合わせさせる有形無形の力。

[222] rule of thumb method

FIGURE 146 | テイラーのショベル研究

個別作業のベスレヘム・スチールにおけるショベル作業の研究では、計画・管理業務の大切さ、が明らかになりました。ショベルを差し込む速さや高さ、投げる時間まで最適化され、賃金体系も、ある作業量を超えたら賃率が上がる段階制になりました。

でも一方、**その日の作業に合わせて人員を配分し、各作業者にショベルを配って管理するための部署**が必要になりました。ただの現場監督でない、**計画職能**（しょくのう）の発生です。その分は当然、コスト増になりますが、改革の結果は劇的なものでした。作業者1人あたりの作業トン数は、それまでのなんと3.7倍に増えました。同時に作業者の平均賃金は63％も増えましたが、全体としてのコストは半減したのです。労使ともに大いに得をしたのです。

彼の研究と実践の集大成としてまとめられたのが、『科学的管理法の原理』(1911) 223 でした。テイラー55歳の作品です。

▶ メイヨーは人を活性化し生産性を上げた

エルトン・メイヨーは、オーストラリアのアデレードで医師の子として生まれました。医学、論理学、哲学を学んだメイヨーは、31歳から教員として教え始め、42歳からはアメリカに移って、まずはウォートン・スクールで「産業精神衛生の研究」に携わります。その後ハーバードビジネススクール（HBS）に招聘され、1927年、電話機製造会社ウエスタン・エレクトリックのホーソン工場での実験に取り組みます。

リレー組み立て作業での実験では工員100人から6人 224 が選ばれ、賃金、休憩、軽食、部屋の温度・湿度が変えられました。しかし何がどう変わろうが、戻されようが、条件が変わる度に6人はその生産性を上げ続けました。**彼女らのプライドや連帯感は、すべてに打ち勝った**のです（実験の目的がどうあろうとも）。

1928～30年には、全従業員2万人に対する大規模な面接調査が行われました。最初は研究者による質問項目を決めての聞き取りでしたが、途中から現場マネジャーが面接を行うようになり、面接法も自由に会話する非誘導的なものになりました。要は「雑談」です。

2万人分の雑談レポートを前にメイヨーたちは途方に暮れましたが、意外な成果がすぐ表れました。**面接をしただけで（内容にかかわらず）その部署の生産性が向上した**のです。

223｜彼の唱える科学的管理法の内容とは、①課業管理、②作業研究、③指図表（マニュアル）制度、④段階的賃金制度、⑤職能別組織、の5つ。

224｜最初に2人の熟練工が選ばれ、彼女らが残りの4名を選んだ。

他の実験の結果も踏まえて、彼は結論します。人はパンのみによって生くる者にあらず[225]、と。

225 | 聖書にある言葉で、人は物質的な満足だけを目的として生きるのではなく、情緒的なよりどころが必要、という意味。

- 人は経済的対価より、社会的欲求の充足を重視する
- 人の行動は合理的でなく感情に大きく左右される
- 人は公式な組織(フォーマル)よりも非公式な組織(インフォーマル)(職場内派閥や仲良しグループ)に影響されやすい
- 人の労働意欲は故に、客観的な職場環境の良し悪しより、職場での(上司や同僚との)人間関係に左右される

　会社の定めた仕組みやルールを押しつけてくる厳格な上司よりも、**チームや個人の状況に耳を傾け裁量権を与えてくれる上司のもとでこそ士気は上がり、生産性は上がりました。**同僚たちとの関係が良好で、公式な組織と非公式組織がちゃんと一致している職場でこそ、生産性は上がったのです。

　テイラーが開拓した合理的な生産性向上の方法論は、恐怖と怠業と貧困が支配する19世紀の工場現場を脱却するには必要でした。しかし、その後豊かになった20世紀の従業員にとってそれは十分ではありませんでした。メイヨーを始祖とする「人間関係論」が必須となり、それはリーダシップ論、企業文化論といったさまざまな領域への発展を遂げていきました。

FIGURE 147 | メイヨーの子どもたち

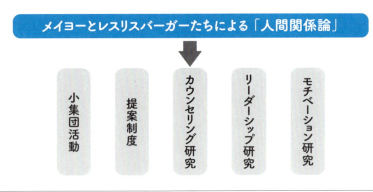

292　補章｜ミクロ経済学基礎と経営戦略史

▶ 企業全体の統治プロセスを生み出したフェイヨル

テイラーとほぼ同じ時代を生きたフランス人実業家の**アンリ・フェイヨル**[226]は、若くして鉱山会社の幹部となり47歳で社長に就任します。彼は、倒産寸前だった同社を優良企業へと転換し、以来30年間、トップとしての責務を果たしました。

フェイヨルは、50代後半からその豊富な経営経験を独自の経営理論にまとめ、その教育・普及に努めるようになります。『産業ならびに一般の管理』(1917) でフェイヨルは、企業における「必要不可欠な活動」[227]を、次の6つに分類・整理しました。①技術 (開発・生産)、②商業 (販売・購買)、③財務 (財務)、④保全 (人事・総務)、⑤会計 (経理)、⑥**経営** (経営企画・管理)、です。なかでも、経営活動を明確化したのが画期的でした。**ビジネスの方向性や経営方針を定めること、各種活動間の調整などは、すべて経営活動**だとしたのです。

- ①計画 planning、②組織化 organizing、③指令 commanding、④調整 coordinating、⑤統制 controlling

この「**POCCCサイクル**」を回し続けることが企業を経営・管理するということであり、それは組織によらず普遍的である、というのが彼の主張でした。もともとが**プロの経営者だったフェイヨルが対象としたのは、テイラーのように工場中心でも、メイヨーのように人間中心でもなく、企業・事業全体**でした。

226 | 一般にはファヨールと表記されるが、フランス語の発音上はフェイヨルに近い。

227 | 68年後、ポーターが唱えたバリューチェーンとほぼ同じ。

FIGURE 148 | フェイヨルの「経営管理プロセス：POCCC」

1 計画 Planning (予測と活動計画)
2 組織化 Organizing (経営資源供給)
3 指令 Commanding (人的管理)
4 調整 Coordinating (バランス)
5 統制 Controlling (フィードバック)

その統治という意味で「アドミニストレーション」という言葉[228]を用い、後に出てくるメイヨーの人間関係論を待つことなく、フェイヨルは人間理解と関係管理の重要性を認識していました。マネジャーたちに「常に従業員や組織の状態に気を配ること」を求め、有名な「14の管理原則」では「原則11公平：公平 (equity) とは公正 (justice) に思いやりを込めたもの」ともしています。<u>規則を守りつつも、思いやりある配慮をしてこそ企業は統治できる</u>というのが、経営者としての彼の学びでした。

でもまだ肝心の「計画」そのものがまだ曖昧なままでした。そこに、この戦略なら勝てるという答え（＝経営戦略論）や、つくり方の普遍的プロセス（こうやってつくればいい戦略になる）はあるのでしょうか？

[228] MBAは Master of Business Administrationの略。

▶ 経営戦略論を生んだバーナードとアンゾフ

1929年10月24日のアメリカ株式市場での株価急落 (Black Thursday) に端を発した世界恐慌は、経営者がどういった方向を打ち出し、どう対処するかで、企業の命運が決まった10年でもありました。それこそがフェイヨルの考えた「計画」であり、「経営戦略」だったのです。

このことを明確にしたのが**チェスター・バーナード**でした。1927年から20年間、ベル子会社の社長を務めた彼は『経営者の役割』(1938) で企業体を単なる組織でなくシステムとして定義します。その成立要件として「共通の目的」「貢献意欲」「コミュニケーション」の3つを挙げました。そして<u>その共通の目的を「経営戦略」と呼んだ</u>のです。

FIGURE 149 | バーナードによる企業の成立要件

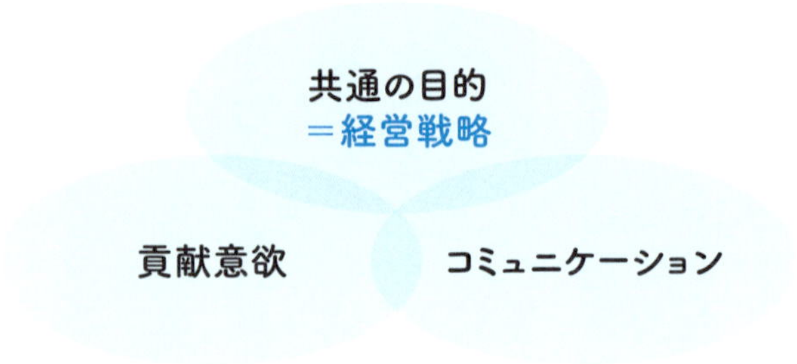

共通の目的
＝経営戦略

貢献意欲　　コミュニケーション

1936年に18歳でアメリカに渡ったロシア系移民の**イゴール・アンゾフ**は、学問と実業経験を重ねた上で、経営戦略に形を与えました。『企業戦略論』(1957) で、**ギャップ分析**や**3Sモデル**、**アンゾフ・マトリクス**を唱え、成長戦略・多角化戦略のあり方などを明らかにしました。さらに『戦略経営論』(1979) では、外部環境の「**乱気流度合い**」[229]に合わせて企業はその戦略や組織を「同じレベルで」変えるべし、と結論づけ<u>経営戦略論の原型をつくり上げました</u>。

[229] 業界における環境を、反復型、拡大型、変化型、不連続型、突発型の5段階に分けた。

▶ アンドルーズはＳＷＯＴ分析による戦略立案手法を広めた

　バーナード、アンゾフ、チャンドラーたちが打ち立てたコンセプトを整理し（新たなツールやインサイトを加えた上で）、世の中に広めたのが、HBSの看板教授**ケネス・アンドルーズ**でした。彼がつくり上げた、企業戦略論を中核とした講座は大成功を収め、出版もされました。『**ビジネスポリシー：テキストとケース集**』(1965)[230]です。

　その内容は「外部環境分析」[231]「内部環境（組織・人）分析」「戦略構築」「実行プラン」などによるオーソドックスな企業戦略立案手法でしたが、その中核である「**SWOTマトリクス**」が大ヒットとなりました。<u>企業戦略とは、外部環境における「機会」と内部環境における「強み」を組み合わせることにある</u>、とバーナードらは示しました。その考えを具現化するための分析ツールが、このSWOTマトリクスだったのです。

[230] 企業経営のための総合科目。1971年には『企業戦略コンセプト』も。

[231] ポーターによる「5フォース分析」など。

FIGURE 150 ｜ アンゾフのギャップ分析

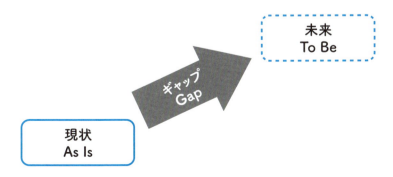

39 ｜ 経営戦略論の確立：1970年代まで

多くのビジネススクールが、この本をこぞって教科書とし、彼（が整理し、つくった）の考えは、あっという間にアメリカ人エグゼクティブたちの共通認識・共通言語となっていきました。

▶ コトラーは「マーケティング」界のドラッカー

同じく1960年代以降、急激に広まったのが「マーケティング」という概念です。「事業とは顧客の創造である」と看破したドラッカーが残した言葉に「マーケティングの目的は販売を不要にすることである」があります。マーケティングという活動のもっとも優れた定義のひとつとして、今でも使われ続けています。

ただマーケティング論普及の立役者はフィリップ・コトラーです。彼の書いた『マーケティング・マネジメント』は1967年に初版が発行されて以来、数年に1回の改訂を経て、今や第12訂が発行され、世界中の学習者・実務者の聖典となっています。

彼がまず目指したのは「マーケティングの体系化」でした。この本に載るマーケティングコンセプトは、必ずしも彼のオリジナルではありません。しかし、それまでバラバラだったマーケティング理論が体系化され、故に広く普及したというのは事実であり、まぎれもなく彼の功績です。なかでもマーケティング・ミックス (MM) は誰もが使う概念でしょう。いわゆる4P（製品、価格、流通チャネル、プロモーション）232をちゃんと偏ることなく統合的に運用しようというものです。

232｜ジェローム・マッカーシーが『Basic Marketing』(1960) で示した。

FIGURE 151 ｜ コトラーの「戦略的マーケティング・プロセス」

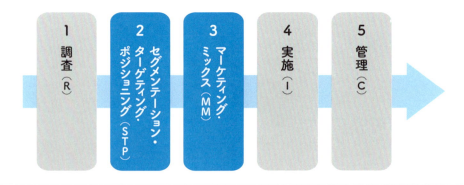

またコトラーは、アンドルーズが経営戦略立案プロセスをつくり上げたように、「戦略的マーケティング・プロセス」をつくりました。それは「R・STP・MM・I・C」とも呼ばれ、左図の5つのステップからなります（FIGURE 151）。

　STPは、市場を自分が有利なように分割（セグメンテーション）し、標的とする市場を決定（ターゲティング）し、競合に対してどんな差をつける（ポジショニング）のかを決めることです。MM（＝4P）はSTPを具体化させる道具なのです（52頁参照）。

▶ チャンドラーが広めた「事業部制」による多事業管理

　遡って1920年代には、複雑な企業体を管理するための組織がデュポンによって発明されていました。「事業部制」というものです。

　デュポンは本業だった化学繊維レイヨンの開発・生産能力（ケイパビリティ）を活かして、まったく市場の異なる防湿セロファンの分野で大成功を収めました。その後、ナイロン、アクリル、ポリエステルと拡大を続けます。**新しい事業は、事業部として立ち上げればいい**とわかったのです。

　事業部制のお陰で多角化展開が楽になり、第二次世界大戦以降、大企業はこぞって地理的・製品的な拡大を推し進めました。組織が戦略を変えたのです。そのひとつが、5事業部制でフォードを打ち負かして世界最大の自動車会社となったGMでした（55頁参照）。

FIGURE 152 ｜ デュポン：事業部制の誕生と展開

組織		戦略
第一次世界大戦後の余剰人員活用	▶	本格的な多角化
事業部制構築によって多角化展開が楽に	▶	さらに本格的な多角化

アルフレッド・チャンドラーは『組織は戦略に従う[233]』(1962) で、デュポン、GM、スタンダード石油ニュージャージー（現エクソンモービル）、シアーズ・ローバックの4社を「組織イノベーションを起こした代表企業」としました。

[233] 原題は『Strategy and Structure』であり、必ずしも邦題の意味ではない。

事業部制の詳しい仕組みを明らかにしたこの本は、分権化に迫られた大企業にとって「事業部制の教科書」となり、多くの企業が（マッキンゼーなどの経営コンサルティング会社の助けも借りて）模倣しました。多角化戦略を推し進めるには事業部制に転換せよ！と。

▶ 企業戦略レベルの「使えるツール」をつくったBCG

ところが1960年代のM&Aブームやその後の「無関連多角化」の嵐の後、**大企業は数十もの事業部を抱え、本社と事業部門上層部のコミュニケーションは途絶し、全社管理は崩壊寸前でした。**

事業の絞り込みやリストラクチャリング戦略が始まります。しかし当時、一般の経営者にとって「使えるツール」はこの世に存在しませんでした。

チャンドラーの戦略論は（事業部制の部分以外は）曖昧に過ぎ、アンドルーズの戦略プランニングはSWOT分析の後がアートでした。

FIGURE 153 | BCGの経験曲線

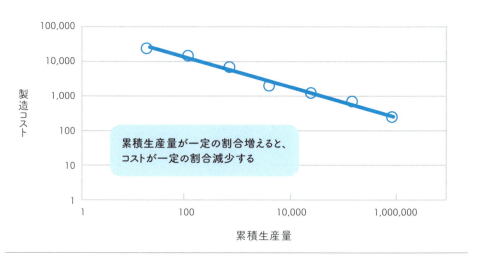

234｜アンゾフがまとめた経営戦略プランニングプロセスには、検討すべきボックスが57個あった。

アンゾフの経営戦略論は（残念ながら）あまりに難解[234]で、マッキンゼーは組織戦略に傾注していました。

1963年、ブルース・ヘンダーソンが立ち上げた**BCG**はそこに勝機を見いだし、「使えるツール」を提供することに成功しました。

経験曲線｜将来を予測でき、競争力をハカれた
成長・シェアマトリクス（PPM）｜事業間の資源配分ができた
持続可能な成長方程式｜財務と成長を結びつけた

そしてそれらは、誰よりも当時の大企業経営者たちを助けました。

事業間の資源配分（どの事業部から人やお金を抜いて、他に回すのかなど）を部下である事業部長たちに任せられる訳がありません。**経営者の企業レベルの悩みに答え、機能別（マーケティング、生産、財務など）だけでなく統合的な答えを与えた**が故に、BCGの「成長・シェアマトリクス」（もしくはその類似品）は大企業の半数が使う経営ツールとなりました。

FIGURE 154 ｜ **BCGの成長・シェアマトリクス**

相対シェア

	高い	低い
市場成長率 高い	スター Star	問題児 Problem Child
市場成長率 低い	金のなる木 Cash Cow	負け犬 Dog

39｜経営戦略論の確立：1970年代まで

COMPLEMENT 40 | 日本企業の躍進とタイムベース競争戦略：1970〜80年代

▶ 絶対王者ゼロックスに挑んだキヤノン

　1970年、キヤノンはついに普通紙複写機NP-1100を88万円で発売[235]します。ゼロックスが築きあげた特許の壁を乗り越えての独自方式のものでした。62年に第一次長期経営計画で多角化[236]を謳い、たった数名で研究を始めてから8年後の快挙でした。

　キヤノンは、ゼロックスの主要顧客であった大企業を避けて中企業に注力するとともに、82年にはカートリッジ方式を採用した3色カラーのミニコピアPC-10を24.8万円で投入して、小・零細企業をも顧客として開拓します。

　1962年当時、普通紙複写機市場でゼロックスは、600件にも及ぶ特許と、従量課金のレンタル方式（大きな資金力を必要とする）をとることで、「20年は崩せない」といわれた鉄壁のビジネスモデルを構築していました。それを正面突破しようとする企業は、世界中に1社もありませんでした。**普通紙複写機市場は、大きく成長しそうな市場で「儲かりうる市場」ではありましたが、「儲かる位置取り」があり得なかった**からです。

[235] 他社からのライセンス技術（RCAからのEF方式）によるものは、1966年に発売していた。

[236] 第1弾は世界初のテンキー式電卓キヤノーラ130（40万円）。

FIGURE 155 | キヤノンのミニコピアPC-10

世界初のカートリッジ型普通紙複写機「ミニコピアPC-10／20」

だからポジショニング派にいわせれば、キヤノンの「挑戦」は無鉄砲な日本企業の「暴挙」に過ぎませんでした。でもそれは実現され、**キヤノンをカメラメーカーから事務機器メーカーに変身させ、世界企業へと押し上げました**。

「ゼロックスの独占市場なのなら大きなチャンスだ。他が入ってこないのだから、もしうちだけ入れればシェア50%取れるじゃないか」

キヤノンのトップたちは、そう考えたそうです。

▶ ビッグ3に技術（だけ）で挑んだホンダ

1959年にバイクでアメリカ市場に攻め入ったホンダは、紆余曲折の末、望外の成功を収めました（303頁参照）。そして、63年、自動車製造に乗りだし、70年、アメリカ本土への販売を始めます。

しかし、T型フォード（1908）以来60年間、フォード、GM、クライスラー（後にアメリカン・モーターズを吸収）に慣れ親しみ、その販売店と長い付き合いをしてきたアメリカの「豊かな大衆」に、シビックを中心とした日本製の小型車は、ほとんど受け入れられませんでした。まだまだ品質も高いとはいえない「安かろう悪かろう」商品でした。

しかも参入当時の企業規模差は、GMとホンダで68倍。ビッグ3最下位のクライスラーとでも、13倍以上の差がありました。普通に考えたら、参入不可能、です。

でもホンダは諦めるわけにはいきません。日本ではトヨタ・日産に勝てるわけもなく、より市場の大きなアメリカで勝負すると決めていたのです。

折しも、アメリカではマスキー法[237]（1970）が議会を通り、「5年以内に排気ガス中の有害成分を10分の1にすること」が自動車メーカーに義務づけられることになっていました。

ビッグ3はみな声を揃えて「不可能だ」と叫びます。だからこそチャンスだ、と本田宗一郎は考えました[238]。

久米是志をリーダーとした、入交昭一郎ら**ホンダ技術陣の総力を挙げた環境エンジンCVCCは、見事世界で最初に**（マフラー等での後処理なしで）**マスキー法基準をクリアし、その技術力を世界に見せつけました**（FIGURE 156）。

[237] 米国自動車メーカーらの反発により、規制実施期限の前年、1974年に廃案となった。

[238] このとき本田宗一郎は「売上を伸ばすチャンスだ。これで世界一の自動車会社になる」と喜んだが、若手技術者たちは「私たちは社会のためにやっている。子どもたちに青空を残すのだ」と反発した。

さらにそこに訪れたのが、オイルショック（1973）でした。ホンダの小型車は低燃費で排気ガスが少ないと注目が集まります。ホンダはようやく、アメリカで生き残りへの橋頭堡(きょうとうほ)を築きました。

▶ 現地生産の壁を破る！

1977年ホンダは日本企業として初めて、オハイオに65億円を投じてバイクの生産工場を立ち上げ、5年後の82年には遂に自動車の生産を始めます。社内外から「アメリカでつくって本当に大丈夫か」との強い品質懸念(けねん)があった中での決断でした。

入交昭一郎(いりまじりしょういちろう)に率(ひき)いられた生産会社HAM (Honda of America Manufacturing) は、従業員たちをワーカーではなくアソシエイトと呼び、ホンダの哲学や生産理念を現地流に引き直した「HONDA WAY(ホンダ ウェイ)」をつくり上げ、圧倒的な高品質と高生産性を達成します。

その勝算はしかし、1976年にはホンダに生まれていました。提携の打診を受けてフォードの基幹工場を見学したホンダ幹部は、その圧倒的な規模に驚くとともに、その生産思想や方式の古さを感じました。**ホンダはすでに、ロボットによる溶接や迅速な金型交換などによる一貫生産によって、大量生産に依存しない高生産性を実現しつつあった**のです。
「ホンダはアメリカでも十分にやっていける！」
ホンダは規模や経験曲線という既存の壁を見事に突き破りました。

FIGURE 156 ｜ ホンダのCVCCエンジン

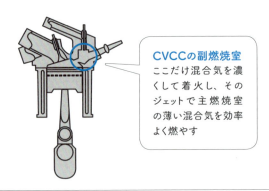

CVCCの副燃焼室
ここだけ混合気を濃くして着火し、そのジェットで主燃焼室の薄い混合気を効率よく燃やす

▶ ポジショニング派の手本となったホンダ2輪車

それまでのポジショニング派の常識を覆す「戦略」をいくつかの日本企業が成功させる中、最大の論争になったのが「**ホンダがなぜアメリカのバイク市場で成功したか**」でした。

日本国内で、後発であったにもかかわらず、ホンダはその技術力でトップに上り詰めます。排気量50cc、4ストロークエンジンのスーパーカブがその原動力でした。そば屋の兄ちゃんが片手で運転できて（ノークラッチの）、スカートの女性でも乗れる（ガソリンタンクを座席の下に配した）、手軽で低価格で高性能なバイク。当時の雑誌広告には「そばも元気だおっかさん……」の文字が躍ります。アメリカに進出した1959年までには、ホンダは年産28.5万台[239]を誇る日本一のメーカーになっていました。

しかし、アメリカでは500cc以上の中大型バイクしか走っていませんでした。ほとんどが国産のハーレー・ダビッドソン。一部が欧州からの輸入車でした。ホンダはそこに革命を起こします。小型バイク市場を文字通り創造したのです。

伝説の大ヒットキャンペーン「ナイセスト・ピープル（Nicest People）」[240]の後押しもあり、スーパーカブは売れまくります。日本市場での量産効果に支えられたスーパーカブは、価格的にも品質的にも、競合に圧倒的な差をつけており、わずか5年後の1964年には**アメリカで売れるバイクの2台に1台はホンダのものとなりました**。

[239] その59％はスーパーカブだった。

[240] 「You meet the nicest people on a HONDA」と謳う広告では「良識ある素敵な人（nicest people）」が、笑顔で軽快にバイクに乗った。アメリカにおけるバイクのイメージを変えた、とも賞賛された。

FIGURE 157 | ホンダのNicest Peopleキャンペーン（一部）

そしてその効果はやがて中大型バイクにも及びます。ホンダは中大型バイクでもシェアを伸ばし、輸入車トップのイギリス車、トライアンフに続いて、本家ハーレー・ダビッドソン[241]をもアメリカ市場のトップの座から追い落とします。

　自国のバイク産業に危機感を感じたイギリス政府は、その分析をBCGに委託します。1975年に出されたBCGの報告書は、そういったホンダの快進撃のメカニズムを、経験曲線分析と市場セグメンテーション、小型バイクと中大型バイクとの共有コスト分析などを用いて、鮮やかに描き出しました (FIGURE 158)。

[241] 1982年には売上高500億円足らず。経営危機に陥り、創業者の孫をはじめとした13人の経営幹部がファンドから自社株を買い取った。マネジメント・バイアウトの走り。

- <u>ホンダは経験曲線に基づくコストリーダーシップ戦略で、新しい市場（アメリカでの小型バイク）創造に成功し、その後そこでの経験曲線を利用し、既存市場（中大型バイク）をも席捲した</u>

　残念ながらその分析が、イギリスバイク産業を救うことはなく、トライアンフは消滅[242]しますが、ポジショニング的企業・事業戦略の典型として、この報告書はビジネススクールの教材として盛んに使われました。

[242] 最終的にとどめを刺したのは、アメリカ政府がハーレー・ダビッドソン救済のために設けた輸入バイクへの高率関税。その後1990年からはカワサキの技術を取り入れて復活。

▶ パスカルの「ホンダ効果」がケイパビリティ派に扉を

　ところが1984年、衝撃的な論文が現れます。マッキンゼーのリチャード・パスカルが書いた『戦略の視点～ホンダの成功の背後にある本当の物語』です。

FIGURE 158 | BCGのホンダ分析

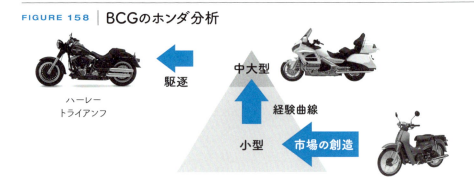

日本企業研究に打ち込んだパスカルは、ホンダの当時の経営幹部6人にインタビューをし、驚くべき結論を導き出しました。

- ホンダに当初、明示的な戦略はなかった。**ホンダの「戦略」は、失敗を積み重ねる中で創発的に生まれ出てきたものだ**

　パスカルはその上で、「BCGの分析は、現実を過度に単純化し、直線的に説明しようとする西洋的考え方の表れだ」とし、それを「ホンダ効果 Honda Effect」と名付けました。ホンダの成功（という結果）に引きずられて、その原因やプロセスまで素晴らしいものだと感じてしまう一種の「ハロー効果 Halo Effect」[243]と感じての命名でしょう。

　『戦略の視点』では、ホンダの試行錯誤や非分析的・非計画的行動が明らかにされています。

- なぜ、アメリカで小型バイク市場を創造しようと思ったのか？ →「最初はアメリカ人に馬鹿にされたくなくて中大型バイクを中心に売るつもりだったが大して売れず、しかも乗り方が違うので故障ばかり」「ところが**社員が商用で乗り回していたスーパーカブに人気**が集まり、それをまじめに売り出すことにした」「そうしたら当たった」
- 売上目標はどうやって決めたのか？ →「**直感で決めた**」「欧州からの輸入車の10％は取れるだろうと思った」
- なぜ欧州でなくアメリカを選んだのか？ →「**戦略などなかった。本場のアメリカでどれだけやれるかやってみよう**と思っていただけだった」

　パスカルの「ホンダ効果」は「人間的要素」「計画的より創発的」の重要さを示したことで、それまでのポジショニング派が依拠していた大テイラー主義（＝分析ですべてがわかる）をも脅かします。

▶ キヤノンはケイパビリティからポジショニングを決めた

　一方、キヤノンには多角化への意思と長期計画はありましたが、市場の選び方はやはり「儲けられる市場」や「儲かる位置取り」といった「ポジショニング」ではなく、「参入の難しそうな大きな市場」でした。あとは自分次第です。その壁（参入障壁）を乗り越えられる「ケイパビリティ」か

[243] Haloは聖像の頭部（や全身）の背後に描かれる後光。人の栄光や太陽や月の暈（かさ）の意も。

あればよし。他の敵が入ってこられないので大きな売上があげられるでしょう。でももしだめなら破滅です。

いやきっと逆でしょう。**キヤノンにはさまざまな「ケイパビリティ」がありました。それを活用して参入しうるところを探したら、それが複写機市場だったのです。「ケイパビリティ」が「ポジショニング」を決めた**のです。

複写機とは、いわば電子写真です。必要なのは、光学、電子、機械と化学分野の技術でした。もともとカメラメーカーですから、光学と機械技術はお手のものです。でも**電子技術を持っていたのは、「大失敗」新規事業だったシンクロリーダーのときに採用したエレクトロニクス技術者100人**でした。キヤノンは彼らを解雇せず、組織内に保持し続けました。彼らは世界初の自動露出一眼レフカメラAE-1(1976)の開発の中核となり、キヤノンを世界有数のカメラメーカーにした立役者となりました。そしてこの対ゼロックス戦においても。

こうしたことから裏付けられたパスカルの「ホンダ効果」の主張に対して、BCG報告書の共同執筆者であったマイケル・グールドが反論します。そしてそれに対して大物経営学者のヘンリー・ミンツバーグが再反論し……。

▶ BCGの生産オタク、ストーク来日。ヤンマーに学ぶ

1988年、日本企業からの学びが元になって**ケイパビリティ重視の経営(事業)戦略論**が生まれました。それが「**タイムベース戦略**」244です。それ

244 | Time Based Competition 時間を基軸とした競争戦略。

FIGURE 159 | キヤノンのシンクロリーダーとAE-1

シンクロリーダー

エレクトロニクス技術者100人

AE-1

大失敗　　　　　　　　　　　　　大成功

を生み出したのはBCGの**ジョージ・ストーク**と**フィリップ・エバンス**たちでした。

ストークは79年に世界最大の農機具メーカー ディア(Deere)の依頼を受けて、提携会社のヤンマーを訪れます。そこで彼が見たのは、ディアに比べて「生産性が大幅に高く、生み出す製品の品質が高く、在庫が著しく少なく、使用スペースが小さく、生産時間がはるかに短い」工場の姿でした。

その効率性に圧倒されたときの話を数年後、ストークはBCGの大賢者、エバンスに語ります。

エバンス曰く、「ストークは例によってプレスや成型について、信じられないほどオタク的なことを話していた」「でもそこには『**より速くものごとを行うことで競争できる**』という小さなアイデアが含まれていた」「他は全部捨ててそれだけを話してくれ、と私は彼に言った。ピンと来たんだよ」

▶ エバンスの慧眼、ストークのしつこさ。「時間」を測れ！

245｜物事の本質や裏面を見抜くすぐれた洞察力。仏教用語としては「えげん」と読み、真理の平等を見抜く眼を意味する。

ここまではエバンスの慧眼(けいがん)245でした。そこからストークのしつこい探究が始まります。

ただスキルが重要だとか、プロセスを真似しよう、ではコンサルティングになりません。彼はBCG東京オフィスでトヨタの研究もしながら、同僚の**トム・ハウト**とともに考え続けます。

FIGURE 160 ｜ 1980年頃のディアとヤンマー

ディア　　ヤンマー

生産性が大幅に高く
製品の品質が高く
在庫が著しく少なく
使用スペースが小さく
生産時間がはるかに短い

そしてついに「**時間をベースにした戦略**」という概念と、「**あらゆるものの（コストでなく）時間を計る**」という手法を編み出しました。

- 自社の付加価値（バリュー）を上げるには、顧客の要望から対応までの時間（リードタイム）を短縮することである
- 自社のコストを下げるには、あらゆるプロセスにかかる時間を短縮することである

「時間短縮」は、バリューを上げ、ケイパビリティを強化し、収益モデルを改善する魔法のキーワードだったのです。

　トヨタやホンダはすでに、フォードやGMの半分の時間で新車を開発する研究開発能力と、数万種類にもわたる商品を低コストで素早く納品する生産能力を身につけていました。当時、トヨタやホンダは、新車を36ヶ月（3年）で開発できましたが、米国企業では60ヶ月（5年）かかりました。

　その差は気合いや根性、長時間労働だけで生まれたわけではありません。根本的な差は、関係する全部門（企画・開発、製造、原料調達先、部品メーカーなど）がなるべく早い段階から情報共有を行って仕事のムダをなくし、同時並行でできる作業は必ず並行して行う、といった日本企業の「時間の使い方」にありました（FIGURE 161）。

FIGURE 161 ｜ **作業の並列化による時間短縮**

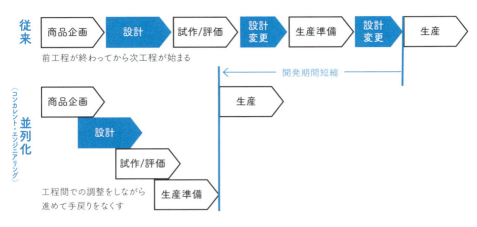

<u>顧客に、より新しく多様で安いものを素早く提供するための戦略。それがタイムベース戦略</u>でした。ストークの日本企業研究と、その展開はまず1988年のハーバード・ビジネス・レビュー論文『時間〜競争優位の次の源泉』で示され、90年の『タイムベース競争戦略 (Competing Against Time)』の出版で頂点となりました。

▶ 測れるケイパビリティ戦略：タイムベース戦略

<u>付加価値の向上（差別化）と、コストの低下（コストリーダーシップ）は、ポーターの唱えたように二律背反(にりつはいはん)のものではなく、時間短縮によって、同時に実現できるものだった</u>のでした。

　米自動車業界3位だったクライスラーはこのタイムベース戦略を受け入れ、次の4車種では開発期間を25%（15ヶ月）短縮し、開発投資を30%下げることに成功しました。その4車種はクライスラーの久し振りのヒット商品となりました。

　タイムベース戦略が有効なのは、何もメーカーだけではありません。スウェーデンのカロリンスカ大学病院では、タイムベース戦略の導入によって、手術前検査の時間を数ヶ月から数日へと短縮し、きめ細かな手術スケジュールを立てられるようになりました。患者さんも大満足、医師たちも働きやすくなりました。しかも、かかるコストを大きく下げながら。

　<u>必要だったのは、何にどれだけの時間がかかったかを、顧客の視点とケイパビリティの視点から、両方きちんと計ること。そして、長時間かかるものから順に、それを解決していくことだけでした</u>。どう解決するかのアイデアは、当時日本企業に溢れていました。

　それから30年、圧倒的な時間短縮で業界を変えたのはZARAなど海外勢であり、日本企業はその後塵(こうじん)を拝(はい)してきました。しかしその復活のカギもまた、時間なのかもしれません。

COMPLEMENT 41 近年の経営戦略論: 2000年以降

▶ 欧州からのヒット商品、ブルー・オーシャン戦略

　2005年、それまでになかった戦略のあり方が、欧州からもたらされました。『ブルー・オーシャン戦略』です（FIGURE 162）。

　強豪がひしめき、戦いの血で染まった「レッド・オーシャン」でなく、**新しい価値とコストをもとにした競争のない「ブルー・オーシャン」を創り出そ**うと説くこのコンセプトは、ポーターが主張し続けた「付加価値かコストかのトレードオフ」を否定するものでもありました。

　著者はINSEAD[246]（インシアッド）の**チャン・キム**と**レネ・モボルニュ**です。2人は以来、世界の経営思想家ベスト50を（隔年で）選出する「Thinkers 50」の上位に連続してランクされています。

　フランス・パリの郊外フォンテーヌブローを本拠とするINSEADはその国際性（約100ヶ国から学生を集める）がウリであり、その研究対象もアメリカ企業に偏らないものでした。2人は数年をかけて世界30業界150の戦略事例を調べ上げましたが、それも「勝者」に偏らず、「敗者」をも見つめるというものでした。その勝敗を分けたものは、何だったのでしょう。

246 | MBAは2ヶ月5学期制の1年コースが主。フォンテーヌブローの他にシンガポールにキャンパスがあるが、2つは対等であり入学時に1、2学期の所属を選んだ後は、期毎に自由に行き来できる。

FIGURE 162 | ブルー・オーシャン vs. レッド・オーシャン

▶ 差別化かコストリーダーシップかではなく、両方を実現することがバリュー・イノベーション

　ポーターは「戦略とは競争に勝つことだ」「その戦い方は市場を絞るか絞らないかの他には、高付加価値で戦う差別化戦略か、低コストで戦うコストリーダーシップ戦略しかない」「つまり戦略とは、高付加価値追求か低コスト追求かのトレードオフに他ならない」と断じましたが、キムとモボルニュはそれに反論します。

　「よい戦略とは、敵のいない新しい市場（＝ブルー・オーシャン）を創り出すこと」

　「高付加価値と低コストは必ずしもトレードオフではなく、新しい高付加価値と低コストを両立させることができる」

　「つまり**戦略とは、新しい市場コンセプトの案出とそれを実現するケイパビリティの創造である**」

　AppleのiPod、シルク・ドゥ・ソレイユ、スターバックス、日本のQBハウスなどが、そのブルー・オーシャン創造例だとされました。

　しかしブルー・オーシャンは、成功すればするほどすぐに競合の参入を招き、レッド・オーシャンになります。**ブルー・オーシャン戦略が求める「新市場の探索」と「ポジショニングとケイパビリティの創造と融合」は永遠に必要なのです**。キムとモボルニュは、ブルー・オーシャン戦略を生み出すためのツールを種々つくり上げました（FIGURE 163）。永遠のブルー・オーシャン探究のために。

FIGURE 163 ｜ 新しい価値セットを表現する「戦略キャンバス」

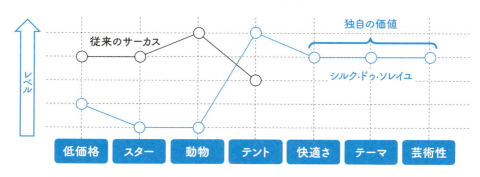

▶ スタートアップのための顧客開発とリーン・スタートアップ

　スティーブ・ブランクは、そのキャリアにおいて8つのスタートアップ（新規事業立ち上げ）に参加し、そのうち4つを株式公開に導いた魔術師です。彼は『アントレプレナーの教科書』(2005)でその奇跡の種明かしをしてくれました。それが4ステップ17段階64項目からなる「**顧客開発**（CustomerDevelopment）」モデルでした。

　4ステップは、①顧客発見（聞いて発見）、②顧客実証（売って検証）、③顧客開拓（リーチを検証）、④組織構築（本格拡大）。そして、②でダメなら「ピボット」（Pivot・軌道修正）して①に戻る、というもの。

　ブランクは「**スタートアップにチームは2つだけでいい。商品開発と顧客開発だ。マーケティングも営業も事業開発もまずは要らない**」と言い切ります。創業者やCEOはとにかくその2つに集中しろと断じました。

　彼はこのコンセプトを、米西海岸の大学や起業家支援NPOを中心に広めていきました。スタンフォード大学、UCバークレイ、カルテク……。その受講生たちの中で、「これまでで最高の生徒」とブランクに言わしめたのが、**エリック・リース**でした（FIGURE 164）。

　リースはさらに、ブランクの考えを拡張して、トヨタがつくり上げた「リーン生産方式」の考え方をスタートアップ・マネジメントに導入します。それが『**リーン・スタートアップ**』(2011)です。**「ムダなものをつくらない」**がその中核です。

FIGURE 164 ｜ エリック・リースの『リーン・スタートアップ』

エリック・リース
イェール大学コンピュータ・サイエンス学科を優等で卒業。在学時代から起業に関わるが、最初の会社はすぐ倒産し、大学に戻る。卒業後シリコンバレーに移り、2社目でブランクと出会う。29歳で「リーン・スタートアップ」を生みだし、多くのハイテク新興企業がこれを採用した。米政府もこの手法の利用と普及に取り組んでいる。

リースはその多くの失敗経験を通じて学んでいました。「やってみよう」^(Just do it)精神が会社を潰すのだと。

エンジニアはとにかく、わからないならやってみよう、と闇雲にプログラムを書き続けます。「どんなにそれが速かろうが、その成果が検証できないならムダだ」と彼は考えました。だから、

- 顧客に価値を提供できないものはすべてムダ
- それが検証できない学びにつながらないものもすべてムダ

なのです。その**仮説検証サイクル**をリースは「**構築・計測・学習**」^(Build Measure Learn)**サイクル**と呼び、その検証のためにつくる試作品のことを**MVP**と名付けました。最優秀選手のことではなく、**実用最小限の製品**(Minimum Viable Product)のことです（FIGURE 165）。

エンジニアは「不完全なモノ」を人目にさらすことを嫌います。折角だからと、ついでにいろいろなことを盛り込みたがります。それでは、ダメなのです。**検証すべきアイデアだけを盛り込んだ、最小限の変更でいい**のです。でなくては、対照実験になりませんし、時間も人手もムダになります。

さらにいえば、MVPはProductである必要すらありません。**仮説検証ができるなら、画面だけで裏は手作業だって構わない**のです。リースは自分の会社で、極めて迅速に「構築・計測・学習」^(Build Measure Learn)の試行錯誤サイクルを回し続けました。多いときには1日に50回も！

FIGURE 165 | **MVPで「リーン・スタートアップ」**

MVP：実用最小限の製品（Minimum Viable Product）のこと

41 | 近年の経営戦略論：2000年以降　　313

▶ インテュイットは顧客と失敗に学ぶ

アメリカの個人向けの税申告ソフト（Turbo Tax）と資産管理ソフト（Quicken）で圧倒的シェアを誇るインテュイット[247]は、多くの荒波を乗り越えてきました。

インテュイットは1983年創業。PC創生期からこれまで数十年を生き延びた稀有な会社のひとつです。P&Gの社員だったスコット・クックが起業のためにスカウトした技術者が、スタンフォード大学のトム・プルーでした。2人はすぐに会社を興しさまざまな事業に挑戦しますが、やっと税申告ソフトで成功したかと思うと、巨人マイクロソフトがMicrosoft Moneyで参入してきたり、オンライン型の競合が現れたりで、生き残りへの道は大変でした。

インテュイットは大胆なM＆A（競合の買収）を行うと同時に、徹底した「ビジネス・エスノグラフィ（行動観察）」開発を行って、中核商品を守り抜きました。単に「顧客の要望を聞く」ことではイノベーションは生まれません。数十人のエンジニア（マーケティング担当者でなく）が、さまざまなユーザーの家を3人組で訪問します。そしてなんと1軒につき丸2日間、ユーザーがどのような「生活」をしているか、ビデオにも撮って調べます。インテュイットの商品がどのような場面で、どのような姿勢で使われているのか、使っている最中に何が起こるのか、などなどを調べ尽くすのです。この活動を始めてから、顧客満足度が大幅に上がりました。

「イノベーションとは人の行動原理を変えること」なのです。

[247] 日本の弥生はIntuitが2003年の日本撤退時に、MBO（経営陣自身による買収）で生まれた会社。

FIGURE 166 ｜ **インテュイットはなぜマイクロソフトに勝てたのか**

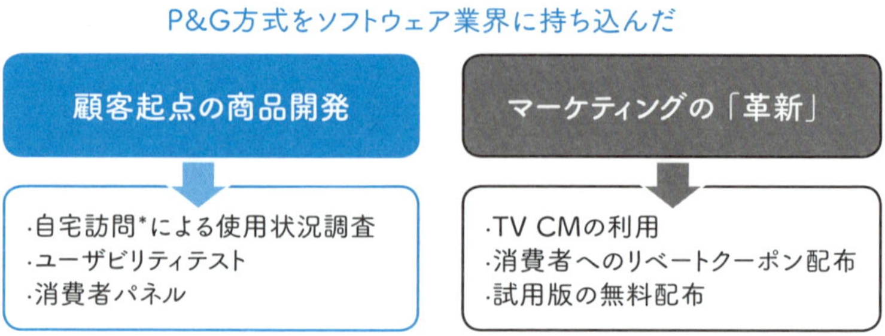

P&G方式をソフトウェア業界に持ち込んだ

顧客起点の商品開発	マーケティングの「革新」
・自宅訪問*による使用状況調査 ・ユーザビリティテスト ・消費者パネル	・TV CMの利用 ・消費者へのリベートクーポン配布 ・試用版の無料配布

* Follow-me-home Studies

イノベーションに挑むからこそ、インテュイットは多くの失敗も経験しています。 2005年、インテュイットは若年層の顧客を増やそうと、rockyourrefund.com(ロック・ユア・リファンド)というサイトを立ち上げました。「税還付金をROCK(ロック)しよう」という名のそのキャンペーンサイトはロックやジャズ音楽が溢れ、サイト利用者には商品の割引クーポンが提供されました。

結果は、大失敗。訪問者はほとんどおらず、その成果は「丸め誤差程度」だったそうです。

しかし、マーケティング部隊はその失敗をしっかり分析してレポートにします。同じ失敗を繰り返さないために、イヤな経験を曖昧のままに終わらせませんでした。

この**失敗分析レポートを会長のクックは表彰**します。

「It is only a failure, if we fail to get the learning (失敗は、そこから学ばなかったときのみ失敗となる)」と。

▶ BCGが生んだ5分類とアダプティブ戦略

経営戦略史の最後を締めくくるのはBCGの『**アダプティブ戦略**』(HBR、2011)です。東京オフィスでも働いた、尺八(しゃくはち)が趣味のイギリス人マーティン・リーヴスがその中核です。

まずはBCGらしく「分ける」ことからスタートします。なんでもかんでも同じ戦略、試行錯誤型経営じゃないぞ、と。確かにアンゾフもそう言っていました(208頁参照)。

まず事業環境を5分類します(FIGURE 167)。

- 環境が余りに苛酷なら「**サバイバル戦略**」。そうでない場合……
- 環境が予測可能でも支配できないなら「**クラシカル戦略**」
- 環境が予測可能で支配できるなら「**ビジョナリー戦略**」
- 環境が予測困難でも支配できるなら「**シェイピング戦略**」
- 環境が予測困難で支配もできないなら「**アダプティブ戦略**」(Adaptive)

です。この「支配可能性(企業行動の環境への影響力)」[248]という軸が新鮮です。これまでなら競争上のポジションや相対シェアで片付けていたものを、自社が(もしくは徒党(ととう)を組んで)環境を変えられるか、という視点を事業環境分類の軸にしたわけです。

[248] 英語ではMalleability。展性、可塑性、を表す言葉であり「対象を鍛えて形を変えられるか」という意味で使われているのであろう。

まずは自社がこの5つのどこに位置するか、今後どこに移りそうか、を冷静に見極めて、それに合った戦略をとり、準備することです。
　たとえば、ネット系企業がずっと取ってきたのはシェイピング戦略でした。技術の進化予測は困難だけれど、みんなで談合（規格統一ともいう）をすることで、なんとか将来を形作ろうとしてきました。でも、同じ事業でも、対象とするエリアによってこの事業環境は異なってくるでしょう。たとえば新興国では「より予測が困難で、支配可能性は低くなる」といったように。

　アダプティブ戦略は、予測しがたい事業環境変化に迅速に対応することを「競争力」の源泉とする戦略です。
　リーヴスらの分析によれば、専門小売業界、たとえばファッションアパレルなどは、環境が予測困難で支配もできない業界です。だからアダプティブ戦略をとるしかありません。ZARAもH&Mもファーストリテイリング（ユニクロ）も、まさにそんなプレイヤーでした（176頁参照）。
　アダプティブ戦略実行のために必要なケイパビリティが、いくつか挙げられていますが、そのひとつが「**実験する能力**」(The Ability to Experiment)です。
　リーヴスがアダプティブ戦略の「実験する能力」の項で最後に強調しているのは「失敗への対応」です。試行錯誤には（文字通り）必ず失敗が伴います。あのインテュイットのように（314頁参照）。

FIGURE 167 | **BCGの事業環境5分類とアダプティブ戦略**

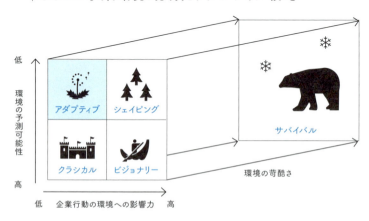

組織が失敗を受容し、かつ、そこから学ぶ能力がなければ、試行錯誤型経営でなく、ただの「錯誤」経営になってしまいます。

　アダプティブ戦略は、名前はアダプティブ（Adaptive）ですが、ただ順応とか適応という意味ではありません。企業の「進化」を促す言葉なのです。

　進化の反意語は退化[249]ではなく停滞です。そして進化は（通常）一代で起こることではなく、変異と淘汰によって起こる非連続でダイナミックな適応なのです。

　始祖たちがその礎を築いてから100年、経営戦略論はついにここまでやってきました。

　「やってみなくちゃ、わからない」

　でも、その戦略的なやり方は、もうそこにあるのです。

[249] 退化の反意語は発達。

講義のおわりに

　私の経営学系の講義・研修には、中高大学生から50代まで、幅広い人たちが参加します。自発的に勉強会を主催する高校生もいれば、必修科目として学ぶ女子大生もいます。社会人大学院でも20代の若者から、飛躍を期す30代の起業家、壁を乗り越えたい40代の部課長、そして人生100年時代を見据えた学び直しの50代たちも。

　この本も、きっとそうでしょう。就活生やアルバイトも含め、働く人みんなのための経営学入門書なのですから。

　人生は一期一会[250]。今この本を手に取ってくれたみなさんに、一言ずつお手紙を。

250 | 千利休の言葉とされる。一期は仏教語で人の一生のこと。

▶ 19歳のキミへ

　19歳のキミは今、どこにいて何を目指しているだろうか。

　悩み楽しみながら、自らの目指すもの（夢）を求める旅もよい。それをモラトリアム[251]という。若者の特権だ。

　目指すものが明らかなら、それを最短でつかむために頑張るもよし。さらには世にない何かを創り出そうとする者もいるだろう。それをビジョナリーと呼ぶ。

　モラトリアムであろうがビジョナリーであろうが、それらのためにキミは今、何をして何を考えているだろうか。

　社会に出ることを急ぐことはないし、同時に躊躇うこともない。じっくりウロウロすればいいし、思いきりぶつかって行って試行錯誤すればいい。自ら調べ考え決めたことであれば、道はなんでもいいのだ。

251 | moratorium。もとは遅延や一次的猶予を意味する。エリク・エリクソンは自我の発達段階の中の「青年期」（12～18歳）を幼児期から成人期への移行期であり、アイデンティティ危機に見舞われるものとした。それに対し社会が与える猶予がモラトリアム。

　でもひとつ、社会に出るために役立つことがあるとすれば、それはアルバイトやボランティア活動だ。社会的な組織による活動にその身を投じてぜひ実感して欲しい。その価値や責任を。顧客や相手に感謝される喜び、同僚たちとのコミュニケーションの大切さ、店長やリーダーの本

当の役割、研修やマニュアルの出来不出来、いざというときの組織の力、を。キミがそこでどんな立場であろうが、きっと思うだろう。「これはうまい仕組みだなぁ」「でもここはなんでこんな変なことになっちゃってるんだろう」「もっとよくできるのに」

それらビジネスの仕組みや問題、解決策を体系的に理解するための知識や枠組み(フレームワーク)を私たちは「経営学(けいえいがく)」と呼ぶ。

もしキミが、キミ自身が住むこの社会に興味があり、その最大要素であるビジネスや組織（行政や非営利団体も含む）に関心があるなら、ぜひこの本を読んでみてほしい。

きっとキミの曖昧だった理解が、ハッキリとした言葉になるだろう。キミの感じた疑問にキミ自身が答えを見つけるための、手がかりが見つかるだろう。キミたちが触れる多くの商品・サービスが、いろんな人たちの意思やガンバリでつくり上げられてきたことを知るだろう。

そんな「経営学」の視点で、ちょっと周りを見渡せば、この世が存外(ぞんがい)広くて深くて面白いものとわかる。

19歳のキミよ、自ら進め、次の一歩を。

▶ 29歳のあなたへ

社会人になって5〜10年。振り返ってどうですか？ 充実していましたか。あっという間でしたか。

そうそう、昔の学生仲間と集まったり、同期入社のやつらと飲んだりして、違和感を覚えることはありませんか。こいつこんなだったっけ？

ビジネスの場は強烈で、ヒトを大きく伸ばしたり、押しつぶしたりします。そこで5〜10年揉(も)まれれば、個々人の成長度合いに何倍もの差が生まれるのは当然です。それがあなたの違和感の正体です。そして自分の成長を振り返るきっかけともなるのでしょう。

少し振り返って、少し反省したら、前に向き直って未来を見ましょう。そして行動を起こしましょう。

今目前に迫る壁がどんなものかは、みなさんならもうわかっているはず。それが「経営視点」というものです。

対象が何であっても数年真摯(しんし)に取り組めば、それなりにはなれます。Webマーケティングでも、人事採用でも、ロジスティクス[252]でも。でも、そこまでです。

　もしあなたが、より良い仕事をしようと思うなら、もう1段の成長を望むなら、横、つまり専門外の分野との連携が必須です。それには各分野を統合するための目的や論理、つまりひとつ上の「経営視点」が必要なのです。あなたが今経営者であろうとなかろうと、事業責任者としての視点を持って初めて、事業への大きな貢献ができるのです。

　この本はきっとその手助けとなるでしょう。事業全体を理解し、それを議論するための言葉が学べます。

　29歳のあなたにとって、今がきっと人生の分かれ道。さあ、どっちに進みますか？

▶ 30代〜40代のみなさんへ

　今30〜49歳のみなさんは、もっとも多様性に富む年代です。個々人の立場も想いもいろいろです。

　中小企業やベンチャー、外資系企業からキャリアをスタートしたヒトたちは、多く20代後半で次の職場にチャレンジし、そこで転職の難しさや楽しさを味わってきたでしょう。私自身はこちらの部類です。27歳で海外留学を経験し、32歳でBCG[253]からアクセンチュア[254]に転職しました。アクセンチュアにとって新規事業だった経営戦略コンサルティング部隊の幹部候補として。中小企業や外資系で働くってそういうことです。精一杯背伸びをして、経営の世界に挑み続けます。

　たまたま大企業に入ったヒトは、その激烈(げきれつ)な社内競争の中で鍛えられ、でも悩みの中にいます。成功していても、そうでなくとも。

　成功者はマネジメントレベルへの昇格という次の大きな壁にぶち当たります。これは勢いや気合い、コミュニケーション力くらいでは乗り越えられません。

　上手くいっていないヒトは、いまいち自分に自信がないので転職・転社や職種転換への一歩が踏み出せません。

　仕方がないので両者とも、学習に走ります。この世代は、もっとも学

---

[252] logistics、兵站(へいたん)。軍事用語で、武器・砲弾・食料などを前線部隊に送り届ける作業や部隊のこと。

[253] Boston Consulting Group。世界第2位の経営戦略コンサルティングファーム。

[254] Accenture。世界最大の総合コンサルティングファーム。社員数は48万人(2019年1月末)。

びに貪欲な層でもあるのです。本を読み、ネットで情報収集し、講演にも通います。でもみんなモヤモヤ……。

論理思考や経営学を本や研修で学んで開眼した気になっていたのに、使いこなせている気がしません。自分の能力は上がった気がするのに、なかなか仕事の実績として表れません。なぜでしょう？

それはその知識やスキルを、チームメンバーに伝えられていないからです。みなさんが孤高の芸術家でなく組織で働いているのは、組織が個人の足し算より大きな成果を生めるからのハズ。なのにマネジャーが自身の知識やスキルを部下にうまく伝えられないのでは、組織力は上がらず、成果も上がりません。

これまでみなさんが学んできた「経営学」は6～10個の専門分野の束なので、学び修得するのはそもそも大変なのです。それを部下に伝えるなんてもっと大変。

だからこそ、この本が役に立ちます。経営学の基礎的な知識が、事業の目的別に絞り込まれ再編されています。知識の多くはみなさんが既に目にし学んできたものでしょう。でも事業をマネージするのに必要なのは、とりあえずこの本に挙がっているものだけで十分。それらを「事業目標＋ビジネスモデル」の体系で整理し、部下や同僚、そして役員たちに伝えられるようになりましょう！

私の30代はシニアなコンサルタントとして働くとともに、知識の再編・体系化の時期でした。部下やクライアントにそれを伝え、組織力を上げるために。そして40代になってその活動の対象を教育、特に子ども・親・教員向けに拡げました。知識やスキルを「みんな」に伝えることに、ちょっと自信ができたからでしょう。

この本はその集大成のひとつ。30代～40代のみなさんは、ぜひここから学んで、「人に伝える」を試してみてください。

▶ 私と同世代の人々へ

私と同世代、はここでは「1960年代生まれのヒト」としましょう。インターネットも携帯電話もない時代を、よく知っている世代です。PCだって身近になったのは、中高大学生以降のハズ。同時に社会人になってからは、それらを使いこなして生き延びてきました。私も、デジタルガ

ジェット[255]が大好きで、スマートフォンもバンバン使っています。

日本企業に就職したはずがいつの間にか外資系になっていたり、外資系に勤めていたらアジア本社移転とかでシンガポールに移住することになったり。グローバル化が私たちの人生を翻弄(ほんろう)してきました。

現代におけるテクノロジーの驚異的進化と社会の変化を、もっとも体感しているのは私たちなのです。だから私たちは知っています。今日が昨日とは違うことを、そして明日が今日とは違うことを。過去が繰り返されることはなく、未来は常に私たちの想像を裏切ります。良くも悪くも。

でも「見える未来」もあります。少子高齢化の中で日本社会や経済がどうなるのか、や、地球温暖化のもとでの気象変動の激化[256]、などです。それらのテーマから逃げずに取り組む責任が、私たちにはあります。

私たちの人生はまだ十分に長く、これらの問題は直接的に将来に響きます。そしていつか死ぬとき、次世代から「いったいなにやってたのよ?」なんて言われたくないですよね。がんばるぞー。

もちろん何で頑張るかはヒトそれぞれ。私がやると決めたのは「どんな状況でも楽しく生き残れる力」を次世代に伝えること。どこまでできるか、何人に伝えられるかはわかりませんし、それは目標にしていません。でも「自分にできる限りの最大限」は目標にしています。

あなたのミッションやビジョンはなんですか? その実現のためにどうターゲット、バリュー、ケイパビリティ、収益モデルを立てますか? みなさんの健闘を祈ります。この本がその一助となりますように。

▶ 19歳に経営学を伝えるために、この本は生まれた

この本には5つのルーツがあります。経営のあり方や経営戦略論は『経営戦略全史』(2013) から、ビジネスモデルのフレームワークや事例は『ビジネスモデル全史』(2014) から、重要思考などは『一瞬で大切なことを伝える技術』(2011) から。残りの部分は過去の経営戦略コンサルタントとしての経験から。

でも最大のルーツは女子栄養大学[257]食文化(しょくぶんか)栄養学科における科目「基礎経営学入門」(2016〜) です。2年生になった彼女たちが、初めて触れる経営系の科目です。必修なので100余名が受講します。

---

[255] digital gadget。特定の機能や用途を持つ機器のこと。因みに私はワイヤレスイヤホンを14セット所有している。

[256] 今後、平均気温が2度上がるとスーパー台風(風速67m/s以上)の発生数は今の数倍になると推定されている。

[257] 食産業や地域の食文化発展を担う食の専門家を養成する学科。他に実践栄養学科(管理栄養士養成)、保健栄養学科(栄養士、養護教諭 養成)などがある。

2016年にスタートする前によくよく考えました。一体どうやったら「経営学」の基礎を彼女らに伝えられるのだろう、と。

　そして生まれたのが「専門分野別でなく目的別に教える」という方法でした。90分×16回、すべてそのフレームワークで語ります。事例が多く、そのほとんどが食品系。毎回必ずコーヒー関係の事例[258]が入ります。どこかで見たことある構成ですよね（笑）。

　最初の4ヶ月1ラウンドが終わった後、彼女たちからのフィードバックはとても面白いものでした。曰く「お店に行ってもモノを簡単に買えなくなった。ダマされないぞって思います」「バイト先（チェーン店）でよく本部のヒトが来て話をするんですけど、意味あるんだなってわかってきました」「やっぱり店長次第ですよねえ。店長がわかってないとなにしてもダメ」「いまのバイト先にあと3年勤めるつもりなので、つぶれては困ります。最近はヒマな時間帯のお客さんを大切にするようになりました。長居しててもすぐお水を足しに行きます！」

　素晴らしい！ それで十分。事業経営とは何か、その基礎と本質が彼女たちには（少なくともその幾ばくかが）伝わったと感じました。よし、これなら「みんなに」経営学が伝えられるはず！

　「基礎経営学入門」の講師として私を選んでくれた浅尾貴子さん、ありがとう。引き受けてから、「これは大変だ」とお腹が痛くなったのは内緒です。そして、書籍化にあたって全面的な協力をいただいたディスカヴァー・トゥエンティワンの原典宏さん、松石悠さん、スタッフのみなさんに感謝します。また今回初めてご一緒したデザイナーの加藤賢策さん、とてもポップでシックなデザインをこの本に与えてくれました。松本セイジさんのイラストも秀逸！ 他にも図版デザインは小林祐司さん、DTPはルヒアの田中志歩さんと川野隆行さんが、膨大な数の図版、複雑な本文を見事に組み上げてくれました。19万文字の校正に挑んだのは鷗来堂のみなさん。助かりました。あとは大日本印刷チームに託します。

　ああ、本当に本をつくり上げるって楽しいなぁ。でもわかってます。ここからが収益モデル上はダイジ（笑）。販促活動ガンバリマス。

　さてこの辺りで、講義後の駄弁も終わりです。この「新しい経営学」の講義が、ひとりでも多くの「働く人」に届きますように。

　　　　2019年8月　暖冬、長梅雨、盛夏、台風を越えて　三谷宏治

---

[258] コーヒーの研究書は多く、『珈琲の世界史』『戦略は「一杯のコーヒー」から学べ！』などを参考にした。

演習の
解答例

演習1 | 19世紀末パリのカフェのBM図を描け

	バー/ビストロ		カフェ
ターゲット（顧客）	一般男性個人	⇔	嗜好や職業が同じ者 男性のみ
バリュー（提供価値）	食事とアルコール 騒げる	⇔	コーヒー中心 まじめな雑談 人脈つくり
ケイパビリティ（オペレーション／リソース）	立地 飲食提供	⇔	趣味や職業毎の立地 コーヒー提供
収益モデル（プロフィット）	夜のアルコール（粗利が高い） 客単価高め	⇔	昼のコーヒー（粗利が高い） 客単価低く回転重視

演習2 | 19世紀末パリのサロン・ド・テのBM図を描け

	カフェ		サロン・ド・テ
ターゲット（顧客）	嗜好や職業が同じ者 男性のみ	⇔	嗜好が同じ者 女性中心
バリュー（提供価値）	コーヒー中心 まじめな雑談 人脈つくり	⇔	紅茶とスイーツ ゆっくり寛げる 内装もダイジ
ケイパビリティ（オペレーション／リソース）	趣味や職業毎の立地 コーヒー提供	⇔	立地、紅茶と 独自スイーツ提供
収益モデル（プロフィット）	昼のコーヒー（粗利が高い） 客単価低く回転重視	⇔	昼の紅茶とスイーツ （粗利が高い） 客単価高め

演習3 | 任天堂ファミコンのBM図を描け

	任天堂ファミコン	
ターゲット（顧客）	① 小学生男子	② 大手ソフトメーカー
バリュー（提供価値）	安価なゲーム機 高価だが面白いゲーム	ゲーム機の普及 ゲーム1本の粗利
ケイパビリティ（オペレーション／リソース）	自社ソフト開発力（マリオなど） ROMカートリッジ生産能力	外部ソフトの事前審査能力
収益モデル（プロフィット）	ゲーム機本体は赤字だがゲームソフトのロイヤルティ等で儲ける「替え刃モデル」	

演習4 | 初期のeBayのBM図を描け

	一般eMP	初期eBay
ターゲット（顧客）	売り手は企業 買い手は個人	売り手も 買い手も個人
バリュー（提供価値）	新品（中古品）販売 BとCをつなぐ 店舗販売より低コスト	中古品売買 CとCをダイレクトにつなぐ 圧倒的低コスト
ケイパビリティ（オペレーション／リソース）	物流・決済機能強化	ネットオークションのみ 決済も物流も客任せ
収益モデル（プロフィット）	高率のマージン	出品料10セント/個 成約手数料1％

演習5 | eBayの中期のBM図を描け

	初期eBay	中期eBay
ターゲット（顧客）	売り手も買い手も個人	同左＋PayPalユーザ
バリュー（提供価値）	中古品売買 CとCをダイレクトにつなぐ 圧倒的低コスト	オンライン決済で安心・安全（買い手保護）もかなりの低コスト
ケイパビリティ（オペレーション／リソース）	ネットオークションのみ 決済も物流も客任せ	オンライン決済機能強化（PayPal買収） 安価にインフラ構築
収益モデル（プロフィット）	出品料10セント/個 成約手数料1％	売り手はPayPalで手数料2〜4％弱のみ

演習6 | ストアキングのBM図を描け

	インドの一般eMP	ストアキング ①	ストアキング ②
ターゲット（顧客）	ネット利用者（4.65億人）	地方の非ネット利用者(6.45億人)	零細雑貨店（数百万店）
バリュー（提供価値）	品揃え、安価 どこでも購入・宅配 ネット端末等必須	品揃え、安価 最寄り店で購入・配送 ネット端末・銀行口座不要	低コスト仕入れ マージン、集客
ケイパビリティ（オペレーション／リソース）	広告力、仕入れ力 配送力	雑貨店のネットワーク化（営業、アプリ・端末配布） 仕入れ力	
収益モデル（プロフィット）	規模と密度の効果	配送コスト削減 与信リスク/集金コスト削減	

演習7 | ロイズ・コーヒー・ハウスのBM図を描け

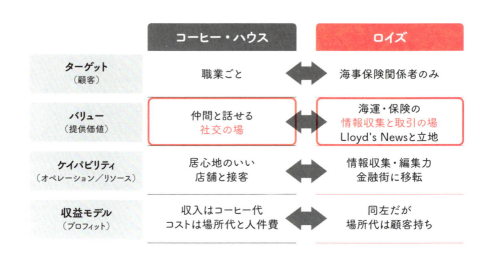

演習8 | 直線美のビジネスモデル、特にバリューを書け

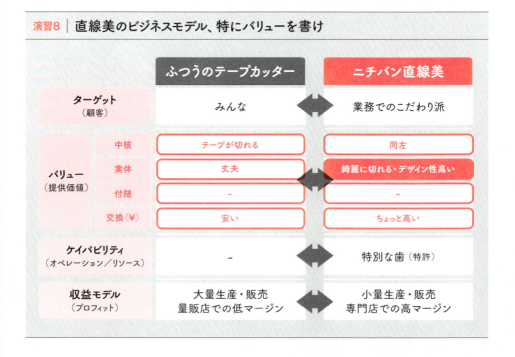

演習9 | iPodのBM図、特にターゲットとバリューを描け

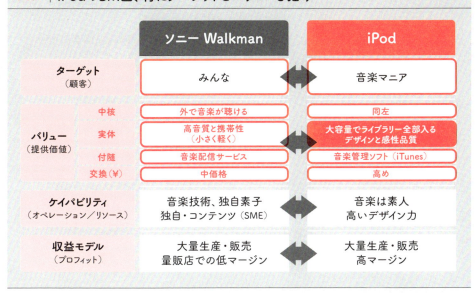

演習10 | スターバックスの日本でのBM図を描け

演習11　エディオン（デオデオ）のBM図を描け（1995当時）

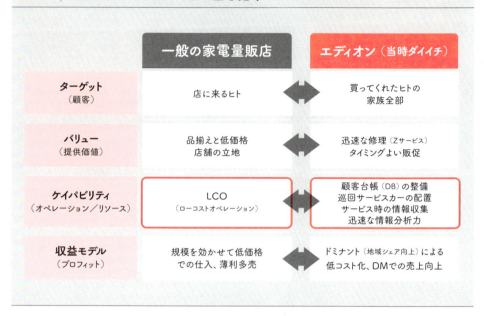

演習12　ドトールのBM図を描け。特にバリューとケイパビリティを詳細に

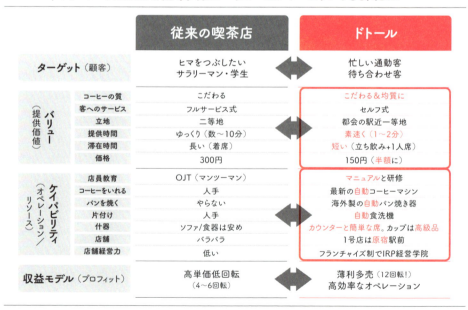

演習13 | 原田左官のBM図を描け

	一般の左官		原田左官
ターゲット（顧客）	さまざま	◆▶	一品一様の店舗内装分野に特化
バリュー（提供価値）	作業の効率性と低価格	◆▶	デザイン性や提案力
ケイパビリティ（オペレーション／リソース）	ベテラン職人による手作業（高齢化）長期の人材育成（若手の離職）	◆▶	若手・女性職人による手作業短期間での人材育成（モデリング、離職率1/10に）
収益モデル（プロフィット）	人工単価×工数	◆▶	付加価値提案による人工単価の向上

演習14 | Amazonの書籍事業でのBM図を描け（2000）

	大型リアル書店		Amazon書籍（2000）
ターゲット（顧客）	大都市圏	◆▶	全国のネットユーザー
バリュー（提供価値）	品揃え（10万点/店）	◆▶	品揃え（230万）クイックデリバリー（全米へ1〜2日）
ケイパビリティ（オペレーション／リソース）	店舗規模と立地知識豊富な店員	◆▶	ネット店舗1店全米8ヶ所の物流センター従業員8000人
収益モデル（プロフィット）	売れ筋商品の大量仕入・販売	◆▶	ロングテール商品の定価販売

演習15｜ブルーボトルコーヒーのBM図を描け

	スターバックス	ブルーボトルコーヒー
ターゲット（顧客）	若者層男女 （おしゃべり/仕事）	若者層男女 （コーヒー好き）
バリュー（提供価値）	ここにいること自体が 素晴らしい体験となる劇場 "The Third Place"	素晴らしいコーヒー体験 Wi-Fi、電源なし
ケイパビリティ（オペレーション／リソース）	店舗：一等地立地とスペース コーヒー：独自コーヒーマシン 店員：バリスタ教育、マニュアルレス	店舗：二等地立地 コーヒー：稀少豆の確保、独自レシピ、自家焙煎所 店員：ハンドドリップ技術の教育 スタッフ：品質管理マネジャー設置
収益モデル（プロフィット）	単価：高め 回転：低め	単価：高め 回転：ふつう

演習16｜ZARAのBM図を描け（GAPと比較）

	高級アパレル	GAP	ZARA
ターゲット（顧客）	富裕層 いいものを長く	10〜20代 そこそこをとても安く	20〜30代 新しいものを安く
バリュー（提供価値）	ブランドイメージ 質が高い	そこそこ ファッショナブル とても安い	毎週新商品 流行のもの 安い
ケイパビリティ（オペレーション／リソース）	百貨店 少量生産	多店舗販売力 大量生産	2Wで 新商品投入
収益モデル（プロフィット）	少量高価格	大量低価格	値下げ少なく 多頻度来店

演習17 | セブンカフェのBM図をFC本部の視点から描け

セブンカフェ（FC本部として）

ターゲット（顧客）	利用客	店舗オーナー
バリュー（提供価値）	美味しく安いコーヒー 近くですぐ買える	新規客誘引 既存客単価アップ／囲い込み セルフサービス
ケイパビリティ（オペレーション／リソース）	小型の自動コーヒーマシン（挽き立て） 店員の時間やスキルは最小限 コーヒー豆と氷の調達力	
収益モデル（プロフィット）	店舗：1杯100円、店舗粗利率50％、40杯/日がBEP ついで買い。女性客増やリピート向上に貢献※ 本部：大量販売（年10億杯）で高収益	

※ついで買い2割、リピート55％、女性ユーザー5割

演習18 | ライザップのBM図を描け

		大手フィットネス	ライザップ
ターゲット（顧客）		都市居住者すべて （電車・自転車で） 60歳以上が3割	20〜50代の中・高所得者 ダイエット挫折経験者
バリュー（提供価値）		健康・ダイエット・体力 あらゆるフィットネス 高品質・ブランド	ダイエットの確実な成功 （2ヶ月→長期へ） トレーナーとの人間関係
ケイパビリティ（オペレーション／リソース）	立地	駅前（100店〜）	駅から数〜10分
	設備	プール2つ、高度なマシン器具	既存ビルのフロア、器具は最小限
	スタッフ	専門インストラクターも	パーソナルトレーナー／192時間研修
収益モデル（プロフィット）		継続会費モデル 月1万2,000円 （平日8500円） 5000人/店がBEP	短期集中モデル 2ヶ月35万円 →5割以上が継続、 1人年90万円

演習19 | ジレットのBM図を描け（初期）

	旧来のカミソリ	ジレット
ターゲット（顧客）	一般男性個人	同左＋軍の支給品 女性向け（ギフト）
バリュー（提供価値）	耐久性	研ぎ不要・切れ味 /剃り心地
ケイパビリティ（オペレーション／リソース）	大量生産・販売力	薄い替え刃の製造技術 特許対応力／マス販促 R&D：ジョイント部分の特許
収益モデル（プロフィット）	一体まるごと買替え 高価	本体は安くし 替え刃で継続的に儲ける

演習20 | GoogleのBM図を描け（初期）

	Google	
ターゲット（顧客）	一般ネットユーザー	B2C/B2B企業
バリュー（提供価値）	幅広いサイトの高精度検索（各種サービスの無料提供）	特定の関心を示す層への ミクロ・アプローチ
ケイパビリティ（オペレーション／リソース）	質の高いロボット型検索エンジン キーワード広告の特許（オーバーチェアが所有）	
収益モデル（プロフィット）	検索に連動してのキーワード広告	

演習21 | クックパッドのBM図を描け

	無料ユーザー		有料ユーザー	広告主
ターゲット（顧客）	無料閲覧者 月5500万人 つくれぽ1600万件？	レシピ投稿者 累計305万件	有料閲覧者 205万人	食品・調理 関係企業
バリュー（提供価値）	レシピの質・量 見やすさ 評価しやすさ	投稿しやすさ 投稿への評価や コメント（つくれぽ）	レシピの質・量 検索しやすさ 保存機能	特定興味層への ターゲティング 需要アップ効果
ケイパビリティ（オペレーション／リソース）	コミュニティ機能（つくれぽ文字数は32文字に制限） 投稿チェックや食の安全確保努力（はちみつ入り離乳食） リッチコンテンツやアクセスの安定性・レシピ検索機能（Ruby）			広告営業力 企画力
収益モデル（プロフィット）	コンテンツ作成費用はゼロ（CGM） 収入は一部有料客からの会費（全体の7割） （月間の延べ利用者の3.7％程度）			タイアップ広告※ バナー広告収入 （全体の4割）

※ レシピコンテスト、スポンサードキッチンなど

演習22 | あかり安心サービスのBM図を描け

		蛍光灯販売	⇔	あかり安心サービス
ターゲット（顧客）		全事業所	⇔	環境配慮企業 （ISO14001、SDGs企業）
バリュー（提供価値）		長寿命 低価格	⇔	初期費用ゼロ、低コスト 廃棄物の排出者責任ゼロ
ケイパビリティ（オペレーション／リソース）	営業	既存小売に流すだけ	⇔	提案型の新規開拓営業
	処理施設	なし	⇔	ゼロエミッション工場
収益モデル（プロフィット）		売り切り	⇔	定額で長期契約

索引〔キーワード〕

数字
- 10分ターン……………… 157-161
- 14の管理原則……………………… 294
- 3Sモデル…………………………… 295
- 4P……… 023, 052-3, 296-7
- 4種の神器…………………………… 058
- 5つの循環的ステップ（EDIPT）…… 257
- 7S…………………………………… 155
- 7つの企業会計原則………………… 188

A-Z
- AdWords……………………… 228
- ARMアーキテクチャ……………… 170
- B2B……… 029, 048-9, 064, 090-1, 218
- B2C……… 029, 048, 064, 092
- BM図…… 039, 061, 063, 069, 071, 073, 075, 085, 101, 103, 133, 141, 146, 166, 175, 178, 229, 232, 240
- CBS………… 191, 222-4, 227
- CD市場……………………………… 243
- CEOの報酬……………… 254, 288-9
- CF計算書……………… 187-8, 201
- CGM………………………………… 050
- Chasm……………………………… 097
- CRM…… 030, 113, 126, 130-2
- CRMケイパビリティ……………… 133
- CVCC……………………………… 301-2
- DBマーケティング…… 130, 132
- DIY………………………………… 082
- DM…………………………………… 131-3
- DMU………………………………… 064-5
- EDLP……………………………… 189
- EQ…………………………………… 153
- Every Day Low Price……… 190
- FAANG…………………………… 066
- FAB………………………………… 058
- FCF（フリーキャッシュフロー）…… 201
- HONDA WAY……… 155-6, 302
- IBM PC互換機…………………… 123
- Invisible Hand………………… 279
- IoT………………………… 170, 272-3
- IPO………………………………… 225
- IRR………………………………… 023
- JIT………………………………… 127
- KAIZEN…………………………… 128-9
- LCC………………………………… 156-7
- LCO…………………… 189-90, 205
- LTV………………………………… 131
- M&A………… 023, 162, 211, 298
- MBA……… 022, 026-7, 071, 222, 294, 310
- MECE……………………………… 259
- Minimum Viable Product… 313
- NPO………………………… 195, 312
- NPV………………………………… 023
- OJT……………………… 136, 143-5
- PER………………………………… 253
- Place（プレイス）………………… 052
- PLC………………………………… 094-5
- PLC戦略…………………………… 094
- PLC戦略…………………………… 096
- PLC戦略…………………………… 097
- POCCCサイクル…………………… 293
- Positioning……………………… 053
- PPM……………… 025, 091, 299
- Price（プライス）………………… 052
- Product（プロダクト）…………… 052
- Promotion………………………… 052
- QC………………………… 127, 174
- QCDS…………………… 029, 090-1
- ROA………………………………… 253
- ROE………………………………… 253
- ROMカートリッジ………………… 067
- Salesforce……………………… 190
- SCM…… 030, 113, 126, 129, 178
- Segmentation…………………… 053
- Shared Value（共通の価値観）… 155
- SNS……………… 050, 065, 092
- SOFT分析………………………… 262
- SPA…… 176, 178-9, 191, 237
- STP……… 023, 052-3, 096, 297
- STPが先、4Pは後………………… 053
- SWOT分析………… 262-3, 265, 295, 298
- SWOTマトリクス…… 262-3, 265, 295
- Targeting………………………… 053
- The Third Place………………… 102
- Thinkers 50……………………… 310
- TOWS分析………………………… 263-5
- TQC………………………………… 127
- T型……… 054-6, 105, 120-1,

215, 257, 301
XaaS 190, 192
Zサービス 131

あ

アーリーアダプター 095, 097
アーリーマジョリティ 095, 097
「相手に来てもらう」型 240
アイテム課金 030, 230, 232
アウトソーシング 282
アカウンティング 022-3, 196
赤字 083, 149, 166, 186-7, 195, 197, 205, 225, 233, 237, 280
アダプティブ戦略 315-7
アタリショック 067
アメーバ型 137
粗利率 205
暗黒の1930年代 056
アンゾフ・マトリクス 208, 295
安定的なマッチング 286
アントレプレナー 312
アントレプレナーシップ 125

い

イージーメイド 018, 034, 036
イールド 203
イールドマネジメント 204
意思決定 064-5, 134-7, 151, 261, 280, 282, 287
意思決定者 049, 064-5
イシュー・ツリー 259

意匠権 168, 217
一期一会 318
一人一色 018, 036
一人十色 093
一物多価 017
イノベーション 095, 114-5, 151, 164, 171, 216-7, 242, 254-5, 311, 314-5
イノベーション普及理論 095-6
イノベーター 095, 097, 171
イノベーターのジレンマ 171
イラク戦争 136
インクジェットプリンター 218, 241
インクタンク機 241-2
インクタンク方式 241
印象派 061
インスタントコーヒー 175, 220
インセンティブ 288-9
インタラクション・マトリクス 264-5
インフルエンサー 065

う

ヴェネツィアの商人 196
ウォンツ 081-2
運河 114, 117, 121, 197
運河業者 117

え

営業CF 201
閲覧者 050
エンジェル投資家 193-4
円盤形蓄音機 270

お

オイルショック 302
王冠栓 214
オークション 066, 070-1
オークションサービス 072
大坂御金蔵銀御為替御用 020
大坂城 036-7
オーバーチュア 228
オープン・イノベーション 152-3
オープン化 050, 150, 152
お奨め 165
オズボーンの73質問 257
おとり効果 288
オピニオンリーダー 065
オペレーション 022, 024, 029-30, 118-9, 125-6, 134, 140, 142, 164, 171, 189, 196-7
重み 260-1, 264
音楽ライブ市場 243

か

外商 035, 036
海上保険 084
改善 116, 126-9, 255, 308
カイゼン 129, 271
買い手保護制度 072
替えインク 241-2
替え刃モデル 191-2, 211, 214, 217-20, 241
科学的管理法 127, 189, 291
課金アイテム 192

337

貸し倒れ 170 035-6	機能別組織 137	クラウドファンディング 193-5
カスタマイゼーション 057, 131	寄付モデル 030	グラフィック 236
寡占"的"市場 281	規模化 140, 189	クレジットカード 072, 074, 230
寡占状態 281	規模の効果 281	グローバル企業 137
寡占的業界 123	基本戦略 023, 104, 120	黒字倒産 186, 200-1
カッツ理論 143	逆替え刃 236	
稼働率 203-4	逆替え刃モデル 218, 242	**け**
カニバラ 206	逆ブレインストーミング 257	経営活動 293
カフェ 042, 060-2, 084, 138-40, 175, 207, 220, 236	キャズム理論 097	経営資源 029, 030, 112, 118, 162
	キャッシュフロー 023, 187, 195-6, 201	経営視点型 239
カフェバール 102	ギャップ分析 295	経営戦略 022-3, 157, 255, 277, 294-5, 297, 299, 315
株式公開 193, 229, 312	教学あい長ず 039	
株主価値、財務価値偏重 254	狭義の多角化 209	
カリスマ（支配）型 148	供給 088, 120, 170, 193, 241, 272, 278-9	経営戦略論 157, 208, 290, 294-5, 299, 310, 317
カリスマ型リーダーシップ 149		
ガレージ 163, 173	供給曲線 278	計画職能 291
為替 018-9	競合戦略 023	計画的陳腐化 224
缶コーヒー 206	共生システム 069	経験曲線 189, 298-9, 302, 304
感性品質 099-101	競争的マーケティング戦略 097	
完全競争 281	共通言語 256, 296	経済学 023, 278, 282, 285-9
かんばん方式 126-9	共通の目的 294	
管理会計 023, 187-8	協力ゲーム 284-5	経済学黎明期 282
官僚型リーダーシップ 150	キラーソフト 067, 123	ケイパビリティ 029-30, 036, 039, 055, 058, 089, 112-20, 125, 130-1, 134, 140-2, 157, 164-5, 176-7, 189, 253, 267, 272, 297, 304-6, 308-9, 311, 316
	切り売り 018, 034, 036	
き	均衡点 278-9, 284	
キーワード広告 227-9	銀行融資 193	
機関投資家 253		
企業・組織文化 154	**く**	
企業文化論 143, 161, 292	クイック・デリバリー 164-5	ケイパビリティ戦略 309
既製品 034-5	クイック・レスポンス 179	ケイパビリティモデル 124
既存客の囲い込み 211	クラウド・ファンディング 058	ゲーム 066-8, 071, 083,

192, 209, 218, 226, 230, 232-3, 285
ゲーム理論 278, 281-3, 285-6
限界利益 205, 279-80
減価償却 162, 197-8, 200-1
現金掛け値なし 017, 036-7
検索キーワード連動型広告 227
研修医マッチングプログラム 286
倹約 017

こ

コア・コンピタンス 115
交換価値 086, 088-9, 105, 278-9
交換機 268-9
高機能 083, 093
広義の多角化 209
公金為替 019, 037
広告主 030, 049-50, 222, 224, 227
広告モデル 030, 191, 222, 224, 227, 232
高速試行錯誤 256, 259, 261
「構築・計測・学習」サイクル 313
工程間在庫 128
行動経済学 278, 287-8
高品質と低価格の両立 271
効用 086, 088-9, 131, 134
コーヒーノキ 042
コーヒーハウス 042, 060, 084
コーヒーフィルター 172

ゴールドラッシュ 272
個客エージェント 131
顧客開拓 208-9, 211, 312
顧客関係性マネジメント 130
個客シェア 210
「顧客生涯価値」(LTV) 211
顧客情報 055-6, 130-2
顧客戦略 130-1
顧客層展開 209-10
顧客第一 017, 046, 147
国富論 278
五事七計 032
コストリーダーシップ戦略 104-5, 304, 311
固定資産 162, 187, 199-201, 212
固定費 202-3, 205, 279-80
固定費型事業 203, 205
コネクト+ディベロップ 152
コラボレーション(協調)型 152
コラボレーション(協調)型リーダーシップ 149
これは神の御業なり 267
コンサルティング営業 091
コンセプチュアル 143-4
コンティンジェンシー理論 148

さ

差 017, 047, 103, 106, 205, 224, 226, 260-1, 297, 315
サードウェーブコーヒー 175

サードプレイス 102
サーバント(支援)型リーダーシップ 149
サービス 024, 029-30, 049, 065-6, 070, 086, 090-1, 106, 113, 119-20, 125, 130, 132-3, 147, 149-51, 156-7, 160, 167, 175, 190-2, 209, 211, 218, 225-8, 230-6, 238, 278, 281
サービス化 190, 192, 234, 238
サービス業 034, 150
在庫 126, 128-9, 166, 190, 199, 201, 307
在庫ロス 190
細分化 047-8, 053, 056, 059
財務CF 201
財務会計 023, 187, 188
財務指標 253, 254-5
作業の並列化 308
サブスクリプション 192, 195, 213, 234-7, 243
サブスクリプションモデル 211, 234-7
サプライチェーン・マネジメント 126
差別化戦略 104-5, 311
サポート満足度 106
サロン・ド・テ 062-3

339

産業革命　054, 058, 169, 189, 193, 216, 290
産業廃棄物の排出者責任　238
産業用プロセッサ　170
三方よし　075

し

シアトル風コーヒー　102
シアトル系コーヒー　175
シーズ　114, 135
シェアリング　189-91
シェアリングサービス　190
自家焙煎　173
自家焙煎ネルドリップ　173
時間帯別料金制　158
指揮命令系統　134, 136
事業部制　055, 297-8
事業部制の教科書　298
事業目標　250, 252, 256
資金調達　023
資金調達　193, 195, 201, 252
資金不足　124, 158, 160, 186, 233
資源配分　023, 299
自己資本比率　200
試作品　058, 087, 100, 257-8, 313
市場シェア　169, 189, 210-1
市場浸透　208, 210
持続可能な成長方程式　299
仕立て売り　018
実験する能力　316

実体価値　086-7, 089, 092, 101
実用最小限の製品　313
実用新案権　168
自動運転　266
品揃え　074, 106, 165
シニア向け雑誌　047
支配可能性（企業行動の環境への影響力）　315
支払者　029, 049
資本　020, 187-9, 196, 199-200, 278
写経勧進　194
収益モデル　029-30, 039, 115, 131, 185, 188, 192, 195, 202, 211-4, 217, 230-1, 233, 238, 241-3, 308
従業員第一主義　157
宗竺遺書　021
囚人のジレンマ　282-5
集中戦略　104
十人十色　093
自由の女神像　194
重要思考　259-61
従量制課金モデル　192
需給バランス　088
出版業界　285
需要　088, 093, 114, 193, 239, 241, 278-9
需要曲線　278-87
需要と供給　278-9, 286-7
少額決済　073

使用価値　086-9, 105, 278-9
蒸気機関　114, 168-9, 197, 216, 267, 290
商号権　168
勝者総取り　123
省電力性　170
消費者がボス　152
小ヒット　093
商標　102, 119, 169
商標権　168, 236, 243
商品開発　052, 055, 134, 177, 179, 209, 211, 258, 312
丈夫で安価　054
消耗品　191, 214, 216, 218
職人の人材育成　144
ショベル作業の研究　291
自律的行動　136
自律分散型組織　136-7
シリンダー型蓄音機　270
人材育成　036, 136, 273

す

衰退期　094-5
垂直統合モデル　120-1, 150, 171, 221
水平分業モデル　122-3
スケールアウト競争　225
スケールフリー・ネットワーク　166
スタイル　148, 151, 155, 173, 223
ステークホルダー　029

ストリーミング配信·············· 235
スペック············· 029, 090, 125
スポットCM······················· 224
スマートフォン······· 099, 169-71, 218, 232

せ

生産委託方式····················· 067
生産性········ 127, 142-3, 271, 282, 290-2, 302, 307
成長・シェアマトリクス·· 025, 299
成長期················· 094-5, 201
税務会計··························· 187
セールス··· 023, 130, 133, 150
世界恐慌············ 056, 219, 294
セカンドウェーブ··············· 175
セグメンテーション··· 047-8, 053, 297, 304
節季払い··························· 017
全額返金保証制度·············· 213
全社戦略··························· 023
先進国······· 089, 094, 197, 242, 278, 282
専用線························· 268-9
戦略······· 033, 097, 120, 134, 137, 146, 150, 155, 211, 234, 253, 255, 263, 285, 287, 294-5, 297-8, 300, 303-6, 308-11, 315-7
戦略3類型······················ 104-5
戦略的セグメンテーション···· 048-59

戦略的な制約····················· 251
戦略的マーケティング・プロセス
······························· 296-7

そ

相対性問題························ 288
創発的····························· 305
造幣局より儲かる··············· 216
組織········· 020, 119, 131, 134-7, 143, 148-50, 155, 160-1, 187, 195-6, 253, 256, 263, 272-3, 290-4, 297-8, 312, 317
組織イノベーション············ 298
組織戦略·························· 299
組織のフラット化··············· 136
組織論····················· 024, 055
ソフトS··················· 155, 156
ソリューション・ビジネス·· 150-1
損益······ 023, 149, 162, 186-8, 197-8, 202, 206, 279-80
損益計算書············· 162-3, 197
存在意義··················· 080, 112

た

ターゲット········ 029, 039, 046-51, 053-9, 061-2, 064-6, 068-70, 074, 080, 089, 093, 099, 101, 104, 106-7, 112-4, 124-5, 130-2, 140, 176-7, 208-9, 221, 242, 257-8

ターゲティング·· 047, 053, 297
大学進学··························· 064
大企業病··························· 154
怠業······················· 290, 292
貸借対照表············· 162, 199
大テイラー主義················· 305
タイミング型···················· 239
タイムベース戦略······ 306, 309
大元方···················· 020, 037
ダイレクトメール············· 131-2
多角化·········· 209, 297-8, 300, 305
多角化戦略······· 208, 295, 298
多機能····························· 083
達成目標················ 250, 252
店前売り················ 018, 036
多能工····························· 129
多品種少量······················· 056
多面的な業績評価ツール···· 255
短期育成手法···················· 146

ち

地域シェア······················· 210
地域展開························· 209
小さき者·························· 070
知覚価値························· 089
蓄音機···························· 270
知的財産················ 119, 168
中核価値········ 086-7, 089, 092, 098
中間層···················· 018, 034-6
中産階級·························· 054

341

町人 034-6	と	ニッチ市場 058
跳躍法 118-9	統計学 271	ニュース番組 224
著作権 168	統計的プロセス管理手法 271	人間関係 024, 143, 292
賃金 142-3, 290-1	統計的プロセス制御 127	人間関係論 143, 292, 294
賃率 142, 290-1	憧憬の地 252	
	投稿者 050	ね
つ	投資CF 201	ネット難民 074
使い放題 234	投資負担の平準化 197	ネットバブル崩壊 164, 193, 226
	独占状態 281	ネットワーク型組織 151-2
て	独占排他権 168	ネットワーク型の組織 152
ティ・クリッパー 046	特典 194-5	ネットワーク効果 225
低価格 034, 056, 082, 105-6, 116, 146, 157, 167, 303	都市間交通 114	ネルドリップ 173
	特許 087, 115, 119, 151, 168-9, 172, 214, 216-9, 221, 228, 267-9, 300	
定額制サービス 192		は
定価販売 017, 034	特許権 168	ハードS 155
ディスカウントストア 056, 189	ドメイン 023, 169	Π型 257
定量目標 252	友だちとのおしゃべり 269	焙煎所 174-5
ディレクトリ型検索 225-7	トヨタ生産方式 127	背面跳び 118-9
テクニカルスキル 143-5	トレーダー 266	破壊的テクノロジー 171
デザイン思考 256-9	どんな予算でも、どんな目的でも 055	薄利多売 017, 035-6
鉄道 114, 117, 193, 197, 203-4, 267, 281		薄利多売モデル 035
		発生主義会計 198
鉄道王 114	な	パトカーより早いダイイチ 131
鉄道会社 117, 198, 203, 267	流れ作業 054, 121, 189	バナー広告 225-8
鉄道事業者 114	ナショナルブランド 191, 222-3	ハブ＆スポーク方式 157, 160
電信海底ケーブル 268	ナッシュ均衡 284-5	バベルの塔 256
電話 099, 218, 268-70, 291		バランスト・スコアカード（BSC） 254
	に	バリュー 029, 039, 061-2, 079-81, 083, 086-90, 093, 099, 101-4, 106-7, 112-4, 124-5, 130-2,
電話帳 224, 268-9	ニーズ 080-3, 090, 093, 106, 114, 146, 195, 224, 242	

140-1, 176, 190, 208-9, 308, 311	134-5, 142-3, 147, 154-6, 162-3, 256, 259, 261, 266, 282	フリーミアム 030, 190-2, 195, 213, 231, 233, 235
バリューズ 250	人・組織論 022, 024	フリーミアムモデル 230, 233
バリューチェーン 113, 119, 126, 179, 293	ピボット 312	ブルー・オーシャン 310-1
バリュープロポジション 053	百戦百勝 033	ブルー・オーシャン戦略 157, 310-1
パレート最適 284-5	ヒューマンスキル 143-4	フルフィルメントサービス 073
ハロー効果 305	廟算 032-3	ブレインストーミング 257
番組の質 222	ピラミッド型 135	プロセス 024, 053, 095, 119, 127-6, 134, 142, 152, 254, 257, 262, 271, 293-4, 297, 299, 305, 307-8
	ピラミッド型組織 135	
ひ	品質管理 127, 174, 271	
比較優位 278, 282	瀕死の巨象 149	
非公式な組織 292		
ビジネス・エスノグラフィ（行動観察） 314	**ふ**	プロセス改善 255
	ファーストウェーブ 175	文化 070, 154-6, 161, 172
ビジネス・システム 113, 126	ファイナンス 022-3, 226	分業 018, 120, 122-4, 128-9, 150, 171, 189
ビジネスのサービス化（BaaS） 151	ファストファッション 176, 178-9	
ビジネスポリシー 295	フェアトレード 174	分業化 054, 189
ビジネスモデル 016, 028-31, 034, 068, 071, 088, 115, 156-7, 167, 195, 211, 216, 228, 250, 252-3, 256, 300	不完全競争 278-9	分衆 054, 056
	付随価値 086-7, 092	
	附属明細書 162	**へ**
	普通紙複写機（PPC） 192	ペイオフマトリクス 283-4
ビジネスモデル図 039	物流センター 116, 162-4	べき乗分布 165-6
非純正品 241-2	歩留まり 058	ベストプラクティス 022
ビジョナリー 157, 318	富裕層 018, 034, 054-5	ベンチマーキング 160
ビジョナリー戦略 315	プライド 143, 291	ベンチャーキャピタル 193
ビジョン 023, 125, 150, 250-2, 256	プラットフォーマー 066	変動費 202-3, 205, 279
	フランチャイズ 120, 140, 209	
必達文化 255	ブランド 029, 055, 086, 092, 120, 124, 151-2, 169, 176-7, 205, 209, 220-1, 242	**ほ**
必要不可欠な活動 293		ポイント・トゥ・ポイント（P2P）方式 157
ヒト 080, 092, 119, 125,		冒険貸借 084

343

放任型育成……………147
ポータル戦争……………226
簿記……………188, 196
ポジショニング……033, 053, 104-5, 115, 157, 297, 301, 303-6, 311
ポジショニングマップ……105, 106
ボトムアップ型……………137
ホンダ効果……………304-6

ま
マーケティング……022-3, 029, 047, 052-3, 094-7, 113, 120, 130, 132-3, 240, 296, 299, 312, 314-5
マーケティング・ミックス……052, 096, 296
マーケティング・ミックス4P……053
マーケティング戦略……096
マーケティングの体系化……296
マーケティングは死んだ……096
マイナーな商品……165
マス……054, 056, 059
マスキー法……301
マス広告モデル……227
マッチング理論……278, 286
マトリクス型……137
マネタイズ……228

み
見えざる手……279
ミクロ経済学……277-8

ミッション……134, 250, 272
密度の効果……281
ミュトス……259

む
無意識……154, 259
無形固定資産……162
無線電信技術……191
ムダ・ムリ・ムラ……128

め
メイカー・ムーブメント……058
メニューコンテスト……232
目分量方式……290
面接調査……143, 291

も
モールス電信機……267
持ち株会社……020
モチベイト……024
モチベーション……033, 119, 142-4, 151
モデリング手法……144-5
モデル……028, 121, 144-5, 188, 218, 225-6, 229, 233, 312
モラトリアム……318

や
薬師寺……194
屋敷売り……018
安かろう悪かろう……156, 301

ゆ
有形固定資産……162
ユーモア……160-1
有料ユーザー……232-3, 235-6
豊かな大衆……054-5, 301

よ
溶接工……266
予算・予実管理……187
欲求5段階説……080, 092
欲求階層説……080

ら
ライセンス制……067
ラガード……095
乱気流度合い……295

り
リーダーシップ……033, 143, 148-9, 151, 153
リーダーシップスタイル……153
リーダーシップ論……024, 148
リーダシップ論……143, 292
リーン・スタートアップ……312-3
利益剰余金……199-200
リソース……030, 118-9, 125, 142-3, 162-3, 168, 171
利息が禁止……084
リバース・イノベーション……242
流動資産……162, 199
両替店……018-9
利用者……029, 050, 212-3,

230-1, 233, 235-7, 315
料理レシピ検索 231

れ
レイトマジョリティ 095
黎明期 094-5, 117
レッド・オーシャン 266, 310-1

ろ
ロイヤルカスタマー 132
ローコストキャリア 156
ロゴス 259
ロジスティクス 320
ロジック 259
ロボット型検索エンジン 227, 229
ロングテール 057, 165-6, 230
論理思考 256, 259
論理思考プロセス 263

わ
ワン・トゥ・ワン 056-7

索引〔組織・ブランド〕

英数字

3Dロボティクス　057
Adobe　124, 234, 236
Adobe PDF　230
AE-1　306
airCloset　236
Alphabet　193, 227, 266
Amazon　046, 066, 070-1, 074-5, 114, 116, 163-7, 190, 193, 230
Amazon Music Unlimited　235
Amazon Prime　167
AOL　229
Apple　066, 098-101, 105, 122, 124, 148-9, 163, 169-70, 193, 218, 235-6, 243, 311
Apple Music　235-6
Apple II　122
Appleストア　100, 124
ARM　169-71
AWS　167, 190
BCG　025, 169, 189, 298-9, 304-7, 315-6, 320
Comcast　235
Creative Cloud　236
Creative Suite　236
eBay　070-3, 193
Evernote　230, 233
Facebook　050, 066, 114, 169, 191, 252
GAP　176-8

GM　054-6, 122, 127, 224, 297-8, 301, 308
Google　066, 114, 191, 193, 218, 227-30, 252, 266
GU　179
GUCCI　209
Gショック　088
H&M　176, 316
HAM　155, 302
IBM　069, 122-4, 149-51, 272
IBM PC/AT　123
IDEO　256-7
iMac　124, 148
Infoseek　225, 227
INSEAD　310
iPad　098-9, 124, 218
iPhone　098-9, 124, 218, 236
iPod　098-101, 105, 170, 218, 311
iTunes　098-9, 101, 218, 235-6
Kickstarter　194-5
Kindle　167
Kマートなど　189
LAVA　212
Live Nation　243
Lloyd's News　084
Lotus1-2-3　123
Mac　101, 124, 218-9
NES　068

Netflix　066, 234-5
NP-1100　300
PayPal　072-3, 230
PS2　083
PS3　083
PS4　083
QBハウス　311
Readyfor　194
Skype　073
Spotify　234-5
TSUTAYA　211
T型フォード　054-6, 105, 120-1, 301
Tポイントカード　211
Uber　066
VCS　067
VisiCalc　122
Watson　272
Windows　101, 124, 272
WIRED　057, 165, 230
WORKMAN Plus　209
YouTube Music　235
ZARA　176-8, 309, 316
ZOZO　237

あ行

あかり安心サービス　238-40
アクセンチュア　130, 320
味の素　251
アスクル　091
アンジェリーナ　063
岩手県産株式会社　092-3

インディ500 160
インディテックス 176, 178-9
インテュイット 314-6
インテル 122-4, 169-71
インフラ 066, 071-3, 083, 115, 167, 190, 203
ウエスタン・エレクトリック 291
ウォルマート 074, 189, 205
英EMI 270
越後屋 016-9, 022, 034-7, 193
エディオン 106, 131-3, 211
エニックス 068
エプソン 241-2
オートストロップ 217

か行

カーブス 209, 211-2
カシオ 088
カフェ・ゲルボア 060-1
カフェ・ド・ランブル 173
カフェ・バッハ 173
カフェ・プロコープ 042
カフェコロラド 139
カプコン 067
壁に付けられる家具 259
カルチャー・コンビニエンス・クラブ（CCC） 211
カロリンスカ大学病院 309
キーエンス 091-2, 200
キヤノン 218, 300-1, 305-6
京セラ 137

クアルコム 169-71
クックパッド 050, 192, 230-2
クライスラー 301, 309
クライナー・パーキンス 193
クラウン・コルク＆シール 214
グラモフォン 270
ケリング 209
ゴールドマン・サックス証券 266
コカ・コーラ 042, 214, 223, 243
コダック 218
コンパック 123

さ行

サウスウエスト航空 156-61
サムスン 169-70
サンスター 024
ジェネラル・マジック 070
シビック 301
シマノ 200
しまむら 200
シャープ 115
シャンゼリゼ大通り 138
女子栄養大学 322
シルク・ドゥ・ソレイユ 311
ジレット 152, 169, 191, 214-7, 219, 221
シンクロリーダー 306
スーパーカブ 303, 305
スーパーファミコン 068-9
スターバックス 102-3, 173, 175, 207, 221, 311

スターバックス リザーブ 175
スタンフォード研究所 262
ストアキング 070, 074-5
ストライプインターナショナル 237
セイコーエプソン 241
セガ 069
セコイア・キャピタル 193, 225
セブン-イレブン 206, 279
セブンカフェ 206-7
ゼロックス 102, 191-2, 234, 300-1, 306
ソニー 069
ソフトバンク 171, 225, 272

た行

ダイキン工業 273
ダイキン情報技術大学 273
タイトー 067
大坊珈琲店 173
チャージファイ 233
直線美 087-9
ディア 307
ディズニー 235, 288
デオデオ 131, 133
デュポン 297-8
東急電鉄 204
ドトール 138, 140-1
トヨタ 126-8, 147, 301, 307-8, 312
トライアンフ 304

な行
ナイセスト・ピープル ……… 303
ナムコ ……………………… 067-8
ニチバン …………………… 087
任天堂ファミリーコンピュータ（ファミコン）………………………… 067
ネッツトヨタ南国 …………… 147

は行
ハーバード・ビジネス・スクール 125
ハーレー・ダビッドソン ……… 303-4
バーンズ＆ノーブル ………… 167
ハドソン …………………… 067
パナソニック ……… 232, 238, 240
原田左官工業所 …………… 145
ハルメク …………………… 047
バンダイ …………………… 069
東インド会社（VOC）………… 196
ビクター …………………… 270
ビング・クロスビー・ショー …… 223
ファーストリテイリング ……… 179, 316
ブーズ・アレン・ハミルトン …… 126
フォード … 054-6, 105, 120-1, 127, 129, 152, 189, 297, 301-2, 308
フュージョン ……… 169, 217, 219
ブラウン …………………… 218, 256
ブリヂストン ………………… 169
ブルーボトルコーヒー ……… 172-5, 221
プレイステーション ………… 069
ベネトン …………………… 178

ベライゾン ………………… 229
ホーソン工場 ……… 142, 291
ホンダ ……… 115, 127, 155, 301-6, 308
鴻海精密工業 ……………… 115

ま行
マイクロソフト ……… 122-4, 228, 272, 314
マカロン・パリジャン ………… 062
マッキンゼー ……… 113, 126, 155, 298-9, 304
マリアージュ フレール ……… 063
三谷酒食料品店 …………… 112
三井家 ……… 016-7, 020-1, 037
三越 ………………………… 016
ミニコピアPC-10 …………… 300
無印良品 …………………… 258
メゾン・ラデュレ …………… 062
メチャカリ ………………… 237
メディチ家など ……………… 196
メリタ ……………………… 172

や行
ヤマダ電機 ………………… 106
ヤンマー ……… 082, 306-7
ユニクロ ……… 176, 179, 209, 316
ヨドバシカメラ ……………… 106

ら行
ライザップ ………………… 212-3
リーバイス ………………… 272

リバー・ルージュ工場 ……… 054, 120-1
良品計画 …………………… 258
ル・プロコップ ……………… 060
ルネサンス ………………… 211
レノボ ……………………… 124
ロイズ・コーヒー・ハウス …… 084, 085
ロイター ……… 224-5, 268
ロコモーション号 …………… 197

わ行
ワークマン ………………… 209
ワーナーレコード …………… 243

索引〔人名〕

あ行

アイズナー，マイケル（Michael Dammann Eisner）……… **288**

アリエリー，ダン（Dan Ariely）……… **287**

アンゾフ，イゴール（Harry Igor Ansoff）
……… **208-9, 294-5, 299, 315**

アンダーソン，クリス（Chris Anderson）
……… **057-8, 165, 230-1**

アンドルーズ，ケネス（Kenneth Richmond Andrews）
……… **262, 265, 295, 297-8**

イェーガー，ダーク（Durk I. Jager）……… **151-2**

稲盛 和夫（Kazuo Inamori）……… **137**

井上 雅博（Masahiro Inoue）……… **225**

入交 昭一郎（Shoichiro Irimajiri）……… **155, 301-2**

ヴァーノン，レイモンド（Raymond Vernon）……… **094**

ウィルソン，ジョセフ（Joseph Chamberlain Wilson）……… **192**

ウィルソン，フレッド（Fred Wilson）……… **231**

ヴェイル，アルフレッド（Alfred Lewis Vail）……… **267**

ウォズニアック，スティーブ（Stephen Gary Wozniak）
……… **122**

エジソン，トマス（Thomas Alva Edison）……… **121, 270**

エッカート，ラルフ（Ralph Eckardt）……… **152, 169**

エバンス，フィリップ（Philip Evans）……… **307**

奥山 清行（Kiyoyuki Okuyama）……… **082**

オミダイア，ピエール（Pierre M. Omidyar）……… **070-1**

オルテガ，アマンシオ（Amancio Ortega Gaona）……… **176**

か行

ガースナー，ルイス（Louis V. Gerstner, Jr.）……… **149-51**

カッツ，ロバート（Robert Katz）……… **143**

キム，チャン（W. Chan Kim）……… **310-1**

キャプラン，ロバート（Robert Samuel Kaplan）……… **254-5**

グールド，マイケル（Michael Gould）……… **306**

クック，スコット（Scott David Cook）……… **314-5**

久米 是志（Tadashi Kume）……… **301**

ロバート，グリーンリーフ（Robert Greenleaf）……… **149**

クリステンセン，クレイトン（Clayton M. Christensen）……… **171**

グロス，ビル（Bill Gross）……… **228**

ケリー，デヴィッド（David Kelley）……… **256**

ケリー，トム（Tom Kelley）……… **256**

ケレハー，ハーバート（Herbert D. Kelleher）
……… **156, 158, 161**

ゴールマン，ダニエル（Daniel Goleman）……… **153**

コトラー，フィリップ（Philip Kotler）
……… **094, 096, 296-7**

ゴビンダラジャン，ビジャイ（Vijay Govindarajan）
……… **242, 255**

さ行

サイモン，ハーバート（Herbert Alexander Simon）……… **287**

佐野 陽光（Akimitsu Sano）……… **232**

サミュエルソン，ポール（Paul Anthony Samuelson）……… **282**

シャイン，エドガー（Edgar Henry Schein）……… **161**

シャプレー，ロイド（Lloyd Stowell Shapley）……… **286**

シュミット，エリット（Eric Emerson Schmidt）……… **193**

シュルツ，ハワード（Howard Schultz）……… **102-3**

ジョブズ，スティーブ（Steve Jobs）
……… **098-101, 122, 124-5, 148, 219**

ジレット，キング（King Camp Gillette）
……… **152, 169, 191, 214-7, 219, 221**

スジャール，ジャーヌ（Jeanne Souchard）……… **062**

スティーブンソン，ハワード（Howard H. Stevenson）……… **125**

スティーブンソン，ジョージ（George Stephenson）
……… **197, 216**

スティーブンソン，ロバート（Robert Stephenson）……… **197**

ストーク, ジョージ (George Stalk, Jr.) — **306-7, 309**
リーヴァイ, ストラウス (Levi Strauss) — **272**
スミス, アダム (Adam Smith) — **278-9**
スローン, アルフレッド
　（Alfred Pritchard Sloan, Jr.） — **055**
孫 武 (Sun Tzu) — **032-3**
孫 正義 (Masayoshi Son) — **171, 224-5**

た行

エドワード・バーネット・タイラー (Edward Burnett Tylor)
　— **154**
ウィリアム・ダガン (William Duggan) — **257**
チャンドラー, アルフレッド (Alfred DuPont Chandler, Jr.)
　— **295, 297-8**
坪内 逍遥 (Shoyo Tsubouchi) — **154**
ディーン, ジョエル (Joel Dean) — **094**
テイラー, フレデリック (Frederick Winslow Taylor)
　— **129, 142, 189, 290-3, 305**
デミング, エドワーズ (William Edwards Deming)
　— **127, 129, 271, 273**
ドイル, ピーター (Peter Doyle) — **096**
ドーア, ジョン (John Doerr) — **193**
ドナホ, ジョン (John Joseph Donahoe II) — **073**
鳥羽 博道 (Hiromichi Toriba) — **138-40**

な行

ナッシュ, ジョン (John Forbes Nash, Jr.) — **284-5**
ノイマン, ジョン・フォン (John von Neumann) — **282**
ノートン, デビッド (David P. Norton) — **254**

は行

バーナード, チェスター (Chester Irving Barnard)
　— **263, 294-5**
バーニー, ジェイ (Jay B. Barney) — **157**
ハーフォード, ティム (Tim Harford) — **288**
パスカル, リチャード (Richard Pascale) — **304-6**
バニスター, スコット (Scott Banister) — **228**
ハメル, ゲイリー (Gary Hamel) — **115**
原田 宗亮 (Muneaki Harada) — **145-7**
バラバシ, アルバート＝ラズロ (Barabási Albert László)
　— **166**
ハンフリー, アルバート (Albert Humphrey) — **262, 265**
ピュリッツァー, ジョゼフ (Joseph Pulitzer) — **194**
ファーブル, エリック (Eric Favre) — **220**
ユー・フー (Yoo Huu) — **166**
フェイヨル, アンリ (Jule Henri Fayol)
　— **113, 126, 137, 293-4**
フォード, ヘンリー (Henry Ford) — **054-6, 105, 120-
　1, 127, 129, 152, 189, 297, 301-2, 308**
フォスベリー, ディック (Richard Douglas Fosbury)
　— **118-9**
ブラウン, ティム (Tim Brown) — **256**
ブラキシル, マーク (Mark Blaxill) — **169**
プラハラード, C.K (Coimbatore Krishnarao Prahalad)
　— **115**
ブランク, スティーブ (Steve Blank) — **312**
フランクリン, ビル (Bill Franklin) — **159**
フリーマン, ジェームス (James Freeman) — **173, 221**
ブリニョルフソン, エリック (Erik Brynjolfsson) — **166**
ブリン, セルゲイ (Sergey Mikhailovich Brin) — **193**
プルー, トム (Tom Proulx) — **314**
ペイジ, ラリー (Larry Page) — **193**
ヘイスティングス, リード (Wilmot Reed Hastings Jr.)
　— **234**

ペイリー，ウィリアム（William S. Paley）
　　　　　　　　　　　　　　　 191, 222-4, 227
ペインター，ウィリアム（William Painter）　　214
ベゾス，ジェフ（Jeffrey Preston Bezos）
　　　　　　 046, 071, 116, 163-5, 167 193
ヘドリック，ダニエル（Headrick, Daniel）　　268
ペパーズ，ドン（Don Peppers）　　　　　　　056
ベリー，レオナルド（Leonard L.Berry）　　　130
ベル，グラハム（Alexander Graham Bell）　268-70
ベルリナー，エミール（Emil Berliner）　　　　270
ヘンダーソン，ブルース（Bruce Doolin Henderson）　299
ベンツ，メリタ（Amalie Auguste Melitta Bentz）　172
ホイットマン，メグ（Margaret Cushing "Meg" Whitman）
　　　　　　　　　　　　　　　　　　　　 071-3
ポーター，マイケル（Michael Porter）　 104-5, 113,
　126, 157, 293, 295, 309-11
本田 宗一郎（Soichiro Honda）　　　　　　　301

ま行

マズロー，アブラハム（Abraham Harold Maslow）
　　　　　　　　　　　　　　　　　　　 080, 092
マッカーシー，ジェローム（Edmund Jerome McCarthy）
　　　　　　　　　　　　　　　　　　　　　　052
ジェームズ・O・マッキンゼー（James. O. McKinsey）
　　　　　　　　　　　　　　　　　　　　　　155
マルコーニ，グリエルモ（Guglielmo Marconi）　191
マン，トーマス（Paul Thomas Mann）　　　　278
三井 殊法（Shuho Mitsui）　 016-7, 021, 046
三井 高利（Takatoshi Mitsui）　016-21, 034, 036-7
三井 高平（Takahira Mitsui）　 016, 020-1, 037
ミューズ，ラマー（Marion Lamar Muse）　　158
ミンツバーグ，ヘンリー（Henry Mintzberg）　306

ムーア，ジェフリー（Geoffrey Moore）　　　　097
メイヨー，エルトン（George Elton Mayo）
　　　　　　　　　　　　　 129, 142-3, 291-4
モールス，サミュエル（Samuel Finley Breese Morse）
　　　　　　　　　　　　　　　　　　　　 267-8
モネ，クロード（Claude Monet）　　　　　　061
モボルニュ，レネ（Renée Mauborgne）　　　310-1
モルゲンシュテルン，オスカー（Oskar Morgenstern）
　　　　　　　　　　　　　　　　　　　　　　282

や行

柳井 正（Tadashi Yanai）　　　　　　　　　179
山内 溥（Hiroshi Yamauchi）　　　　　　　067
ヤン，ジェリー（Jerry Chih-Yuan Yang）　225, 229

ら行

ラデュレ，ルイ＝エルネスト（Louis Ernest Ladurée）　062
ラフリー，アラン（Alan G. Lafley）　　　　151-3
リーヴス，マーティン（Martin Reeves）　　　315
リース，エリック（Eric Ries）　　　　　　312-3
リービン，フィル（Phil Libin）　　　　　　　233
リカード，デヴィッド（David Ricardo）　　　282
リンカーン，エイブラハム（Abraham Lincoln）　117
ロイド，エドワード（Edward Lloyd）　　　084-5
ロジャーズ，エヴェリット（Everett M. Rogers）
　　　　　　　　　　　　　　　　　　 095, 097
ロス，アルビン（Alvin Elliot Roth）　　　　　286

わ行

ワット，ジェームズ（James Watt）　168, 197, 216

出典一覧

016	www.bunka.pref.mie.lg.jp/MieMu/83010046697.htm
054	gettyimages
057	www.amazon.com/Chris-Anderson/e/B001JRVGAG www.amazon.co.jp/Long-Tail-Future-Business-Selling/dp/1401302378 www.amazon.com/Free-Future-Radical-Chris-Anderson/dp/1401322905 www.amazon.co.jp/gp/product/B0083DJUMA/
060	artsandculture.google.com/asset/at-the-caf%C3%A9-au-caf%C3%A9-1st-version/wgGn15AABOz0kw?hl=pt-BR
062	www.tripadvisor.jp/LocationPhotoDirectLink-g187147-d4786908-i154471158-Laduree-Paris_Ile_de_France.html
068	commons.wikimedia.org/wiki/File:Nintendo-Famicom-Console-Set-FL.png www.amazon.co.jp/dp/B01M246EOM/
070	gettyimages
076	www.amazon.co.jp/dp/4621066161/
077	www.amazon.co.jp/dp/447850119X/
077	www.amazon.co.jp/dp/4140815760/
087	www.nichiban.co.jp/news/14-02/01.html
092	www.iwatekensan.co.jp/cava/
100	av.watch.impress.co.jp/docs/20011024/apple2.htm
108	www.amazon.co.jp/dp/4798113336 www.amazon.co.jp/dp/4798101524/
109	www.amazon.co.jp/dp/415209320X/ www.amazon.co.jp/dp/4822241130/
117	commons.wikimedia.org/wiki/File:Young_Lincoln_By_Charles_Keck.JPG
120	www.thehenryford.org/collections-and-research/digital-collections/artifact/87230/#slide=gs-184404
122	oldcomputers.net/appleii.html history-computer.com/ModernComputer/Personal/IBM_PC.html
123	museumofmediahistory.com/ibm-5150
132	www.edion.co.jp/release/detail.php?id=851 www.homemate-research-homecenter.com/dtl/00000000000000272599/imagelist/ hiroshima.edion-housing.jp/blogs/5/entry/263
138	srdk.rakuten.jp/entry/2015/10/01/110000
142	www.library.hbs.edu/hc/hawthorne/06.html
145	www.haradasakan.co.jp/4122/
148	www.bbc.com/japanese/48795876
150	castel.jp/p/2221
156	www.dmagazine.com/publications/d-magazine/1996/august/business-herb-kelleher-has-more-fun-than-you-do/
171	www.amazon.co.jp/dp/4798100234/ www.ft.com/content/c53a9282-735e-11e5-bdb1-e6e4767162cc
172	www.facebook.com/MelittaJapan/photos/a.774599562590348/2174694379247519/?type=3&theater
174	shigoto100.com/2018/07/bluebottlecoffee-2.html
180	www.amazon.co.jp/dp/4478460019 www.amazon.co.jp/dp/4492554297/

181	www.amazon.co.jp/dp/4150504008/ www.amazon.co.jp/dp/4478340234/ www.amazon.co.jp/dp/4419013826/
182	www.amazon.co.jp/dp/4532105374/ www.amazon.co.jp/dp/4822240835/
183	www.amazon.co.jp/dp/4561236759/ www.amazon.co.jp/dp/4163719903/ www.amazon.co.jp/dp/4822255735/
189	www.flickr.com/photos/walmartcorporate/5684850240
190	www.gaiax.co.jp/blog/press20161124/
194	nara-yakushiji.cocolog-nifty.com/blog/2012/06/post-fdb1.html
212	www.youtube.com/watch?v=X4N8qVIGDXg
214	commons.wikimedia.org/wiki/File:Kronenkorken_03_KMJ.jpg commons.wikimedia.org/wiki/File:Razor_blade.png
215	www.amazon.co.jp/dp/B077SBM6RH/ gillette.com/en-us/shaving-tips/how-to-shave/safety-razor
216	commons.wikimedia.org/wiki/File:US_Patent_775134.PNG
217	gillette.com/en-us/shaving-tips/how-to-shave/safety-razor
220	www.amazon.co.jp/dp/B00E6KGC4S www.amazon.co.jp/dp/B00TRDDQS4
223	www.radioworld.com/news-and-business/remembering-cbs-radios-beginnings 231 cookpad.com/
237	mechakari.com stripe-club.com/
241	shinpc.blogspot.com/2013/10/blog-post_4.html
244	www.amazon.co.jp/dp/4532322030/ www.amazon.co.jp/dp/4534055323/
245	www.amazon.co.jp/dp/4502168416/
246	www.amazon.co.jp/dp/B009UVJQMS/
247	www.amazon.co.jp/dp/4163733507/ www.amazon.co.jp/dp/483341936X/ www.amazon.co.jp/dp/4478021651/
270	www.cottoneauctions.com/lots/expanded/6244 commons.wikimedia.org/wiki/File:BerlinerDisc1897.jpg
272	www.levi.jp/levis-history.html
274	www.amazon.co.jp/dp/4862760023/ www.amazon.co.jp/dp/4798132306/
275	www.amazon.co.jp/dp/415208426X/ www.amazon.co.jp/dp/4396616120/
300	cweb.canon.jp/corporate/50th/history/details/198210.html
302	www.honda.co.jp/50years-history/challenge/1972introducingthecvcc/page04.html
303	www.honda.co.jp/SUPERCUB/personal/special/60thspecial/
304	freedom.harley-davidson.co.jp/touch-the-freedom/product/5097/ autoc-one.jp/news/1967594/photo/0002.html www.honda.co.jp/news/2019/2190226-supercub.html
306	commons.wikimedia.org/wiki/File:Synchro-reader_1957.JPG?uselang=ja www.lomography.jp/magazine/172951-canon-ae-1-a-heavyweight-champ
307	www.purplewave.com/auction/161228/item/DA5093 www.yanmar.com/jp/about/ymedia/article/redtractor.html
310	kakaku.com/item/K0000168893/images/page=ka_1/ kakaku.com/item/20501510128/images/ japanese.engadget.com/2017/05/31/ps3-11/
312	www.amazon.com/Lean-Startup-Entrepreneurs-Continuous-Innovation/dp/0307887898

演習一覧（コピー用）

演習1 | 19世紀末パリのカフェのBM図を描け

演習2 | 19世紀末パリのサロン・ド・テのBM図を描け

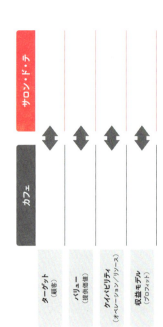

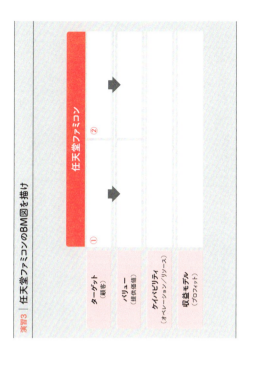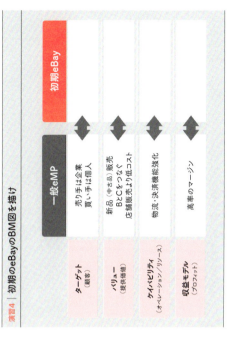

演習9 | iPodのBM図、特にターゲットとバリューを描け

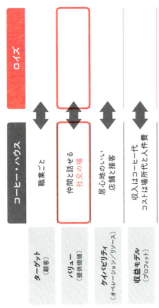

演習10 | スターバックスの日本でのBM図を描け

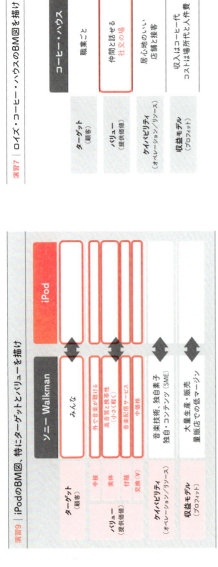

演習7 | ロイズ・コーヒー・ハウスのBM図を描け

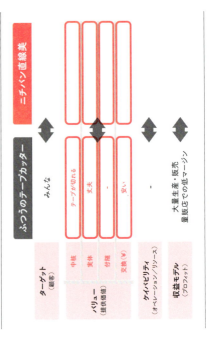

演習8 | 直線美のビジネスモデル、特にバリューを書け

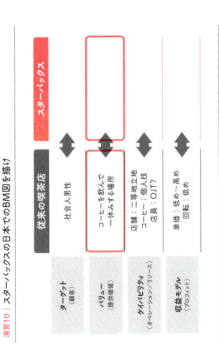

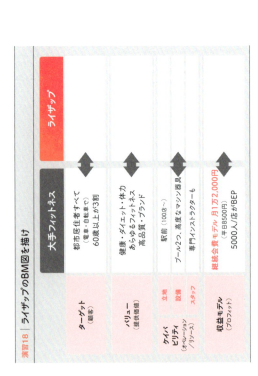

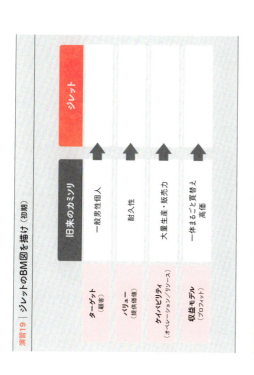

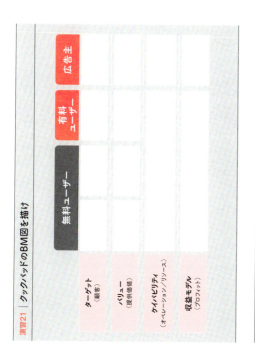

すべての働く人のための
新しい経営学

発行日　2019年9月30日　第1刷
　　　　2024年8月16日　第7刷

Author
三谷宏治

Book Designer
加藤賢策（LABORATORIES）

Illustrator
松本セイジ

Figure Designer
小林祐司

Publication
株式会社ディスカヴァー・トゥエンティワン
〒102-0093　東京都千代田区平河町2-16-1
平河町森タワー11F
TEL　03-3237-8321（代表）
　　　03-3237-8345（営業）
FAX　03-3237-8323
http://www.d21.co.jp

Publisher
谷口奈緒美

Editor
原典宏

Distribution Company
飯田智樹　蛯原昇　古矢薫　佐藤昌幸　青木翔平
磯部隆　井筒浩　北野風生　副島杏南　廣内悠理
松ノ下直輝　三輪真也　八木眸　山田諭志
鈴木雄大　高原未来子　小山怜那　千葉潤子
町田加奈子

Online Store & Rights Company
庄司知世　杉田彰子　阿知波淳平　大﨑双葉
近江花渚　滝口景太郎　田山礼真　徳間凜太郎
古川菜津子　藤井多穂子　厚見アレックス太郎
金野美穂　陳玟萱　松浦麻恵

Product Management Company
大山聡子　大竹朝子　藤田浩芳　三谷祐一
千葉正幸　中島俊平　伊東佑真　榎本明日香

大田原恵美　小石亜季　舘瑞恵　西川なつか
野﨑竜海　野中保奈美　野村美空　橋本莉奈
林秀樹　牧野類　村尾純司　元木優子　安永姫菜
浅野目七重　神日登美　小林亜由美　波塚みなみ
林佳菜

Digital Solution & Production Company
大星多聞　小野航平　馮東平　森谷真一
宇賀神実　津野主揮　林秀規　斎藤悠人
福田章平

Headquarters
川島理　小関勝則　田中亜紀　山中麻吏
井上竜之介　奥田千晶　小田木もも　佐藤淳基
福永友紀　俵敬子　池田望　石橋佐知子　伊藤香
伊藤由美　鈴木洋子　藤井かおり　丸山香織

Proofreader
株式会社鷗来堂

DTP
株式会社RUHIA

Printing
大日本印刷株式会社

・定価はカバーに表示してあります。本書の無断転載・複写は、著作権法上での例外を除き禁じられています。インターネット、モバイル等の電子メディアにおける無断転載ならびに第三者によるスキャンやデジタル化もこれに準じます。
・乱丁・落丁本はお取り替えいたしますので、小社「不良品交換係」まで着払いにてお送りください。
・本書へのご意見ご感想は下記からご送信いただけます。
　https://www.d21.co.jp/inquiry/

ISBN978-4-7993-2555-1
©Koji Mitani, 2019, Printed in Japan.